本书出版受到河南省中原发展研究基金会的资助

2021年度河南省高等学校智库研究项目"以县域经济高质量发展促县域治理'三起来'"（2021-ZKYJ-01）成果材料

研究生规划教材 河南大学研究生教育创新与质量提升工程项目资助（SYLJC2023006）

河南省高校哲学社会科学优秀著作资助项目
二/十/大/专/项

河南省优化营商环境的理论与实践

朱世欣 著

河南大学出版社
HENAN UNIVERSITY PRESS
·郑州·

图书在版编目(CIP)数据

河南省优化营商环境的理论与实践／朱世欣著. -- 郑州：河南大学出版社，2023.4
ISBN 978-7-5649-5420-8

Ⅰ.①河… Ⅱ.①朱… Ⅲ.①投资环境-研究-河南 Ⅳ.①F127.61

中国国家版本馆 CIP 数据核字（2023）第 052907 号

河南省优化营商环境的理论与实践
HENANSHENG YOUHUA YINGSHANG HUANJING DE LILUN YU SHIJIAN

策划统筹	杨国安　谌洪波
责任编辑	马　博　杨光辉
责任校对	王　珂
封面设计	史　岩

出　版	河南大学出版社
	地址：郑州市郑东新区商务外环中华大厦2401号　邮编：450046
	电话：0371-22860116（人文社科分公司）　网址：hupress.henu.edu.cn
	0371-86059701（营销部）
排　版	郑州市今日文教印制有限公司
印　刷	广东虎彩云印刷有限公司
版　次	2023年4月第1版　　　　　印　次　2023年4月第1次印刷
开　本	787 mm×1092 mm　1/16　　印　张　16
字　数	297千字　　　　　　　　　定　价　58.00元

（本书如有印装质量问题，请与河南大学出版社营销部联系调换。）

前　言

营商环境是指市场主体在市场准入、生产经营、退出市场过程中涉及的政务、市场、法治、人文等各种环境中的因素与条件总和,良好的营商环境是一个国家或地区增强经济软实力、提高综合竞争力的重要方面。为了持续推进优化全国各地区的营商环境工作,党中央、国务院出台了一系列优化营商环境的政策文件。在中央政府的号召和督导下,2018 年以来,优化营商环境成为各个省份和地区政府的重要工作,各省份和地区依据国务院发布的《优化营商环境条例》《关于进一步优化营商环境更好服务市场主体的实施意见》等重要文件,制定了本省份或地区的优化营商环境政策文件、行动规划和实施办法等,展开了既相互竞争又相互学习的营商环境优化与评价工作,以期实现以评促改、以评促建、以评促优。

河南省作为一个中部大省,市场主体数量和企业数量均居中部六省第一位。近年来,河南省委、省政府以《河南省优化营商环境条例》为重要政策依据,以《河南省优化营商环境三年行动方案(2018—2020 年)》(简称《行动方案》)为依托,对河南省的营商环境优化工作进行了科学的部署,以提升市场主体信心、激发市场主体活力、释放市场巨大潜力为出发点,以打造审批最少、流程最优、体制最顺、机制最活、效率最高、服务最好的"六最"营商环境为目标,积极加强营商环境优化和建设工作,为河南省的经济社会高质量发展提供支撑和保障。

营商环境评价是提升区域营商环境整体水平的重要竞争性战略手段。《行动方案》是河南省营商环境评价工作的根本政策依据,它把"放管服"改革作为重要抓手,把企业办事"便利度"作为衡量标准,把企业对环境的"满意度"作为改革取向,实施营商环境指标"对标优化行动"和营商环境"重点领域提升行动",从建立推进机制、加强督导考核、强化评价引导、推广先进经验、做好宣传解读五个方面落实方案,基本上实现了使河南省营商环境"一年构建体系、两年全面提升、三年争创一流"的目标任务,使得河南省营商环境呈现出崭新的面貌。

作者依据对河南省三年营商环境评价工作的跟踪调研,对河南省近年来的营商环境优化工作的行动路径、获得成效、经验借鉴、存在不足、未来展望等进行了翔实的描述和分析,为河南省进一步优化营商环境提供可借鉴的思路和建议。本书研究内容分为上中下三篇:上篇是基础理论篇,主要对营商环境优化的内涵、理论依据、评价指标体系进行了分析;中篇是实践篇,主要对营商环境优化三年行动的实施过程、取得成效、典型创新案例、存在问题等进行了分析;下篇是总结与展望篇,主要对优化营商环境的中国探索行动进行了总结,在借鉴国内外优秀经验的基础上,提出了优化河南省营商环境的新路径。

感谢一起做营商环境课题的同事们对本书出版做出的努力工作,诚恳接受并感谢专家、学者对本书提出的宝贵建议,也希望本书的出版能为河南省乃至全国的营商环境建设与优化工作贡献绵薄之力!

目　　录

上　篇　营商环境的理论与评价

第一章　营商环境的内涵与理论基础 ………………………………… 3
　第一节　营商环境的内涵 ……………………………………………… 3
　　一、营商环境的概念界定 …………………………………………… 4
　　二、营商环境的特征 ………………………………………………… 6
　第二节　营商环境研究的理论基础 …………………………………… 9
　　一、市场环境优化的相关理论 …………………………………… 10
　　二、政务环境优化的相关理论 …………………………………… 12
　　三、法律环境优化的相关理论 …………………………………… 16
　　四、人文环境优化的相关理论 …………………………………… 20
　第三节　优化营商环境的必要性和重要性 ………………………… 23
　　一、优化营商环境的必要性 ……………………………………… 23
　　二、优化营商环境的重要性 ……………………………………… 27
第二章　营商环境的评价与指标体系 ……………………………… 31
　第一节　营商环境评价概述 ………………………………………… 32
　　一、营商环境评价的内涵与特征 ………………………………… 32
　　二、营商环境评价的功能 ………………………………………… 34
　　三、我国营商环境评价的发展历程 ……………………………… 36
　第二节　国内外营商环境评价指标体系介绍 ……………………… 39

一、国外营商环境评价指标体系 ………………………………… 39
　　二、国内营商环境评价指标体系 ………………………………… 44
　　三、国内外营商环境评价指标体系评述 ………………………… 50
　第三节　中国营商环境评价指标体系的构成维度及优化方向 …… 52
　　一、中国营商环境评价指标体系的构成维度 …………………… 52
　　二、中国营商环境评价指标体系的优化方向 …………………… 56

中　篇　河南省优化营商环境实践

第三章　河南省营商环境改革与发展现状 ……………………… 61
　第一节　河南省优化营商环境的目标任务 ………………………… 62
　　一、河南省营商环境建设目标 …………………………………… 62
　　二、优化营商环境重点推进领域 ………………………………… 69
　第二节　河南省优化营商环境的政策措施 ………………………… 72
　　一、河南省优化营商环境的主要政策 …………………………… 72
　　二、河南省各地市营商环境政策响应 …………………………… 75
　　三、河南省优化营商环境政策的演进 …………………………… 83
　第三节　河南省营商环境"以评促建"实践探索 ………………… 87
　　一、"以评促建"的政策基础 …………………………………… 87
　　二、第三方独立评价实践 ………………………………………… 89

第四章　河南省优化营商环境的成效与经验 …………………… 95
　第一节　河南省优化营商环境的突出成效 ………………………… 95
　　一、优化营商环境的综合成效显著 ……………………………… 95
　　二、河南省产业经济发展态势良好 ……………………………… 98
　　三、河南省支柱产业实现跨越发展 ……………………………… 100
　　四、政府与市场良性互动关系形成 ……………………………… 101
　第二节　河南省优化营商环境的主要经验 ………………………… 102
　　一、坚实可靠的营商环境政策体系 ……………………………… 102
　　二、高度协同的营商环境组织体系 ……………………………… 104
　　三、政社合力的营商环境参与体系 ……………………………… 106
　　四、不断优化的营商环境评价体系 ……………………………… 107

第三节 河南省营商优化环境的发展趋势 …………………… 110
　　一、借鉴世界银行营商环境指标的新变化 …………………… 110
　　二、遵循我国一流营商环境建设的新需求 …………………… 113
　　三、立足河南省经济高质量发展的新要求 …………………… 114

第五章 河南省营商环境优化的主要障碍 …………………… 118
第一节 河南省营商环境发展营造中的主要问题 …………… 118
　　一、营商环境建设呈现非经济性失衡 ………………………… 118
　　二、政府角色模糊制约行政效能提升 ………………………… 132
　　三、社会环境营造不足制约整体成效 ………………………… 140
第二节 河南省营商环境指标建设中的突出问题 …………… 145
　　一、开办企业 …………………………………………………… 145
　　二、办理建筑许可 ……………………………………………… 147
　　三、获得水电气 ………………………………………………… 148
　　四、登记财产 …………………………………………………… 149
　　五、获得信贷 …………………………………………………… 150
　　六、政府采购 …………………………………………………… 152
　　七、招标投标 …………………………………………………… 154
　　八、政务服务 …………………………………………………… 155
　　九、市场监管 …………………………………………………… 156
　　十、企业权益保护 ……………………………………………… 158
　　十一、信用环境建设 …………………………………………… 159

下 篇　迈向未来的河南省营商环境

第六章 优化营商环境的中国探索 …………………………… 163
第一节 中国优化营商环境的顶层设计 ……………………… 164
　　一、构建和完善适合我国国情、地情的营商环境评价指标体系 …… 165
　　二、营商环境制度建设的顶层设计 …………………………… 169
　　三、做到标杆引领和地方实践创新并重 ……………………… 174
第二节 国内外营商环境优化的实践及经验借鉴 …………… 175
　　一、营商环境优化的国际实践及经验借鉴 …………………… 176

  二、营商环境优化的国内实践及经验总结 191
 第三节 不断优化中的河南省营商环境新面貌 197
  一、河南省营商环境优化工作经验总结 197
  二、河南省营商环境新面貌 203

第七章 面向未来的河南省营商环境优化之路 211
 第一节 新形势下优化营商环境的理念和要求 211
  一、法治化是营商环境建设和优化的重中之重 212
  二、"企业满意度"是衡量营商环境优劣的最终标准 214
  三、多元主体协同治理是营商环境治理的模式选择 216
 第二节 面向未来的河南省营商环境优化路径 218
  一、转变优化意识:变被动应对评估为积极主动建设 219
  二、跟进法治建设:以稳定性制度替代临时性政策 220
  三、加强技术赋能:以数字化政府建设倒逼政府治理流程再造 221
  四、深化"放管服"改革:切实提升企业的获得感和满意度 223

结语:营商环境优化要勇闯改革"深水区" 225
 一、现状:河南营商环境整体推进 225
 二、避短:实现最低政策底线提升 226
 三、扬长:精准护航区域优势发展 228

参考文献 230

一束小花(后记) 239

上 篇
营商环境的理论与评价

第一章　营商环境的内涵与理论基础

优化营商环境是建设现代化经济体系、促进高质量发展的重要基础。党的十八大以来,党中央、国务院高度重视优化营商环境,做出了一系列关于优化国内营商环境、提高国际竞争力的重大决策部署,出台了一系列重要的政策,颁布优化营商环境的行政条例,以法治手段不断推动营商环境优化。营商环境内涵丰富且不断发展,本章通过对国内外有关营商环境的文献进行梳理,分析营商环境相关基础理论,尝试对营商环境内涵、理论基础和重要意义进行阐释。

第一节　营商环境的内涵

2002年,世界银行集团国际金融公司(IFC)启动了营商环境项目(Doing Business Project),该项目每年发布的《全球营商环境报告》(Doing Business),使得营商环境这一概念进入公众的视野。报告将营商环境分为宏观环境、制度环境和基础设施三部分,通过对各国中小企业生命周期内的适用法规进行评估,收集定量数据,对各国营商环境进行排名。2008年发布的《中国营商环境报告》,衡量了政府规制如何对商业活动产生促进或阻碍作用。目前学术界围绕"营商环境"的内涵和外延尚未形成一致性的定义,当前较为主流的观点是将营商环境按照营商活动所受到的影响因素集合分为狭义营商环境、相对广义营商环境和广义营商环境三种类别。

一、营商环境的概念界定

（一）狭义的营商环境

狭义的商业环境,是指在本地区区域制度框架下的、以行政体制为基础的营商环境。由政策、法律、文化、制度等因素综合而成的环境可以被称作"软环境",在总体上,可以把变动性更大的软环境视为"营商环境"[1]。这与世界银行《2008 中国营商环境报告》理解的营商环境是反映企业经营的"软环境"表达较为一致。从软环境角度看,政府职能影响营商环境的重要因素,包括税收制度、制度约束、政府监管力度、寻租行为、公共服务水平等,在这些因素中,软性预算约束和市场结构是重要的两个方面。营商环境作为一种制度软环境,还表现在对公共权力的监督、制度建设的创新、审批程序的创新、政企关系的改善等方面。政府出台的政策和制度,例如贷款、贴息、风险补偿等,都将直接影响到企业的经营活动,是微观的营商环境[2]。

（二）相对广义的营商环境

相对广义的营商环境,指的是本地区企业在营商活动中享有的基础设施环境和制度环境,具体讲就是该区域市场主体所面临的包括政务政策、基础设施等小单位的环境要素组合而成的综合发展环境。从宏观上看,营商环境发展水平的主导者是政府,营商环境的优化是政府在履行公共服务职责中为促进企业发展、降低企业交易成本而进行的一些具体举措,从而为企业带来

---

[1] 张国勇,娄成武.基于制度嵌入性的营商环境优化研究——以辽宁省为例[J].东北大学学报(社会科学版),2018,20(03):277-283.
[2] 周瑞芳.改善营商环境 促进企业发展——基于中小企业生存与发展危机的分析[J].中国集体经济,2008(Z2):59-60.

更多发展机会。企业发展既需要考虑区位、交通、自然资源、配套设施等显性成本,也要考虑政策补贴、发展机会、产业发展水平、经济社会发展空间等隐性成本①。政府主导的、为降低交易成本而进行的一系列举措,被视为是一种具有制度特征的公共产品,其总和则构成区域企业发展的营商环境。

(三)广义的营商环境

广义的商业环境是指经济、政治、文化等各个方面的综合环境,是指企业从开办到注销整个生命周期中,密切关联的全部外部要素所组成的宏观环境。在世界银行发布的《全球营商环境报告》中,广义的营商环境被视为是一个经济体内的企业在开办企业、金融信贷、纳税、保护投资者等方面,覆盖企业生命周期内需要花费的时间和成本的总和,可以分为宏观环境、制度环境和基础设施三个部分。广义的营商环境优化需要经济、政治、法制、对外开放等多方面发力,才能促进经济发展,拉动对外贸易。营商环境是一种包括汇率、税收等国际化因素在内的制度环境,如劳动力成本、运输成本、产品和贸易等供应链因素,都会对公司的整体发展产生一定的影响②。广义的营商环境是各种条件和环境的有机复合体,包括政务环境、法制环境、市场环境、社会环境、国际环境等。当前,国内从城市的视角对营商环境进行全面的评估,就是将其视为企业的外部环境和各种因素的综合,任何一个经济体要优化营商环境,就需要在政治、经济、法制、对外开放等多领域改革。

(四)营商环境的内涵界定

目前,学术界尚未对营商环境形成统一的定义。由于分类标准不同,营商环境包含的内容不同,在研究具体问题时,还可以将营商环境划分为税务营商环境、政务营商环境等;在实证研究的相关文章中,多数以"软环境"概括;在规范化的研究中心,营商环境被认为是影响营商活动的外部因素的总

---

① 刘军林.影响产业园区营商环境的能动主体[J].牡丹江大学学报,2010,19(09):100-101+105.

② 宋林霖,何成祥.优化营商环境视阈下放管服改革的逻辑与推进路径——基于世界银行营商环境指标体系的分析[J].中国行政管理,2018(04):67-72.

和;在地区视角下,营商环境主要是指该地区经济发展整体水平和发展机会的优劣状况。因此,对上述内容进行总结,本文将营商环境定义概括如下,营商环境是企业在经营活动中所受到的外部环境和影响因素的综合体,是市场主体在生命周期内、市场经济活动中涉及的政务环境、市场环境、法治环境、人文环境等外部综合发展环境,这些外部环境不受市场主体的控制而变化,是一种公共产品,且具备制度性特征,其变化是在政府主导下、由政府进行维护和调整实现整体的优化目标,会对企业发展、地区经济、财税金融和劳动力吸纳等方面产生重要推动作用。

二、营商环境的特征

营商环境的优劣程度直接影响区域的要素流动和项目落户情况,从而影响到企业成长和发展。在新冠疫情常态化的背景下,国内外的经济形势发生着翻天覆地的变化,在我国高质量经济发展的新目标下,良好的营商环境更是成为赢得区域竞争的强大推动力。良好的营商环境往往具备以下五个基本特征:

(一)高效性

高效的营商环境是市场主体选择不同区域落户发展的最直接要素。营商环境的高效性是指企业进行营商业务的容易程度,通常可以从手续办理、时间消耗、经济花费等方面对其进行评估,比如世界银行的营商环境报告,就是以经济主体参与营商活动的便利程度为基础进行评估排名,将更少的手续、更短的时间、更低的成本作为评价依据。营商环境的高效性贯穿企业发展的全过程,从市场准入到市场退出,企业在一系列的办理环节中花费时间越少、成本越低,便表明营商环境越优良。随着我国"放管服"改革持续深入推进,服务型政府建设成果斐然,营商环境日益优化,这都表明高效性政府能够有效降低制度性交易成本,更充分激发市场主体的活力、增强整个社会的创造力①。高效的营商环境可以提升企业营商活动的便利程度,增强企业的活力,降低企业的制度交易成本。

(二) 公平性

公平的营商环境会使得各类市场主体在同一地区的经济市场中享有公正平等的待遇,即在市场准入门槛平等、合法权益一致、经营机会一致等市场环境下公平竞争,遵循优胜劣汰的法则。规模、种类不同的企业在营商活动中均享有平等的待遇和平等的竞争,不受歧视和差别化限制,一般可从规则平等、机会平等、权利平等维度进行分析,如平等保护各类企业权益、平等参与竞争、实行市场公平准入等。具有较强公平性的营商环境,能够充分调动各种市场主体的积极性和创造性,保障市场的高效运行,从而促进资源高效配置。具体来看,政府法规、政策、服务措施等应当尽量做到公平、公开,形成可预期的市场环境,以确保市场环境的公平性,例如我国全面落实的"负面清单"制度(即国务院以清单方式明确列出在中华人民共和国境内禁止和限制投资经营的行业、领域、业务等,各级政府依法采取相应管理措施的一系列制度安排),就是确保各类市场主体清楚而准确地知道哪些领域不可投资、哪些领域有所限制等。

(三) 透明性

透明的营商环境主要体现在政府制度安排、相关政策等信息的公开与透明,包括在政务服务、市场环境、法律法规、监管执法等方面的公开,没有隐性限制和壁垒。营商环境的透明性可以从法律政策制定、信息及时公布、信息查询等多个方面进行考察。② 具有较高透明性的营商环境,可以让各种不同的市场主体获取所需信息,及时地掌握政策的发展方向和机遇,并能够平等地参与市场竞争。为保证市场规则更加公平有效,必须确保政务更加公开透

---

① 吴汉洪,张崇圣.营商环境与产业生态:激发市场主体活力的重要着力点[J].学习与探索,2021(03):86-94+180.
② 刘英奎,王双.中国外资营商环境建设评价[J].开放导报,2019(06):7-13.

明①。以行政审批、政务服务和市场监管为核心,实现政务公开制度化、规范化、信息化是保证政府服务的市场主体在营商活动中"最后一公里"通畅的重要手段。营商环境考核评价是推动提升市场体系的运行效率、规范程度、监管水平,加快破除市场隐性壁垒,打破业务鸿沟,撤销处理阻碍市场统一和公平竞争的规定和做法,切实保障各类市场主体可以依法平等地利用生产要素与公共服务资源;以更加积极的态度去建设智慧政府、数字社会,努力实现各类信息资源的实时动态共享与开发利用,打造智慧、便捷、高效的线上线下一体化政务服务体系。

（四）法治化

法治化的营商环境是指各种不同的市场主体在生产要素平等利用和公平参与的基础上,能够得到同样的法律保障,为各种市场主体进行投资、创业方面提供良好的法律环境,彰显公平正义,增强市场运行的稳定性。法治是保障企业公平、稳定和可预期的关键。法治化营商环境建设需要一个国家和地区制定完善的法律体系,保障各市场主体在法律面前平等,引导市场主体依法而行,实现市场监管统一、政府依法行政、司法保障公平等②。各级政府不偏袒特定企业,也不因股东所有制的规模、性质、所在地、盈利能力等因素区别对待。这些法律条例的实施,都为公正平等的营商环境打造了稳固的基础。建设法治化的营商环境,政府职能部门首先要做守法守约表率,突出公正监管,落实监管责任、革新监管手段、严格执法活动;且要以法治政府建设为工作重心,从政策公布、政策制定、政策评估、政策解读、政务诚信、政策清理等方面进行规范,推进政府、中介机构、行业协会商会、事业单位等市场主体的退出机制完善③。在当前的市场环境中,少数地方和部门不讲信用、不守承诺、不按制度办事、不按政策落实等问题依然突出,这就需要依法规范行

---

① 李万祥.以法治方式营造一流营商环境[N].经济日报,2020-01-02.
② 陈可翔."互联网+政务服务"改革法治化的价值平衡与规范进路——以营商环境建设为视角[J].学术研究,2022(04):61-65.
③ 涂永珍,赵长玲.我国民营经济法治化营商环境的优化路径[J].学习论坛,2022(3):131-136.

政权力、规范行政决策程序,建设一站式多元解纷和诉讼服务体系,持续加强产权平等保护、推动破产审判等,完善政府守信践诺机制,增强政策制定实施的透明度和可预期性,提高依法行政水平。

(五)国际化

营商环境国际化是指营商体制安排衔接国际规则,主要包括国内标准与国际标准、国际通行的国际惯例等相符或是相近,可以从国际对标、法律法规、跨境投资贸易、对外开放等方面进行分析和对比。国际化的营商环境要使各种类型的投资者,特别是外资,能够进行公平的竞争,能够享有公平的市场环境,能够保护其正当利益,使其在对外开放中的营商环境得到最好的保障,将部分举措以立法的形式进行固定;要始终与最具竞争力的、国际一流的营商环境标准接轨,以主要发达国家的先进经验为借鉴,学习国际社会提升快、优化营商环境幅度大的发展中国家的经验。要主动适应全球贸易、投资的新变化,按照市场规律创新监管、服务模式。国际化的营商环境有利于提高我国的经济发展水平和质量,有利于扩大外商直接投资,提高企业的国际竞争力。优化营商环境是进一步深化对外开放,提高我国的国际竞争力的题中之义。良好的营商环境,既是经济软实力的体现,又是竞争力国际化的关键,是提升经济对外开放层次的题中之义[①]。创建与国际接轨、便利化、法治化的营商环境,将有助于提高我国的整体竞争力,培育新的对外开放新优势。

第二节 营商环境研究的理论基础

因为目前学界尚未对营商环境做出准确的定义,根据《中华人民共和国国民经济和社会发展第十三个五年规划纲要》提出的"营造公平竞争的市场

---

① 沈荣华.优化营商环境的内涵、现状与思考[J].行政管理改革,2020(10):24-31.

环境、高效廉洁的政务环境、公正透明的法律政策环境和开放包容的人文环境"①，这四类营商环境自成体系又相互影响，本书也遵照这四个类别对营商环境理论基础展开梳理。

一、市场环境优化的相关理论

（一）企业环境理论

1. 理论概述

企业环境理论是伴随着管理理论发展而产生的，从整体上讲，其发展经历了三个阶段：理论产生、理论发展、理论融合。理论产生阶段发生在二十世纪初期至中期，企业处在相对简单的环境中，并没有受到来自外部环境的压力或者说受到外界环境影响较小。所以，管理学者们将企业看作是一个封闭的体系，比如弗雷德里克·温斯洛·泰勒的科学管理理论和巴纳德的合作体系理论，他们仅仅关注了企业的内部管理，而忽视了外部环境的作用。理论发展阶段为二十世纪六十年代初期至九十年代初期，这一时期的学者从各个方面对环境的不同要素、企业与环境的关系进行了深层次、多角度的探讨。劳伦斯和洛奇在1967年发表的《组织与环境：管理的分化与整合》一书中对组织与管理的研究由单一的组织与管理转向了与其所处的市场环境相适应的问题。萨兰基克等在1978年发表的《组织的外部控制：对组织资源依赖的分析》中指出，企业的发展依赖于外部资源，受外部环境的影响。理论融合的阶段是从二十世纪八十年代初期开始至今，这个时期的学者试图将各种理论结合起来进行融合，比如达夫特从复杂性的环境、不确定性的市场环境和依赖性的资源三方面来综合分析了企业与环境之间的关系，尤其是在企业发展的过程中市场的角色。企业环境理论的核心以市场环境为主导，其他外部环

---

① 中华人民共和国中央人民政府.中华人民共和国国民经济和社会发展第十三个五年规划纲要[EB/OL].（2016-03-17）[2024-05-20]. http://www.gov.cn/xinwen/2016-03/17/content_5054992.htm.

境相互配合。

2. 理论启示

企业环境理论强调企业发展过程中所受到的外部因素影响对企业发展的重要性,营商环境是企业发展生存之根本,在经济发展活动中的市场准入环境、企业经营环境、市场退出环境直接影响企业在市场发展中的前景。市场环境的优劣与企业的竞争息息相关,市场机制的有效运行以营商环境的优化为先决条件,条件较好的市场环境可以提高资源流通的效率、吸收人力财力物力等资本要素,形成资源集聚效应,在市场调节的作用下,提高资源配置的效率,有利于市场机制的完善,从而为企业更好的发展创造条件。优秀的市场环境会在企业之间形成诚信、公平、合作的精神,同时有利于减少机会主义、竞争不端、市场垄断等恶性发展行为发生的概率。良好的市场环境可引导资金、技术、人力资源刺激产业竞争,促使细分市场的出现,而后吸引企业进入运营。

(二) 社会主义市场经济理论

1. 理论概述

简单来说,"市场"就是一个交易场所,最初人们对物品的需求很小,市场的前身集市只是作为一个服务于人们物物交换的简单场所,随着社会的不断进步和生产力的不断发展,人们对生活中不同物质的需求加大,物物交换的物品数量和种类也不断增多,市场由此形成,且市场规模得到扩大。后由于工业革命开拓商品市场,商品经济发展起来,市场经济也随之产生,新型经济在与资本主义生产方式不断融合的过程中,资本主义市场经济形态形成。改革开放之后,在社会的质疑与争论中,市场经济步入社会主义的轨道。一九九二年南方谈话时邓小平曾指出,计划经济与社会主义并不等同,而市场经济亦非资本主义,无论是计划还是市场都是生产力发展的一种经济方式。邓小平的经济思想从传统思想的理论中进行创新,基本摆脱了传统经济思想的桎梏。十四大中,经济体制改革的目标得到深化,社会主义市场经济体制目标正式建立。习近平在 2017 年 10 月 18 日的十九大报告中提出,要把产权制度和要素市场化配置作为社会主义市场经济体制改革的重点,有效促进经营活动中的要素流动、产权激励和企业优胜劣汰。

2. 理论启示

社会主义市场经济条件下的市场是决定资源分配的关键因素,市场环境是资源配置情况的体现。营商市场环境侧重于企业生存发展中所受到外部因素的影响,由资源配置情况和要素流动状况所体现。企业是市场上交易活动的对象,它的功能就是提供人们生产生活所需要的产品,因此,企业最直接的目标就是产品生产,而在影响企业生产活动的各种不同的市场资源中,生产要素既是基础性资源也是关键性资源。根据我国的实际情况,现行的营商市场环境评估指标并不统一,现行的评估指标也不够完善。本书基于社会主义市场经济理论,从市场决定资源配置的角度和企业自身的生存属性出发,认为营商市场环境中生产要素是市场资源的重要体现。

二、政务环境优化的相关理论

(一)政府干预理论

1. 理论概述

凯恩斯首先提出了政府干预的学说,他的代表作《就业利息和货币通论》为政府介入市场经济奠定了理论基础,之后在美国经济学家斯蒂格利茨(Joseph E. Stiglitz)在政府职能和市场失灵两部分进一步完善,形成了较为完整、系统的理论。传统经济理论认为,市场的信息流通、要素流动、利益者竞争可以通过市场的"无形之手"来达到最优化的分配,因此,政府不应该干预市场的运行。斯蒂格利茨指出,单靠市场机制来调控经济,是不可能在市场、信息和竞争不完全的情况下实现帕累托优化的,因此,政府要积极发挥其作用,降低因市场失灵而造成的损失,从而实现帕累托改善。而在社会主义市场经济条件下,市场失灵的范围与政府介入经济活动的水平相匹配,从而为其充分发挥经济职能带来了机会①。尽管斯蒂格利茨的"纠错税"的公共政策被定义为空想性政策,但是,"政府干涉"的思想却足以说明政府在优化营商环境的活动中发挥着不可替代的作用。胡锦涛在2012年的中共十八届全国人大会议上发表了《坚定不移沿着中国特色社会主义道路前进 为全面建成小康社会而奋斗》的讲话报告,报告指出在我国社会主义市场经济发展的背景下,全面深化改革的重点在于改革经济体制,且需要将政府和市场的关系、责任分界处理好,充分发挥市场在资源配置中的决定性作用,政府也需要为市场的发展做好全面的服务。政府和市场是社会主义市场经济体系中最主要的两个方面,优化政务环境的重要抓手就是要弄清政府在市场经济中所扮演的角色和产生的作用。

2. 理论启示

政府干预理论对营商环境中政务环境优化有着重要的指导作用,通过政务营商环境的优化,可以有效地降低政府过度干预市场和企业的行为,促进政府工作重心向宏观调控、提供公共产品和公共服务上转移。一方面,由于市场经济是在政府主导下建立的,所以在市场经济的构建和发展中,政府的力量贯穿于全过程,而政府与市场之间关系的调整与改革,则主要依赖于政府的力量。另一方面,地方政府的资源和能力有限,需要以市场发展的需求为导向,减少对市场资源配置和市场活动运行的直接干预,在事中、事后监管和政务服务等领域,采取有选择性的、不同的方式介入,减少制度交易的费用,促进区域经济的发展。综合以上分析,优化政务营商环境的逻辑起点是明确政府与企业之间的关系,只有在符合国情和企业真实需要的前提下,政府适当干预,为营商环境的构建提供相应的制度和政策,科学地界定政府的角色与功能,才可以有针对性地优化营商环境。

---

① 孙萍,陈诗怡. 基于主成分分析法的营商政务环境评价研究——以辽宁省14市的调查数据为例[J]. 东北大学学报(社会科学版),2019,21(01):51-56.

（二）交易费用理论

1. 理论概述

交易费用理论最先由科斯于 1937 年在《企业的性质》一书中提出，后由经济学家威廉姆森进一步深化，形成交易费用相对系统的概念，构建制度经济学最基础的理论。交易费用是指在某种社会关系中，人们为了进行某项交易所支付的费用。交易费用的概念表明，资源的稀缺程度对资源分配产生一定依赖，资源配置效率会对经济效率产生一定的影响；同时指出企业的本质是一种以追求经济效益为目的的组织。科斯认为，交易费用是指在完成一项市场交易时，谈判、签约和其他与定价机制有关的费用总和，在市场交易成本高于组织成本的情况下由市场来进行，而在组织成本高于市场交易成本的情况下则在企业内部进行，企业边界由此产生①。威廉姆森认为，在进行不同的交易选择时，衡量交易费用的关键是交易费用的相对顺序而非交易费用的绝对数目，而企业收购则是为了减少交易费用②。陈玉罡、李善民等人将科斯所提出的"交易费用"理论看作是单纯的"显性费用"，他们提出将"隐性成本"引入到"交易费用"的概念中，企业经营行为不但要将市场成本与组织成本相比较，还要将市场机制、企业组织所带来的利益规模相结合，例如通过企业组织获得的利益，就是市场的隐性成本③。诺思提出为了获取竞争优势，公司将根据外部情况选择其竞争战略，而形成对企业经营有利的体制则是一个复杂的过程，必须得到政府的大力支持④。

2. 理论启示

交易成本理论认为，市场交易与系统的制度环境有关，交易成本是影响企业资源分配的重要因素，而交易成本的数据显示则是对企业经营环境的方

---

① R. H. Coase. The Nature of the Firm[J]. Economica, 1937, Vol.4, No.16, Pp.386405.
② Williamson, O. E. The Economic Institutions of Capitalism[M]. New York: The Free Press.
③ 陈玉罡,李善民.并购中主并公司的可预测性——基于交易成本视角的研究[J].经济研究,2007(04):90-100.
④ North, D. C. Economic Performance Through Time[J]. The American Economic Review, 1994, Vol.84, No.3, pp.359-368.

便程度的直接反映。体制改革突出了体制在经济发展中的决定性作用,通过制度变革来促使高效率的制度替代低效率的制度,可以减少交易费用。城市的营商环境是衡量交易费用的一个重要指标,其交易成本包括政务处理效率、企业缴纳税金、市场监管水平等,优化营商环境有利于降低企业交易成本,让企业在市场竞争中获得优势。优化政务营商环境,实质上是政府在改革中形成的一种新的政策制度,为企业的发展创造更加便利的环境,在企业与政府的互动中,通过减少制度性交易费用,激发其创新创业的积极性,也就是在经济转型期间,为企业发展提供新的制度安排,以提高经济增长的效率。

(三) 新公共服务理论

1. 理论概述

罗伯特·B. 登哈特(Robert B. Denhardt)在20世纪70年代提出新公共服务理论,新公共服务理论是基于对新公共服务的批判产生的。从政府的特殊属性角色入手,在归纳学者对新公共管理的消极问题的基础上做出的修正意见,从而形成系统化的理论。其本质是对新公共管理思想的反思,强调了公共行政应该以普通民众的权益为核心,以服务民众为主要功能[①]。新公共服务理论认为公共管理的核心是服务而不是掌舵,是为了实现公民的利益而非控制社会,因此公共管理的核心目标是公共利益,而非效率,政府需要更多地关注公共责任和公共价值。结合中国实际,中国"服务型政府"的提出是在强调公民主体身份和社会本位的基础上,在社会主义民主制度的约束下,将社会治理的核心和政府工作的中心拉回为人民服务的轨道中,所构建的一种政府模式[②]。随着社会的不断发展,政府服务的水平不断提高,我国"服务型政府"的建设在理论和实践层面都取得了较大的突破,致力于发展成为以服务、效率为核心价值的有限政府,在解决问题和满足社会需求的实践中,提升

---

① 珍妮特·V. 登哈特,罗伯特·B. 登哈特. 新公共服务:服务,而不是掌舵[M]. 丁煌译,北京:中国人民大学出版社,2016:58-59.
② 刘熙瑞. 服务型政府——经济全球化背景下中国政府改革的目标选择[J]. 中国行政管理,2002(07):5-7.

政务人员的综合素质,为优化营商环境提供更加便利的服务①。

2. 理论启示

新的公共服务理念下的政务营商环境优化,是指以企业的需求为基础,以满足企业的需求为目的的政府服务。为达到服务的目的,就必须明确其服务功能,并灵活选择最佳的服务模式。具体而言,政府要优化政务营商环境,必须从五个方面着手:第一,要对市场经济的关系、经济运行状况进行宏观调控,从而达到经济的可持续发展。第二,要制定并实施产业政策,引导产业发展方向,调整产业结构,促进产业转型升级。第三,依法行政,打破垄断,加强市场监督,维护市场公平竞争。第四,及时将相关经济信息传递给各市场,尽可能消除信息不对称带来的成本。第五,提供水、电、气、网、交通等基础设施。

三、法律环境优化的相关理论

(一)法治政府理论

1. 理论概述

"法治"概念是古希腊哲学家亚里士多德提出的,激发了人们对国家政策的思考,在亚里士多德以后,西方的许多思想家、政治家如洛克、孟德斯鸠、潘恩等都对法治理论进行了大量的研究。法治政府的历史由来已久,从亚里士多德、西塞罗到后来的各种法律流派,都对其产生了一定的影响。洛克和孟德斯鸠等是第一批以自然权利为基础、以社会契约论为基本原理对政府进行研究的思想家,他们的思想理论在一定程度上推动了法治政府的发展。洛克的思想核心是法律面前人人平等,法律存在的意义是维护公民的各项权利,

---

① 施雪华."服务型政府"的基本涵义、理论基础和建构条件[J]. 社会科学,2010(02):3-11+187.

国家不能任意地侵犯这些权利①;孟德斯鸠认为政府权力具有天然的侵略性和扩张性,为制约其权力扩张,立法、行政、司法权力应当分立,其中立法权由议会掌握、行政权由政府享有,司法权由法院享有,以此限制行政权的扩张。《德里宣言》中的三大法治原则强调既要防止权力滥用,又要有一个有效的政府来维护法治的运行,保证公民享有充分的社会和经济条件。"对产权和产权运用的制度保护是持续的经济增长所不可或缺的。"②中国政府在2004年的《政府工作报告》中明确提出了"法治政府"的建设目标,法治政府是转型时期中国政府所选定和正在建设的政府模型,它是对有限政府、有效政府、责任政府、理性政府、诚信政府等众多政府模型进行了较为完整科学的整合结果,具有丰富的理论内涵。

2. 理论启示

依法治国理念下的政府建设,是构建和谐、安定的营商环境的重要保证。一方面,在法治化的营商环境视野中,大多数法律法规和政策都是由政府来制定,政府作为执法的主体,在执法过程中存在着依法不够、执法不严、违法不究的问题,甚至出现寻租行为、腐败行为、徇私枉法等突出问题,对建设良好的营商环境造成严重的阻碍,因此对各级政府依法办事的需求更为迫切。另一方面,"营商环境法治化建设,则需要法治型政府进行政府管理与创新的结合,完善市场经济体制,构建更加公平公正、透明高效的政府,为市场经济提供更好的服务"。政府从社会的整体利益角度考虑,适当地对市场进行干预,能促进市场正常运行,要遵循法律的原则和法治精神。从本质上说,通过对政府与市场的关系的合理界定,明确政府的职责,促进政府与市场的关系明晰、法定化,从而使我国的营商环境得到进一步的改善,实现市场经济健康可持续的发展。综合来看,开展权责明晰、执法高效、职能科学、公开透明的法治政府建设是法治化营商环境建设的重要保证。

---

① 约翰·洛克.政府论[M].瞿菊农,叶启芳译,北京:商务印书馆,2003:126.
② 柯武刚,史漫飞.制度经济学:社会秩序与公共政策[M].韩朝华译,北京:商务印书馆,2000:251.

(二) 法治经济理论

1. 理论概述

自 16—17 世纪以来,随着葡萄牙、西班牙、英国等国海上贸易的兴起,一些贸易方面的规则和条款等构成了早期经济相关的法治。另一方面,欧洲进行战争期间,《法国民法典》传入被征服区域,海洋法系和大陆法系的共同发力使其在世界贸易中逐渐形成了一个新的体系,法治的范围和程度也得到了进一步的强化。亚里士多德指出法治的价值核心是"已成立的法律获得普遍的服从,而大家所服从的法律又应该本身是制订得良好的法律"[1]。法治化的营商环境内在核心是法治经济理论。结合我国实际,改革开放之后国内经济与国际经济相关程度变高,出于对外贸易和国际合作等活动的需要,社会主义市场经济体制不断调整,构建了较为系统和完备的社会主义法治市场。法治经济理论认为,法治经济的几点核心特征如下:一是市场经济法制的健全和发展,法制和经济的互动机制比较活跃;二是要对民事诉讼和民事权利进行全面地保护,同时要做到法律上的宏观调控,保持社会经济可持续发展的活力,保障社会的基本公平[2]。从 1992 年我国提出建立社会主义市场经济体制以来,理论界对"市场经济本质上是法治经济"这一问题展开了深入而广泛的探讨。1999 年《宪法修订案》确立了"依法治国"的目标,之后法治经济在各个方面得到了广泛的应用。中国自改革开放后,社会主义市场经济得到了快速发展,但是与市场经济相适配的法律制度还处于萌芽状态,因此,"法治"与市场经济的关系对法律经济的研究具有极其重要的意义。2014 年 10 月,《中共中央关于全面推进依法治国若干重大问题的决定》提出法治化营商环境建设指明了基本方向和思路是"以法治经济为核心的社会主义市场经济"。

2. 理论启示

在法治经济的理论指导下,法治化的营商环境中所涉及的外部因素都应

---

[1] 亚里士多德. 政治学[M]. 吴寿彭译,北京:商务印书馆,1981:199.
[2] 董文芳. 宪政文化与和谐社会构建[J]. 东岳论丛,2008(06):21-23.

在法律的框架内,用法治的思维作为解决问题的切入点,采取法律的手段作为维护自身利益的工具,通过司法、立法、执法等对商业活动加以规范,也在一定程度上调整政商关系,促进市场有效运行,使社会主义市场经济充分运行在法治的轨道上,保障其长足健康发展①。特别是在建立健全的法制制度的前提下,加强对财产权的保护,建立自由平等的价值导向,追求更加公平的竞争环境②。法治经济同时要求法律面前所有主体机会平等、竞争平等、交易平等、权利平等,市场微观主体具有平等的发展机会和利益诉求。可以说,法治化营商环境的内在属性与价值取向是由法治经济理论决定的,对我国营商环境的优化具有重要意义。

(三)法治评价理论

1. 理论概述

世界银行营商环境法治化评价源于美国二十世纪六十年代的"社会指标"运动。在全球经济一体化进程中,人们普遍关注法治的理念与价值,法治水平成为各国在经济领域开展合作的一个主要考虑因素。在此背景下,对特定国家的法律进行评估,以客观、准确的方式体现出地区的法治水平,已成为国际经济互动上的一项重要需求,如世界银行和国际正义组织在此基础上对法治评价进行了有益的探索,并取得了良好的成效和社会反响。近几年,国际上关于法治评估的理论和实践的发展,打破了传统法律思维的藩篱,为法律实证研究提供了新的发展空间,使其实现了现实社会和法治理论的接轨和互动。法治评价的核心是衡量和评估法治建设的现状和水平,其本质在于追求一种工具理性与价值理性之间的平衡③。以实证研究、定量分析、定性分析等为研究手段,对我国当前的法治现状进行较为客观、全面的描述和分析,

---

① 孙晓光.以法治思维推进商事审判,用法治方式保障经济发展——就学习贯彻党的十八大会议精神专访最高人民法院民二庭庭长宋晓明[J].人民司法,2013(03):71-77.
② 吕世伦,文正邦.法哲学论[M].西安:西安交通大学出版社,2016(03):91.
③ 张德淼,李朝.中国法治评估进路之选择[J].法商研究,2014(04):3-12.

为推动法治建设提供了理论依据和建议①。在依法治国的背景下,为了衡量法治的发展程度,对法治建设的效果进行检验,法治评估已经成为理论界的一个热门话题,学界也在实践中做出了许多有益的尝试。由于其所具备的"工具理性"特征与中国政府主导的"法治"模式有着天然的契合,因此,中国的法治评价也是中国法治建设新的发展方向②。

2. 理论启示

法治评价理论下的营商环境法治评价工具,能够直观地观测营商环境的法治化水平,有利于推动法治化营商环境的建设。在"弱法治"向"强法治"转型的大背景下,法治化营商环境的建设,不仅顺应了全球法治进程中"法治指数运动"的发展趋势,同时也为我国营商环境法治化评估在理论与实践上的创新提供了有益的借鉴。指标体系作为法治化营商环境评估的核心要素,可以为营商法治环境的评估提供一种度量标准,据此进行评估有助于改进营商法治环境,促进营商法治环境的构建。

四、人文环境优化的相关理论

(一)善治理论

1. 理论概述

从二十世纪五十年代开始,公共事务治理模式主要有:以政府为中心的科层治理模式、以企业为主导的市场治理模式和以市民社会为主导的网络治理模式。在全球化背景下,政府治理的复杂性日益增加,任何公共事务都不可能以某种特定单一的治理模式来解决,政府失灵、市场失灵等问题日益凸显,正是基于这一紧迫需要,善治理论得以产生。善治理论基于政府治理失

---

① 侯学宾,姚建宗.中国法治指数设计的思想维度[J].法律科学(西北政法大学学报),2013(05):3-11.
② 钱弘道,戈含锋,王朝霞,刘大伟.法治评估及其中国应用[J].中国社会科学,2012(04):140-160.

败的迫切需要,本质在于国家政府和公民共同管理社会事务,为达到共同利益最大化,双方应建立新的伙伴关系。我国学者俞可平指出,"善治是一种自上而下的互动管理,主要通过建立认同、合作协商和共同目标来实现对公共事务的治理。其本质是一种基于公共利益、市场原则和身份认同而形成的合作"①。俞可平认为善治包括以下十个要素:第一,合法性,社会秩序与公众权力为大众所普遍接受的状况;第二,法治,强调在法律面前所有人都是平等的。其主要体现是把法律视为公共行政的重要参照;第三,透明性,包括及时向外部公开政治信息;第四,责任性,社会治理和管理人员必须履行其责,并为之承担后果;第五,回应,对公众提出的诉求,政府主管部门要及时做出回应;第六,效果显著,强调管理人员的高综合素质、高工作效率;第七,参与,它的核心是人民群众对各种社会和政治活动积极参加的意识程度;第八,稳定,包括公共政策的一致性、和平发展、民族团结等;第九,廉洁,公务员要做到遵纪守法,廉洁自律;第十,公平,在经济与政治方面,必须平等对待种族、文化、性别、宗教等有差异的公民。

2. 理论启示

营商环境建设涉及的内容范围很广,公平是建立良好营商环境的根本保证。在实践中,要确保各种市场主体在法律上享有同等地位,依法创造一个公平、透明、有序的营商环境。营商环境建设同样离不开良法善治,良好的营商氛围、营商文化,才能让市场主体安心经营、放心投资。综上所述,善治理念对营商环境中的人文环境优化具有非常大的指导意义,将善治理念运用于营商人文环境的优化过程中,将会促进营商主体发展的进程,推动社会主义市场经济的发展。

(二) 协同治理理论

1. 理论概述

协同治理是一种将协同学与治理理论有机地结合起来的跨学科理论。

---

① 俞可平.治理与善治[M].北京:社会科学文献出版社,200:9-11.

协同理论是二十世纪七十年代赫尔曼哈肯提出的,研究对象是一个由许多性质迥异的子系统构成的总系统,这些子系统之间存在相互作用和联系。这个学说认为若干部分构成整个系统,且每个部分的作用总和要比整体的作用大①。"治理"起源于二十世纪末,罗西瑙作为该理论的创始人对"治理"的内涵进行了系统的阐释。他指出"统治"与"治理"的区别,并把"治理"的主体分为政府机构和非政府组织。在治理内涵的定义上,格里斯托克的论述是一个典型的例子。他认为尽管政府的治理主体包含了政府,但是它并不局限于政府,因此,公众认可的、合法性的、公共或者私营的组织,都有可能成为各自的权力核心②。显然,治理的核心观点是去中心化和多中心主体,包含了合作与资源共享的内涵。罗伯特·罗茨认为,治理是一种新型的管理活动,它要求各个主体相互协作、相互配合,从而建立起一套具有自身组织和管理功能的网络体系,以促进整个社会的健康发展。中国的学者结合中国国情对治理的概念进行了相适配的论述,例如俞可平认为"治理"是一种公共管理活动和管理过程,是治理主体利用公共权力来维护公共秩序,实现公共利益最大化,以满足公共需求的目的,治理的核心要素包括管理规则、公共权威、治理方式和治理机制等③。在联合国全球治理理事会中,协同治理被界定为:"协同治理是个人、各种公共或私营组织在处理公共事务过程中使用多种途径的总和,是协调各种利益集团之间的矛盾使之形成联合行动的持续性过程,包括正式的、有法律约束力的体系和规则,以及包括能够促进磋商和调解的非正式体制安排"④。

2. 理论启示

协同治理理论为营商人文环境优化工作提供了多元主体联合推进的理论引导,主要主张政府、企业、非营利组织、社会组织、公民通过合作协商等方式,共同制定最优营商环境的目标,从企业发展氛围、竞争合作关系等方面进

---

① 赫尔曼·哈肯.协同学——大自然构成的奥秘[M].上海:上海译文出版社,2005:3-4.
② 赵南.治理视野下我国 NGO 政策参与问题研究[D].山西大学,2010.
③ 俞可平.论国家治理现代化[M].北京:社会科学文献出版社,2015:23.
④ 张仲涛,周蓉.我国协同治理理论研究现状与展望[J].社会治理,2016(03):48-53.

行改进,实现企业营商环境的优化,公共物品的混合供应以主体供给多元化为途径,一定程度上减少了企业在社会活动中的交易费用。营商环境作为一种公共产品,它具有公共性、整体性和外部性等特点,需要政府、企业、个人和其他社会团体的积极配合,才能充分利用自身的优势,实现政府、企业、个人等各方力量的协同作用,实现优化营商环境的最终目的①。

第三节 优化营商环境的必要性和重要性

优良的营商环境是社会经济发展现代化的重要部分,是高质量的政府服务环境、高质量的法治环境、高效的市场机制的体现,也是人民对美好生活向往的体现。随着营商环境要素内涵日益丰富、多元化,优化营商环境不仅仅是一个单纯的经济问题,而且已经成为社会治理的一个主要目标,成为公共治理的重要对象,是社会公共事务治理的重要部分。从宏观上讲,优化营商环境是党中央提出的一项重要的经济发展政策,营商环境的好坏,直接关系到生产要素配置、市场主体的兴衰以及发展动力的强弱。从微观上讲,良好的营商环境在一定程度上能够吸引更多的投资者,留住更多的企业发展人才,从而推动企业的经济发展。优化营商环境既是促进社会经济高质量发展的必要途径,也是推动社会发展进步的重要手段,本节从优化营商环境的重要性和必要性入手,深入探讨优化营商环境的意义。

一、优化营商环境的必要性

(一) 完善国家治理体系,提高治理效能的需要

优化营商环境是建立市场经济体制、健全政府管理体制、提升政府管理

---

① 樊艳丽.协同治理视阈营商环境优化路径研究[D].江西理工大学,2021.

效率的必由之路。在中国特色社会主义新时代,社会主要矛盾发生重大变化,我们必须坚持和完善中国特色社会主义制度,推动国家治理和治理能力现代化以适应百年未有之大变局。《关于新时代加快完善社会主义市场经济体制的意见》指出,"以更高的起点为基础、更高的目标为导向,在全面深化经济体制改革的进程中推进其他方面的体制改革,建立更加系统、更加成熟和稳定的高水平社会主义市场经济体系"。将此要求作为参照,我国现在的营商环境仍有改进和优化的空间。要解决好政府、市场、社会之间复杂又相互关联的关系,必须在重大改革中实现突破与创新,创造经济发展的新要素,发掘经济发展的新模式,加强产权制度、要素市场化配置、行政管理手段、服务方式等方面的创新,健全市场经济体制,以更高的开放程度推进深化市场化改革,实现"产权有效激励、要素自由流动、价格反应灵活、竞争公平有序、企业优胜劣汰"的目标。这对于构建良好的市场经济体制、发挥制度优势有强力的推动作用,也对完善我国的国家治理体制、提高政府的治理水平等具有十分重要的意义[1]。

(二)推进供给侧改革,保障经济健康发展的需要

优化营商环境,是我国政府准确地推进供给侧结构调整、提高发展动力和活力、促进经济持续健康发展的必由之路。改革开放以后,各地政府为实现经济增长的目标,对直接投资和招商引资的热情高涨,GDP 数值高速增长,但由于盲目追求经济发展效果而忽视经济发展过程,粗放式发展成为经济发展的主流,导致后期诸多问题的产生,如某些优惠政策的颁布与实际情况不相符,圈地囤积,野蛮采矿,生态破坏严重。十八大以来,我国加快推进供给侧结构调整,推动经济社会由高速发展向高质量发展转变。转变经济发展模式,优化产业发展结构,既需要依靠看得见的手对经济市场进行干预,也需要看不见的手通过市场机制发挥作用。营商环境的优化是经济社会得以发展的重要途径。优化营商环境不仅有利于吸引更多的投资和 GDP 的增长,也

---

[1] 张占斌. "十四五"期间优化营商环境的重要意义与重点任务[J]. 行政管理改革,2020(12):4-10.

是把供给侧结构性改革作为一条主线,把经济的发展质量稳定在一个可靠的基础上,不断激发经营主体的创造活力,创造更多经济价值的过程。优化营商环境的关键在于政府,而政府本身又必须通过精准的供给侧结构调整来改善公共物品提供与公共服务的质量①。一方面,市场在发挥决定作用的同时,也要看政府简政放权、优质供给的程度,有利于政府自身改革创新,为企业提供更多更便利的经营条件,落实为群众服务的理念。另一方面,政府的职能也应该进行转变,从着重于事前审批转向加强事中事后的监管,从经济发展的竞争者向服务型政府转变。同时,这也是对政府提高服务意识、治理能力和推进治理体系现代化、加大公共服务供给力度的一场考验。

(三)保护产业链供应链安全,提升国际竞争力的需要

优化营商环境,是保障产业链供应链安全、保障国家产业和经济健康发展、增强国际竞争能力的必由之路。面对当前百年未有之大变局,国内外各个方面都处于深刻的变动之中,新冠肺炎的全球化加剧了这种演变,世界进入了一个动荡不安的转型期,经济发展的不确定因素增多。一些国家通过种种方式来遏制中国的发展,以确保其全球霸主地位,并通过政治误导、战略遏制等方式向中国施加压力,对我国社会各方面稳定发展造成极大负面影响。在全球化面临逆流、全球化倒退等重大国际经济形势深刻变革的今天,我们要在一个不安定、不稳定的世界里寻求发展,需要做好各方面准备。在新环境中培养国际竞争与合作的优势,需在国际和国内两个循环之间建立起一种新发展模式,确保整个产业链的安全和稳定发展,从而增强国际竞争力。但实际发展中却存在诸多问题,部分产业链出现断裂、脱节,部分外企、民企退出国内市场,部分低端企业缺乏发展资源,高端的产业、企业进入市场门槛过高。要想破解这些难题,首先要做好"卧薪尝胆"的改革,要破解"卡脖子"的阻碍,做到自主可控、真正的本土化;其次要加强吸引外资,高质量的招商引

---

① 张占斌.优化营商环境的特殊意义 未来的国际竞争,从一定意义上讲就是营商环境的大比拼[J].财经界,2021(01):20-21.

资①。这两个方面都取决于是否能创造世界一流的营商环境，良好的营商环境可以对冲不稳定不确定的世界形势。

（四）完善社会主义市场经济体制，规范市场运行的需要

优化营商环境，从中国市场经济体制的建立和改革历程来看，是现阶段规范和完善市场经济的关键环节。中国市场经济最大的特点就是政府建设型的市场经济，它对中国的改革起着决定性的作用。另一方面，我国市场经济发展时间短，发展水平较低，发展不够稳定。改革的渐进性，直接决定着中国的改革并不完全，许多体制在四十年以后的今天仍具有较强的计划经济色彩，并产生了许多新问题，其中包括供给质量不高、实体经济弱化、产业结构失衡、自主创新不足、生产方式粗放等，都是进一步深化改革必须重视和解决的问题。十八届三中全会《中共中央关于全面深化改革若干重大问题的决定》中明确提出："全面深化改革要以经济发展为中心，以市场为主导，合理调节政府和市场的关系，更好地发挥政府的职能，充分激发市场的活力"，说明中国现阶段的市场经济仍处在建设与完善的阶段。完善市场机制，让市场真正发挥资源配置的决定性作用，是优化营商环境的一项重要任务②。要确保市场在资源分配中发挥决定性的作用，就需要对政府的行为进行规范，规范政府与市场、国有企业与民营企业之间的关系，要实现政府对市场的调控，市场对企业的引导，各种市场主体的公平竞争，坚持和发展公有制经济，鼓励支持和引导非公有制经济发展。中央提出并持续强调优化营商环境，目的在于通过改革的压力，通过优化政府的服务功能和效能的方式来迫使地方政府降低对市场和企业的行政干预程度。要优化服务，简政放权，为市场主体松绑、为企业发展扫除障碍、为公平竞争保驾护航③。

---

① 张师平.中国新型政党制度优势转化为国家治理效能的路径指向[J].攀登，2022,41(02)：26-31.

② 张占斌.优化营商环境的特殊意义 未来的国际竞争，从一定意义上讲就是营商环境的大比拼[J].财经界，2021(01)：20-21.

③ 冀刚,孙明霞.保护和激发市场主体活力[J].机构与行政，2020(08)：50-52.

二、优化营商环境的重要性

(一) 有利于提升区域竞争力

优化营商环境是提升区域竞争力的重要法宝。从表面上看,区域发展差距是企业数量、经济数据等方面的差距,其实更关键的是营商环境方面的差距。"水深则鱼悦,城强则贾兴。"企业对本地区的营商环境是最有发言权的[①]。倡导以市场主体和人民群众的需要为指导,细化行政审批标准,对同一事项的处理坚持无差别、同标准的原则;实行当场当办、限时办理、一次办结等制度,政务服务标准化、智能化、便利化,推动就近办理、网上政务等便利性政策,积极推动相关事务"打包办"、重要事项"提速办"、一切流程"简便办"……这一系列工作表明优化营商环境是实现新旧动能转换,促进经济高质量发展的关键。目前,我国正从高速增长向高质量发展转变,既要不断改善"硬环境",不断完善基础设施建设,又要不断创新体制机制,实现"软环境"的新突破。从理论上讲,我国的营商环境应该是一种制度环境,是更加强调市场化、法治化、国际化、便利化的"软环境"。从实践上来说,营商环境的好坏直接关系到经济发展的快慢与质量的高低,也是衡量区域软实力的一个重要指标。当前,资源和人口红利正在消退,政策红利也正在减弱,未来的经济发展将依靠创新、人才和制度的三重红利来推动。在这样的大背景下,建立一个高效透明、公平公正、稳定可靠、民主法治的营商环境,是推动区域经济发展的重要途径。而良好的营商环境,有利于吸引技术、资金、人才等各种发展要素的聚集,使地区经济由成本优势向资本、品牌、服务、人才和技术的综合竞争优势转变,促进经济增长、产业完善、财税收入等方面的发展。也就是说,良好的营商环境会促使物流、人流、资金、信息等方面的聚集;如果营商环境不好,投资者就会退缩,甚至导致企业退出市场,从而影响经济的发展。

---

① 仁宣."五级代表+三级人大":为营商环境体检把脉[N].苏州日报,2020-6-30.

我国将优化营商环境视为加速发展的重要途径,通过效率、速度、服务等方面的竞争,吸引更多的资金投入,争取更多的资源和要素。

（二）有利于激发各类市场主体活力

优化营商环境是调动各类市场主体活力,促进经济高质量发展的关键,是国家治理现代化的显著标志。在一个良好的市场环境下,市场与政府的界限清晰,办事流程规范,市场机制有效,调控监管到位,有利于降低市场主体制度性交易成本,提高市场准入的便利程度,促进地区市场主体的稳定发展。在良好的营商环境下,我们要坚持以开放促进改革,积极与世界接轨,积极参与国际贸易,努力推动制度、规则、标准、管理等方面的创新。中国不断深化改革开放,实现高质量发展,实现治理体系和治理能力的现代化,必须建设市场化、法治化、国际化的营商环境。《中共中央关于制定国民经济和社会发展第十四个五年规划和二〇三五年远景目标的建议》提出,不断优化市场化、法治化和国际化营商环境,就是不断促进生产力发展和提升竞争力的过程。中国经济由高速发展转向高质量发展,正处于质量、效率和动力转换的关键时期,传统的劳动力、土地等生产要素的相对优势在经济竞争中的作用越来越小,而体制供给已经成为中国经济的一个重要的核心能力①。构建以国内大循环为主体、国内国际双循环相互促进的新发展格局,必须不断提高市场主体的吸引力、创新能力和竞争力,才能实现更有效率、更高质量、更可持续、更加公平的发展。优化营商环境没有终点,这一过程也是生产力解放和竞争力提高的过程,只有不断优化营商环境,激发市场活力,才能不断促进我国经济的高质量发展②。

（三）有利于推动政商关系的规范化

以政务营商环境作为改革的突破口,可以有效地促进政商关系的规范化

---

① 赵勤.进一步优化营商环境助力经济高质量发展[N].黑龙江日报,2018-4-10.
② 张占斌."十四五"期间优化营商环境的重要意义与重点任务[J].行政管理改革,2021(01):36-43.

和常态化。政府与市场的关系是市场经济体制改革的关键,而随着市场经济体制的建立健全,政府的资源配置效率日益低下,其弊端也日益凸显,从而成为制约社会主义市场经济发展的重要因素。中国市场经济是一个由政府主导的市场经济体系,长期以来,中国政府对市场一直采取深层次、多层次、全方位的管理,政府对市场的过度干预往往会造成企业的不适应。优化政务营商环境的首要工作是需要明确服务对象。只有把市场主体、企业和投资者作为服务对象,才能真正做到为市场主体服务,为社会经济发展服务,为人民谋福利。在这一基础上深入推进工作,政府和员工才能更多地从企业的角度去考虑问题、提供服务,真正地尊重企业和企业家的价值创造,从而为政府和企业建立起平等沟通、良性互动的基础。其次,营商环境优化要以企业的需求为导向。以市场主体的需要为导向,以市场主体的满意度为衡量标准,以消费者的实际利益为依据,适时地调整服务的内容和形式,满足企业的发展需要。再次,与国际需求相结合,适应新形势的新变化,建立高质量的服务标准。以国际标准为参考,建立科学合理的政务营商环境评估指标体系,可为政府服务企业制定统一的服务质量标准,提高政府采购工作的质量与效率,为企业合理表达诉求、维护自身利益提供了一个标准化的途径。最后,将优化营商环境作为改革的切入点,一方面可以促进政府及其工作人员在与企业打交道的过程中自觉服务、积极作为,想企业之所想,急企业之所急,另一方面又有效规范和约束了地方政府及其工作人员的行政执行,提升领导干部依法办事的能力,维护清正廉洁的政商关系。综上,优化政务营商环境是规范政商关系的必要选择,对构建新型的政商关系具有很大的促进作用。

(四)有利于保证区域的财政发展

优化营商环境,有利于强化财源的建设,促进经济发展质量效益的提升,建立健全安全、高效、优质、可持续的财源系统,是实现财政可持续发展的有效途径。首先,可以有效地减少企业的制度性交易成本,为企业创业经营活动提供更加有利的条件,刺激市场各微观主体的发展积极性,提高经济发展效率,具有涵养税源的作用。其次,可以建立健全有效的政府服务系统,促使政府为当地企业提供全方位、高层次的服务和监管,加大支持力度,创新支持方式,间接夯实基础财力。再次,可以创造优良的竞争环境、优质的服务环境和良好的市场环境,以吸引更多的企业和资金进入,从而引入长效的税收来源[1]。最后,可以帮助企业突破发展瓶颈,实现产业转型升级,增强企业核心能力,提升经济发展质量,从而壮大核心税收来源。总之,通过对营商环境的优化,以政策供给、资金支持、公共服务等方式来促进新兴产业的发展,有利于新兴财源的培育。优化营商环境可以增强政府综合治税的能力,从明确支出责任、强化税收征管、强化资金监管等方面来发掘隐性税源。

---

[1] 张仙凤.打好监督组合拳 为优化营商环境护航[J].当代贵州,2021(30):70-71.

第二章　营商环境的评价与指标体系

随着我国经济发展迈入新常态和新时代,营商环境的优化已经成为我国政府治理关注的焦点领域。李克强总理曾在2018年就提出"优化营商环境就是解放生产力,就是提高综合国力"。为了持续优化营商环境,不断解放和发展社会生产力,加快建设现代化经济体系,推动我国经济高质量发展,2019年10月国务院常务会议通过并发布《优化营商环境条例》,该条例是我国关于营商环境的第一部国家层面的综合性行政法规,标志着我国营商环境优化迈入新的阶段。同时,该条例不仅为各城市优化营商环境实践提供了方向,而且为各地市营商环境评价工作提供了制度保障。如果说优化营商环境是政府经济治理的基本目标的话,那么如何对营商环境进行科学、全面的评价,则成为实现该目标的前提和基础。因此,本章将从营商环境评价概述、国内外营商环境评价指标体系介绍、中国营商环境评价指标体系的构成维度及优化方向三个方面展开讨论。

第一节 营商环境评价概述

一、营商环境评价的内涵与特征

（一）营商环境评价的内涵

目前，有关营商环境评价内涵的研究，可以分为两大类：一类是根据世界银行所推行的世界营商环境评价指标体系出发所认定的内涵。该内涵从微观的企业层面进行评价，将中小企业作为研究主体，通过调查问卷形式模拟企业生命周期过程的活动所需的时间与成本，进而获取指标数据内容对企业主体从开办到破产进行测度评价。世界银行认为营商环境是企业从开办、经营到破产等一系列环节中遵循政策法规所需要的时间、成本等条件。[1] 因此，世界银行的营商环境评价指标主要包括从开办企业到企业破产等在内的各个环节的十个核心指标。世界银行对这些指标进行赋权，收集各个国家主要城市的数据作为分析对象，应用"前沿距离法"对指标信息做标准化测算后，得出这些国家的营商环境得分排名。另一类是基于国家经济发展、竞争力与营商环境相结合的综合评价指标体系，比如经济学人智库"营商环境排行榜"、我国粤港澳大湾区研究院《世界城市营商环境评价报告》等。这些营商环境报告拓宽了营商环境评价的主体，将社会法制、政府政务、基础建设、生态文明等因素纳入到评价体系中，从而扩大了营商环境评价的研究范围，不再局限于只对发达中心城市进行测度。可以看出，学术界中营商环境评价的内涵和外延还在不断发展和扩充，尚未形成统一的认识。

我国政府于 2018 年开始组织进行各城市的营商环境评价工作，在我国

---

[1] World Bank Group. Doing Business 2003[R]. The World Bank, 2002.

营商环境评价中所使用的评价指标既包含世界银行十项核心指标,又根据我国实际情况,增加了过程中涉及的一些指标,例如获得用水和获得用气等,这就更加完整地反映企业从开办到破产的整个生命链条。综合以上,本书认为营商环境评价是指国家按照国际通行、对标世界银行、量化评估原则,围绕与市场主体密切相关的主客观评价指标,沿用国际通用的前沿距离得分法,通过大数据评价分析,测算参评城市营商环境指标前沿距离得分和营商环境便利度排名的一种机制。

(二)营商环境评价的特征

从上述营商环境评价的内涵可以看出,营商环境评价有以下几个方面的特征:一是时间上覆盖企业全生命周期,无论是世界银行的营商环境评价标准还是我国政府的营商环境评价指标,都可以看出营商环境评价着眼于企业的全生命周期,从企业办理营业执照开始,到过程中的获得用水、用电及融资,再到最后的企业破产或者叫注销企业,它是一个完整的、持续的企业生存和发展的全生命周期的体现。营商环境的评价目的之一就是改善和优化企业从开始经营到最后注销整个过程中的各个环节。二是空间上覆盖范围广,营商环境的改善涉及影响企业发展的各种境况和条件,包括影响企业经营的政治、经济、社会、文化等各个层面。我国政府认为营商环境是指企业等市场主体在市场经济活动中所涉及的体制机制性因素和条件[1]。从这一定义也可以看出,营商环境评价既要包括有形的基础设施建设,更要包括无形的政策、法律制度及社会风气等软环境。三是作用上的全局性。一个国家或地区营商环境的好坏直接决定了其对各类资源的吸引力,进而影响国家和地方的经济发展水平。改革开放以来,我国政府在营商环境建设方面进行了诸多有益的探索,也取得了丰硕的成果,对于吸引外资起到了很大的作用,但是有些指标数据仍不理想,因此营商环境评价的作用就是进一步促进我国营商环境的全面改善,进而推动我国经济发展更上一层楼。

---

[1] 国务院.优化营商环境条例[EB/OL].(2019-10-23)[2024-05-20]. http://www.gov.cn/zhengce/content/2019-10/23/content_5443963.htm.

二、营商环境评价的功能

(一)"以评促建"功能

以评促建,从字面意思就可知,是指通过评估工作促进相关领域工作的建设,具体到营商环境领域就是指,通过营商环境的评价工作来促进营商环境建设的优化,可以说"以评促建"是营商环境评价的首要功能。因为,营商环境评价的一个重要目的就是推动国家或地区营商环境的建设。营商环境的建设是一个复杂的系统工程,涉及多个行政部门规章制度的完善情况,一般的经验性的主观定性分析对于营商环境的客观状况往往很难做出客观评价。营商环境评价工作依据比较科学合理的量化指标可以较为准确地评价国家或地区的营商环境实际状况。在实际的营商环境评价工作中,我们发现,通过营商环境评价,各个地区有了建设营商环境的依据和标准,可以说营商环境评价为各地区优化营商环境提供了评判的标尺,通过评价结果的结构化分析,可以条理化地认清和把握营商环境建设各方面所取得成效、存在的问题及其原因,从而对被评价区域营商环境状况做出科学的判断和评价,为改进和建设营商环境相关制度法规提供客观的依据。通过将不同区域的营商环境评价结果进行比较,还可以评判各地营商环境水平的相对排名与差距,促使各个地方在营商环境建设方面增进沟通和对话,相互取长补短,提高全国的营商环境整体水平。

(二)"以评促改"功能

如果说营商环境评价的首要功能是"以评促建"的话,那么营商环境评价的第二功能就是"以评促改",就是在营商环境评价中发现存在的问题,改正错误做法。"以评促建"的功能重在通过营商环境评价达到"建章立制"的目的,更多的是强调各地区在营商环境建设中还有哪些没有做到的地方,起到的是"查漏补缺"的作用。而"以评促改"功能更多强调的是各地区在营商环境建设中存在哪些问题,关注点在改正各地区的错误做法。营商环境评价不只是告诉我们做什么,而且进一步教会我们该怎样正确地做。所以说,营商环境评价具有"纠偏"的功能,能够及时发现营商环境建设中与目标出现偏离和延迟的地方,从而推动其改正。从实践来看,通过评价不同区域营商环境的建设情况,确实发现了不少各地区营商环境建设中存在的问题,在指出这些错误做法后,我们针对相应问题提出建议性的整改方案,从而达到进一步优化营商环境的目的。"以评促改"功能更多地体现在评价结果可以发挥倒逼作用,促使相关部门及其工作人员提高主动性和积极性,发挥主观能动性优化营商环境,形成不断改善营商环境的良性循环。

(三)"价值引领"功能

"十四五"时期是我国经济社会发展的重要历史节点,是开启全面建设社会主义现代化国家新征程、向第二个百年奋斗目标进军的第一个五年。在这个重要的历史节点上,营商环境评价也有了更高的使命,那就是要发挥"价值引领"的功能。在我国"十四五规划纲要"中明确指出要"构建一流营商环境",其中一个重要任务就是"完善营商环境评价体系"。营商环境评价体系不仅是营商环境内涵及特征的体现,也反映了一个国家或地区对营商环境本质的理解和构想。营商环境评价指标体系包含一整套完整、科学的有关营商环境的构成要素,指标体系通过多层级逐步分解和细化,成为具备可操作性和可评价性的具体指标,实质上指明了可量化的营商环境建设的具体任务和目标。结合国际国内主流的营商环境评价指标体系可以看出,营商环境评价指标体系实质上承载和倡导诸多的价值理念,这些价值理念包括公平、透明、诚实、守信、高效等。在进行营商环境评价工作过程中,对这些指标的解读和评判,一方面让评价者更加认识到营商环境建设的重要性,也让被评价对象更加深刻地理解营商环境所倡导的价值理念。因此,营商环境评价的一个深层次的重要功能就是传播营商环境的价值理念,促使国家机关人员、社会各界人士以及公众对于这些价值理念理解认可,并且"内化于头脑,外化于行为"。

三、我国营商环境评价的发展历程

营商环境作为影响经济活动的生态系统,市场主体所处的营商环境并不是一成不变的。改革开放以来,随着政府与市场、企业、社会关系的演变,影响市场主体活动的营商环境也不断发生变化,每个发展阶段呈现出不同的特点。

(一)第一阶段(1978年—2000年):初步探索期

营商环境最初在我国被称为"投资环境",改革开放初期,为促进我国经济发展、提高投资吸引力,我国开始以外资企业为重点,对"投资环境"进行相应的改革探索。受原有计划经济影响,这一时期的营商环境改革带有明显的政府干预特点,具体表现为以下几个方面:(1)参与主体以地方政府为主。在行政发包制的影响下,政府部门成为地方经济发展的主要推动者。为提高投资环境竞争力,一些地方政府开始以政策为突破口,通过大规模招商引资来促进地方经济发展。(2)作用对象以外资企业为主。1979年1月,为解决经济发展资金不足、技术落后问题,邓小平同志敏锐洞察到当时世界经济、科技以及国际形势的发展变化,及时做出引进外资的重大决定,明确提出:"现在搞建设,门路要多一点,可以利用外国的资金和技术。"从此,引进外资成为各地改革开放的重要标志。为了更好地吸引外资,一些地方建立各种工业园区来为外资企业服务。比如,我们国家的第一个工业园区——1979年建立的蛇口工业区,最初就是专门为外资进行原材料加工和产品进出口而建设的。(3)实施机制是提供优惠政策。1986年,国务院发布的《关于鼓励外商投资的规定》中指出,要在场地使用费、所得税减免、利润汇出和再投资等方面对外资企业制定特别优惠的"超国民待遇"。随后,各地方政府几乎对所有外资企业都实行税收减免、财政补贴、专项贷款扶持等"超国民待遇"。实践证明,在改革初期尤其是市场环境不完善的时候,通过"超国民待遇"方式来吸引外资,对加快经济发展、促进就业有一定积极作用。但是,长时期给予外资特别优惠政策，不仅违背了市场经济的公平竞争原则，久而久之，也会影响政府的公信力。(4)考核标准为投资增长量。十一届三中全会后，党和国家开始实现工作重心的转移，与之相应的，对地方政府的考核重点也开始由政治因素转向 GDP、招商引资、财政状况等经济因素。为实现投资快速增长，一些地方开始设立专门的外商投资服务机构，如招商局、外商投诉服务中心等来为外资企业提供服务。实践证明，这种成立机构进行大规模招商引资的方式，对培育市场经济、促进社会发展有一定积极作用，但造成了一定程度的资源浪费，比如一些地方政府为了实现短期内经济快速增长，不考虑本地发展实际，盲目投资项目，产生了一批所谓的"政绩工程"和"形象工程"①。

（二）第二阶段（2001 年—2012 年）：调整优化期

进入新世纪，政府行政机构改革开始真正以职能转变为中心。相应的，营商环境的改革也开始进入调整优化阶段，这一时期营商环境评价的特点可以总结为以下几个方面：(1)参与主体开始扩大。主要是行业协会在促进企业自律、维护市场秩序、提高企业国际竞争力方面的作用开始显现。2002 年以后，国家进一步加快行业协会的试点改革，国内的行业协会进入快速发展期。大量行业协会开始与政府合作，在保护我国经贸利益、协调解决国际争端、提高本国企业竞争力方面发挥了重要作用。(2)作用对象扩展到国内企业。2010 年 12 月，我国对外资企业的优惠政策全部取消。与此同时，营商环境的作用对象也不再局限于外资企业，开始扩大到国内企业。与之相应的，政府也从企业的发展需求入手，进行一系列的改革。比如，很多地方原来专门针对外商、外资企业的服务机构，比如招商局、经济发展中心等，开始将服务对象扩展为所有外地投资者，为其提供相应的服务和支持。(3)实施机制是审批制度改革。加入世界贸易组织以后，为更好融入世界经济、增强市场活力，我国开始从政府职能转变入手，于 2002 年开始推行大规模的行政审批制度改革。这场改革，从最初对标世界贸易组织要求的国民待遇、市场准入、

---

① 臧姗.政府经济治理视角下营商环境优化的历程、特点及走向[J].中共四川省委党校学报，2022(01)：78-89.

公平竞争规则,到后来演变为根据企业需求简化各种审批手续和流程,改革成效比较明显。从2002年11月到2012年8月,国务院分六批取消和调整了共2497项行政审批项目,占原有总数的69.3%,投资者办事效率明显提升,我国经济进入高速增长期。(4)考核标准开始转向服务效率。2003年"非典"过后,我国开始认识到社会管理和公共服务的重要性,在政府考核上开始重视科学发展观的执行情况和公民的参与度、满意度。比如在行政部门制定相关政策文件时或者进行政府部门考核评价时,专门把民意调查反映的有关情况作为地方党政领导班子及其成员实际考核的重要内容。为了提高企业群众满意度,让投资者更好更快地办事,一些地方政府将原来针对外商设立的服务机构(如外商投资服务中心等)进行改进,成立了专门的政务服务中心。与外商投资服务中心相比,政务服务中心把涉及投资的很多职能部门(如国家发展和改革委员会、工商行政管理局、国家税务总局、地方税务局等)集中到同一地点,让投资者不用在各个部门来回跑,省了很多时间。

(三)第三阶段(2013年至今):全面发展期

十八届三中全会首次在党的文件中提出"政府治理"和"营商环境"概念,并明确提出"建设法治化营商环境"。从此,"营商环境"逐步取代"投资环境",多次出现在党和国家的文件、领导人的讲话中,对营商环境的改革也体现出政府经济治理的典型特征,具体表现为以下几个方面:(1)参与主体呈现多元化趋势。党的十八届三中全会以来,很多地方有关营商环境改革的领导小组开始升级,许多地方党委书记担任领导小组组长(如山东省、辽宁省各地市领导小组组长都是当地市委书记),亲自抓改革,亲手抓营商环境,可见各地对于营商环境的重视程度。同时,各地还通过以商招商、产业链招商以及提升群众文明素质、提高社会诚信水平来实现本地营商环境的整体优化。(2)作用对象为所有市场主体。党的十八大以后,市场主体的概念开始代替企业、商家,频繁出现在政府工作报告、相关的制度文件、领导人的讲话中。优化营商环境的对象,不仅包括各类企业,还包括个体工商户和中小微企业在内的所有市场主体。(3)实施机制是营造制度软环境。为全面正确履行职能,政府在实行审批制度改革的同时,更加注重事中事后监管和政务服务流程优化,使"放管服"三管齐下,共同改善营商环境。这项改革一直延续至今,已成为各地政府优化营商环境的关键举措。从2013年至今,国务院已经连续9年召开专门电视电话会议,并由李克强总理亲自对每年的改革做出具体部署。同时,与以往改革不同的是,这一时期开始把"放管服"改革中的成功经验上升到制度层面,为所有市场主体提供一视同仁的制度环境。第一个发布营商环境制度优化条例的是广东省,该省在借鉴各个地方优化营商环境经验的基础上,针对世界银行营商环境指标体系,提出具体的行动计划。国务院在2019年10月发布《优化营商环境条例》。随后,各个省也相继发布与营商环境相关的实施办法。政策法治化的形式,使各项改革于法有据,不再因为换领导而换政策,从根本上解决了原有招商引资中存在的政府公信力不足的问题。(4)考核标准为全面的营商环境指标体系。十八届三中全会提出:"完善发展成果考核评价体制,纠正单纯以经济增长速度评定政绩的偏向。"与之相适应的,对地方营商环境的考核内容不再局限于提高投资增长量的准入效率问题,而是扩展到市场主体全生命周期的所有业务。从2018年开始,国家发展和改革委员会在立足中国国情、对标世界银行评价指标的基础上,开始对我国的部分城市进行营商环境的评价试点。

第二节 国内外营商环境评价指标体系介绍

一、国外营商环境评价指标体系

(一)世界银行营商环境评价指标体系

为有效评估各国私营企业营商环境发展情况,世界银行于2001年成立"Doing Business"(简称"DB")项目小组构建营商环境评价指标体系,该评价指标体系是世界范围内应用最广泛、认可度最高的营商环境评价指标体系。世界银行从2003年起每年发布一份全球营商环境报告,经过近二十年的发展,世界银行的全球营商环境报告已覆盖世界190个经济体。如表2-1所示,世界银行营商环境评价指标体系着眼于私营企业从开办到破产整个企业全生命周期的各个环节,主要考察各个环节的时间、成本等因素。世界银行主要通过问卷的形式,收集各经济体营商环境的状况,在进行综合评估后给出各经济体排名。经过多年的发展,世界银行营商环境评价指标体系已经由最初的6项一级指标发展到2020年的12项一级指标。其中,开办企业、办理建筑许可、获得电力、登记财产、获得信贷、保护少数投资者、纳税、跨境贸易、执行合同和办理破产等10项一级指标是核心指标,也是长期监测指标,劳动力市场监管和公共采购是观察性指标,不计入总分。

表2-1 世界银行营商环境评价指标体系[①]

一级指标	二级指标
开办企业	开办企业程序、开办企业时间、开办企业成本、最低法定资本金
办理建筑许可	手续、时间、成本、建筑质量控制
获得电力	手续、时间、成本、供电可靠性和电费透明度指数
登记财产	财产登记程序、时间、成本、土地管理质量指数
获得信贷	合法权利力度指数、信用信息深度指数、信用登记范围、信用机构覆盖率
保护少数投资者	披露程度指数、董事责任程度指数、股东诉讼便利度指数、股东权利指数、利益冲突程度监管指数、公司透明度指数、所有权范围和控制权指数、股东治理程度指数、少数股东保护指数
纳税	缴税频率、税及派款总额、时间、报税后程序指标
跨境贸易	出口时间、出口成本、进口时间、进口成本
执行合同	时间、成本、司法程序质量指数
办理破产	回收率、时间、成本、是否持续经营、破产框架力度

近年来,中国在社会经济领域深入开展"放管服"改革,同样地,在营商

---

① World Bank Group. Doing Business 2020[R]. The World Bank, 2019.

环境领域,推出了一系列的改革措施。通过这些改革措施,营商环境得到了很大改善,如图2-1所示,在2019年公布的《全球营商环境报告2020》中,中国排名31位,创造了历史最好成绩。世界银行的营商环境评价指标体系,为中国营商环境的改善提供了引导。

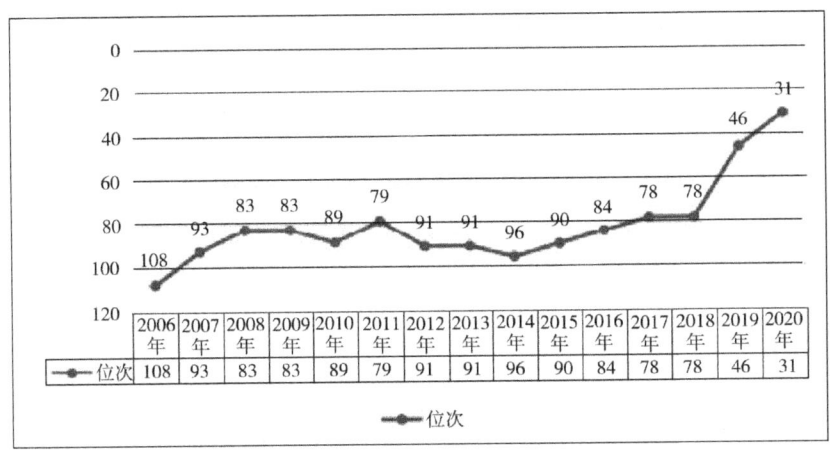

图2-1　世界银行历年《全球营商环境报告》中国排名

资料来源:全球营商环境报告(2006—2020)

值得一提的是,2021年9月16日,世界银行发布声明,决定停发《全球营商环境报告》,并宣布将构建新的评估体系来评价各经济体的商业和投资环境。2022年2月4日,世界银行发布新版评估体系(Business Enabling Environment,简称"BEE")概念文件,主要包括三部分内容:一是BEE评估的目标和原则,涵盖评估目的、范围、方法、得分等;二是评估的具体领域和指标,涵盖从企业开办、运营到破产的10个环节;三是评估实施要点,涵盖数据收集方法、更新频率及初步评估时间表等。从目前公布的信息看,DB与BEE项目主要有以下五个方面差异:一是拓展评估视角。相比DB项目而言,BEE项目从中小企业开展业务的便利性的角度转变为从整个私营企业行业发展的角度进行评估;二是聚焦两个方面。BEE项目不仅关注监管框架,还将关注公共服务。监管框架方面会考虑监管质量(透明度、清晰度、可预期性)和监管带来的负担。公共服务方面会考虑政府提供对市场运行至关重要的公共服务的机制设置、基础设施等;三是完善数据收集方式。

BEE 项目不仅会收集法律法规的信息,还会收集实际执行情况的信息。BEE 项目主要使用两种数据收集方式,包括专家咨询和企业调查。专家咨询是指从涉及相关法律、公共服务的专家处收集数据。企业调查是指从实际办理业务的具有代表性的企业中收集数据。此外,BEE 项目使用两种佐证机制来验证通过专家咨询方式收集的数据,包括案头研究和官方数据;四是更新指标体系。DB 项目按照企业从开办到破产的全生命周期构建评估指标体系。另外还有两项观察指标为劳动力市场监管和公共采购。BEE 项目的指标尚在开发中,初步考虑包括企业准入、获取经营场所、市政公用服务接入、雇佣劳工、金融服务、国际贸易、纳税、解决纠纷、促进市场竞争和办理破产等领域;五是拓宽覆盖范围。BEE 项目将尽可能地覆盖更多的国家和国家内部城市。

(二)EIU 营商环境评价指标体系

EIU 是"The Economist Intelligence Unit"的缩写,通常翻译为"经济学人智库"。EIU 是英国《经济学人》旗下的一家研究和咨询公司,每 5 年会进行一次世界营商环境排名。与世界银行营商环境评价不同的是,EIU 营商环境排名的对象是全球 82 个国家或地区,而且评价的侧重点也有所不同,EIU 进行评分时,不仅考虑过去各个国家经济体的营商环境状况,而且会评估未来 5 年内的营商环境转变的潜质。具体来说,EIU 营商环境评价指标体系包括 10 个一级指标,分别是政治环境、宏观经济环境、市场机遇、自由市场及竞争政策、外资政策、外贸及汇率管制、税率、融资、劳动市场和基础建设(如表 2-2 所示)。由于评价标准有差异,评价结果也会有所不同,2019 年 4 月的最近一轮 EIU 营商环境评价结果显示,中国营商环境排名第 57 位,比上轮调查结果下降了两位,而世界银行的排名结果是中国进步了 32 名。分析原因可知,不同于世界银行主要关注企业运营的便利性,EIU 主要关注各经济体的宏观政治、经济、基础设施等子环境的状况。2019 年 EIU 营商环境评价中,中国营商环境排名下降,一方面是由于宏观经济环境、市场机遇等指标的分数下跌;另一方面也说明了一些评估指标难以通过政策变革在短期内显现出来,其排名变化未能及时反映中国营商环境的优化效果①。

表 2-2　EIU 营商环境评价指标体系

一级指标	二级指标
政治环境	政治稳定性、政策有效性
宏观经济环境	通货膨胀率、财政支出占 GDP 比重、宏观经济决策质量
市场机遇	以购买力平价计的 GDP、占世界货物贸易额比重、区域一体化程度
自由市场及竞争政策	私有财产保护、对民营企业的进入限制、知识产权保护
外资政策	国家文化开放度、对境外投资者的保护
外贸及汇率管制	资本项目的开放、贸易保护制度
税率	企业赋税、对投资的补贴与鼓励、税收系统复杂度
融资	金融部门开放度、金融监管体系
劳动市场	劳动法规制度
基础建设	网络通信设施、交通及其他基础设施

(三) GEM 创业环境评价指标体系

GEM 是"Global Entrepreneurship Monitor"的缩写,其翻译为"全球创业观察"。全球创业观察(以下简称 GEM)是由伦敦商学院和百森商学院共同发起的研究项目,始于 1999 年,其目的是根据各国鼓励新企业的能力对其进行排名,从而引起决策者与企业家的兴趣,迄今已进行 20 多轮。该项目的国家专家调查小组(National Expert Survey,简称 NES,每国不少于 36 人)着眼于国家背景,通过问卷调研获取指标数据,根据内部分析师赋权后的评价指标体系及调研数据计算各国创业环境得分,并提供国家层面的创业环境评估报告。GEM 创业环境评价指标体系包括 9 个维度,分别是金融支持、政府政策、政府项目支持、教育与培训、研究开发转移效率、专业基础设

---

① 张三保,康璧成,张志学. 中国省份营商环境评价:指标体系与量化分析[J]. 经济管理,2020,42(04):5-19.

施、进入壁垒、有形基础设施、文化和社会规范①。

在《全球创业观察》2021/2022年的报告中，NES共收集了50个参与国2000多名相关专家对本国创业条件的看法。结果显示，高收入经济体在国家创业环境指数得分上优于中低收入经济体。阿联酋得分最高，为6.8分，是2022年创业的最佳地点，其次是荷兰、芬兰、沙特阿拉伯和立陶宛。阿联酋在所有经济体中得分最高可能是由多种因素导致的，比如较为引人注目的2020年世博会的召开。与此同时，立陶宛在过去20年中启动了一系列创业政策倡议（如《社会企业法》），也促进了该国创业环境的改善。这就说明，政府在创业环境改善方面发挥着重要作用，对于政策制定者而言，要专注于改善推动变革和创业的绝佳机会。比如，在新冠肺炎疫情肆虐的近三年中，沙特阿拉伯和阿联酋政府努力减轻疫情创业的影响，支持新初创业者和女企业家。因此，近年来，沙特阿拉伯和阿联酋经济体在国家创业环境指数的总体得分上取得了持续和实质性的改善。

二、国内营商环境评价指标体系

（一）机构层面指标体系设计

1. 国家发展和改革委员会等政府机构提出的营商环境评价指标体系

随着我国不断完善营商环境建设，加快落实改革举措，各地优化营商环境有了很大进展。2018年国家发展和改革委员会同相关部门，初步探索构建出中国第一个政府推行的营商环境评价指标体系。国家发展和改革委员会针对国内外的营商环境开展了深入的研究，在借鉴同行评价指标的基础上，以国家的政策文件为标准，从企业的发展周期、投资吸引力和城市的高质量发展三个维度构建起了包含18个一级指标和86个二级指标的具有中国特色的营商环境评价指标体系（详情见表2-3）。

---

① 李春艳. 黑龙江省创业环境评价及优化研究[D]. 哈尔滨工程大学，2008.

表 2-3 中国特色营商环境评价指标体系①

一级指标	二级指标
开办企业	环节、时间、成本和便利度
办理建筑许可	办理建筑许可的环节、时间、成本、建筑质量控制指数和便利度
政府采购	电子采购平台、采购流程、采购结果确定和合同签订、合同管理、支付和交付
招标投标	互联网+招标采购、投标和履约担保、外地企业中标率和建立公平有效的投诉机制
获得电力	环节、时间、成本、供电可靠性和电费透明度、获得电力便利度
获得用水用气	获得用水用气的环节、时间、成本和用水用气价格
登记财产	登记财产的环节、时间、成本、土地管理质量指数及便利度
保护中小投资者	信息披露透明度、董事责任程度、诉讼便利度、股东权利、所有权和管理控制、公司透明度
跨境贸易	出口边境耗时、出口边境费用、出口单证耗时、出口单证费用、进口边境耗时、进口边境费用、进口单证耗时、进口单证费用、跨境贸易便利度
纳税	纳税次数、纳税时间、总税收和缴费率、报税后流程指数
知识产权创造、保护和运用	知识产权创造质量、知识产权保护社会满意度、非诉纠纷解决机构覆盖面和知识产权运用效益
获得信贷	合法权利指数、信用信息深度指数、征信机构覆盖面和企业融资便利度
执行合同	解决商业纠纷的耗时、解决商业纠纷的费用、司法程序质量指数
办理破产	收回债务所需的时间、收回债务所需的成本、债权人回收率和破产法律框架质量指数
市场监管	"双随机、一公开"监管覆盖率、监管执法信息公开率、政务诚信度、商务诚信度及与国家"互联网+监管"系统数据共享
政务服务	网上政务服务能力、政务服务事项便利度、政务服务平台数据共享

① 李东霖.营商环境评价分析与借鉴[J].宁波经济(三江论坛),2019(03):42-48.

续表

一级指标	二级指标
劳动力市场监管	聘用情况、工作时间、裁员规定、裁员成本、工作质量和就业服务
包容普惠创新	创新创业活跃度、人才流动便利度、市场开放度、基本公共服务群众满意度、蓝天碧水净土森林覆盖指数和综合立体交通指数

与世界银行营商环境评价指标体系相比,可以看出,中国特色营商环境评价指标体系具有以下三个特点:一是参照世界银行,国际可比。中国特色营商环境评价指标体系没有脱离世界银行的核心指标体系,成本、时间和程序环节也是中国营商环境评价的重点,评价方法也是采用国际通用的前沿距离得分法和营商便利度排名,按等权重方法进行计算。二是立足国情,加以完善。虽然中国特色营商环境评价指标体系以世界银行评价指标为基础,但也并非全然照搬,而是在借鉴的同时,根据我国国情,增加了获得用水用气、政务服务等具有中国特色的指标,更加完整地反映企业从开办、经营再到注销的生命周期全链条。另外,中国特色营商环境评价指标体系在注重考察便利度的同时,把城市长期投资吸引力和城市高质量发展水平作为重要评价标准。三是立足现实,强调真实客观。世界银行采用假设情景的标准化案例、委托第三方模拟填报,获取评价数据。我国营商环境评价在沿用世界银行方法的基础上加以改进,更强调以实际案例为支撑。获取数据采用实际填报与模拟填报相结合、交叉验证与第三方核验相印证,强调数据真实准确可用。

2. 粤港澳大湾区研究院等研究机构发布的营商环境评价指标体系

广州粤港澳大湾区研究院是为适应当前国内和国际形势的发展而诞生的,由广东省委宣传部牵头,广东省发展和改革委员会、广东省人民政府港澳事务办公室和广东省社会科学院作为指导单位,南方财经全媒体集团、深圳报业集团和南沙自贸片区共同发起组建的高端智库。由于我国区域之间营商环境发展基础与原始条件不同,营商环境发展水平之间存在较大差距。找到我国主要城市之间营商环境的长处与短板,可以持续推动地方商事制度改革,改善地方营商环境,激发市场活力和创造力,释放我国经济蕴藏的巨大潜力。为此,2017年粤港澳大湾区研究院成立中国城市营商环境课题组,选取全国直辖市、副省级城市、省会城市共35个城市进行营商环境评价,此次评价主要围绕6个维度展开,分别是软环境、市场环境、商务成本环境、基础设施环境、生态环境和社会服务环境,这6个指标的占比分别为25%、20%、15%、15%、15%和10%。根据评价结果,广州、北京、深圳、上海、重庆位居全国前五名(详情见图2-2)。2020年12月21日,粤港澳大湾区研究院、21世纪经济研究院联合发布2020年中国296个城市营商环境报告,2020年四大一线城市营商环境排名全国前四,重庆、成都、杭州、南京、长沙、武汉位居第五名至第十名。与2018年的报告相比,北京、杭州、宁波、厦门、郑州、天津、合肥、福州、济南、太原、银川、石家庄等城市的名次,在35个大中城市中有所提升。

排名	城市	2017年中国城市营商环境指数	排名	城市	2017年中国城市营商环境指数
1	广州	0.658	19	大连	0.474
2	北京	0.628	20	长沙	0.470
3	深圳	0.597	21	呼和浩特	0.470
4	上海	0.593	22	昆明	0.466
5	重庆	0.583	23	郑州	0.464
6	南京	0.535	24	合肥	0.462
7	杭州	0.532	25	哈尔滨	0.457
8	宁波	0.528	26	沈阳	0.441
9	青岛	0.526	27	南宁	0.440
10	武汉	0.513	28	厦门	0.436
11	天津	0.507	29	太原	0.431
12	西安	0.505	30	贵阳	0.426
13	成都	0.505	31	乌鲁木齐	0.425
14	海口	0.499	32	西宁	0.423
15	济南	0.496	33	石家庄	0.422
16	长春	0.488	34	银川	0.412
17	南昌	0.482	35	兰州	0.403
18	福州	0.482			

图2-2 粤港澳大湾区研究院2017年中国城市营商环境指数排名

除了粤港澳大湾区研究院外,另外还有一些研究机构也有发布中国营商环境报告,例如普华永道会计师事务所、财新智库、数联铭品与新经济发展研究院等曾联合发布《2018中国城市营商环境质量报告》,此次评价主要考察城市对企业的吸引力和企业在城市的发展两个维度,采用大数据法,对全国主要城市营商环境质量进行量化分析和排名,直接评估城市营商环境建设成效。从排名结果来看,前十强城市分别是深圳、北京、上海、成都、广州、西安、杭州、宁波、重庆和长沙。

(二)学术层面指标体系设计

本书通过中国知网数据库,以"营商环境评价指标"为主题词进行检索,结果共得到140篇文献,其中博士论文1篇,硕士论文21篇,核心期刊论文28篇。为保证研究质量,本书只针对博硕士论文及核心期刊论文进行文献综述。经过总结和归纳发现,国内学者对营商环境评价指标体系的研究主要包括以下三个方面:

1. 强调营商环境评价要以市场主体及公众的满意度作为基本导向

娄成武、张国勇(2018)认为,新时代背景下,要贯彻"以人民为中心"的思想,营商环境评价应以市场主体和社会公众的满意为根本评判标准[1]。他们从整体感知、政务环境感知和要素环境感知等3个维度设计了评价指标体系。肖婷(2019)从纳税人的需求层面出发,运用逻辑框架法构建了4个维度的税收营商环境评价指标,依据该评价指标设计了针对纳税人的税收营商环境评价问卷,选取长沙市的纳税人作为调查对象,将评价指标与问卷调查紧密结合,详细剖析了中国税收营商环境存在的问题[2]。杨娟(2020)在构建民营企业营商环境评价指标体系时,以市场主体和社会公众满意度为目标导向,从政府体制机制、企业获得感、经济效益三个维度出发,构建出民营企业营商环境评价指标体系[3]。林赛燕(2021)认为,企业作为经济发展的微观主体,对营商环境的质量感知最为直接。进而在借鉴美国顾客满意度指数模型的基础上,从企业期望、营商环境感知质量、企业满意度、企业抱怨以及企业忠诚5个测评维度,构建了企业营商环境满意度模型[4]。王汇宇(2021)基于新公共管理理论,认为公众满意度应成为评价政

---

[1] 娄成武,张国勇. 基于市场主体主观感知的营商环境评估框架构建——兼评世界银行营商环境评估模式[J]. 当代经济管理,2018(06):60-68.

[2] 肖婷. 基于纳税人评价的税收营商环境优化研究[D]. 湖南大学,2019.

[3] 杨娟. 基于市场主体导向的民营企业营商环境评价研究——以江西省为例[D]. 江西师范大学,2020.

[4] 林赛燕. 对标国际一流营商环境的企业满意度评价研究——以杭州市为例[J]. 浙江大学学报(人文社会科学版),2021,51(04):75-90.

府绩效的重要标准之一,公共管理的基本价值定位已经转变为以人民为中心,积极探索营商环境满意度的影响因素及机理,也是贯彻"以人民为中心"发展思想、提升民营企业家营商环境满意度的重要突破口[①]。

2. 强调营商环境评价的内容重在政务环境与法制环境等软环境

彭向刚、马冉(2018)认为营商环境中的政务环境更重要,他们认为政务环境的优化,有助于促进政企关系的规范化,降低企业制度性交易成本,提升地区经济发展质量,以及增强区域竞争力[②]。魏红征(2019)认为营商环境的法治化建设是优化营商环境的关键所在。他采用改良的层次分析法,参考专家咨询调查结果确定指标及其权重,并通过实证检验指标体系的科学性,构建了包括营商法制环境、营商执法环境、营商司法环境和营商守法环境4项一级指标、13项二级指标及50项三级指标的法治化营商环境评价指标体系[③]。孙萍、陈诗怡(2020)认为优化营商政务环境是政府部门运用行政资源,对社会主义市场经济采取的经济干预行为,从而有效弥补市场失灵的不足,为企业的生存与发展提供助力和支持,并且认为营商政务环境主要包含公共政策供给、制度性交易成本、市场监管行为以及基础设施服务四个要素,且各要素之间具有显著的相关性和耦合性,并通过结构方程模型证实了各要素之间的相关性[④]。冯向辉、李店标(2021)认为法治环境是营商环境的核心内容和关键所在。他们以黑龙江省为例,将市县营商法治环境评价指标体系设置为营商法制、营商执法、营商守法、营商司法、营商普法5个维度,并在每个维度下各设置3个一级指标,最后形成了包含15个一级指标、50个二级指标的市县营商法治环境评价指标体系[⑤]。

[①] 王汇宇. 基于浙江省民营企业家感知的营商环境满意度影响因素及机理研究[D]. 浙江大学,2021.
[②] 彭向刚,马冉. 政务营商环境优化及其评价指标体系构建[J]. 学术研究,2018(11):55-61.
[③] 魏红征. 法治化营商环境评价指标体系研究[D]. 华南理工大学,2019.
[④] 孙萍,陈诗怡. 营商政务环境的要素构成与影响路径——基于669例样本数据的结构方程模型分析[J]. 辽宁大学学报(哲学社会科学版),2020,48(04):59-66.
[⑤] 冯向辉,李店标. 市县营商法治环境评价指标体系研究——以黑龙江省为例[J]. 哈尔滨工业大学学报(社会科学版),2021,23(04):44-51.

3. 强调构建适合我国国情和地域的营商环境评价体系

杨涛(2015)认为由于我国各地区经济发展水平、地域文化,各地营商环境存在较大差异,基于鲁苏浙粤4省的比较分析,归纳出了影响企业经营的营商环境的三个主要方面:市场环境、政策政务环境、法律环境,并进一步提出了适应中国实际的营商环境评价指标体系①。张三保(2020)认为世界银行营商环境评价体系存在过于侧重政府审批环节的数量与时间等局限性,尤其是在"中国特色"上不够突出。他主张以"十三五"规划纲要确定的"市场、政务、法律政策和人文"四个要素,作为营商环境评价体系的一级指标,并进一步构建了"融资、创新、竞争公平、资源获取和市场中介""政府效率、政府廉洁与政府关怀""政策透明、司法公正",以及"对外开放、社会信用"12个二级指标②。刘叶芬(2021)依据指标设定思路和构建原则,遴选适合反映营商环境因素的指标,建立出符合我国国情的中国省份营商环境评价指标体系,主要包括经济市场环境、政务法制环境、社会环境、公共服务环境和基础设施环境5个一级指标,18个二级指标和28个三级指标③。"中国城市营商环境评价"研究课题组李志军、张世国、牛志伟等(2021)认为世界银行营商环境指标体系存在两方面的不足,一是缺乏中国情境下相应的制度环境理论指导,二是各国家或地区存在不可观测特征的差异对结论产生干扰,出现遗漏变量的问题④。

三、国内外营商环境评价指标体系评述

综上可以看出,国内外营商环境评价指标体系的设计各有侧重,但是各

---

① 杨涛.营商环境评价指标体系构建研究——基于鲁苏浙粤四省的比较分析[J].商业经济研究,2015(13):28-31.
② 张三保,康璧成,张志学.中国省份营商环境评价:指标体系与量化分析[J].经济管理,2020,42(04):5-19.
③ 刘叶芬.我国营商环境评价指标体系的构建与测度研究[D].辽宁大学,2021.
④ "中国城市营商环境评价研究"课题组,李志军,张世国等.中国城市营商环境评价的理论逻辑、比较分析及对策建议[J].管理世界,2021,37(05):98-112+8.

自也有相应的局限性,具体可以总结出以下几点:

(一)国际主流营商环境评价指标体系存在局限性

如前文所述,以世界银行为代表的国际主流营商环境评价指标体系,的确为中国营商环境评价指标体系的构建树立了标杆,评价结果也为中国对标国际先进、持续优化营商环境的国家指明了方向。但是,该评价体系也存在一定局限性:一是缺乏符合各国国情的制度环境理论做指导。例如在世界银行营商环境评价指标体系中的纳税指标,目前纳税指标体系只是强调企业纳税流程和时效中存在的交易成本,但忽视了不同国家由于实际国情的差异导致的纳税制度的差别;二是各国家或地区营商环境建设的差异对结论产生干扰,出现遗漏变量的问题。例如世界银行营商环境评价体系缺少市场规模、金融市场、宏观经济等因素;三是世界银行营商环境评价的数据来源存在多渠道、数据不实的问题。目前世界银行营商环境评估的数据来源有4个渠道,分别是:①接受《营商环境报告》调查的人员;②相关法律法规;③有关经济体的政府工作人员;④世界银行的地区工作人员。这可能会导致各种口径的数据不一致的现象出现,甚至从不同渠道得到的数据有时会相差甚远。

(二)国内营商环境评价研究各有侧重,缺乏权威统一性

随着营商环境评价工作的重要性越来越受到我国政府的重视,国内很多学者也开始对营商环境评价指标体系进行研究。但是综观国内学者对营商环境评价的研究,大多从单一视角出发,有的从法学的角度研究法治化营商环境评价指标体系的构建,有的从公共管理学的角度研究政务营商环境评价指标体系的构建,还有的从经济学的角度研究税收营商环境评价指标体系,这些研究当然对相应领域的营商环境评价工作有积极的指导意义,但是国内尚缺乏权威统一的营商环境评价指标体系。这就使得在实际营商环境评价工作中,各地区参照不同的评价标准,那么评价结果显然是不同的。因此,本书认为我国政府应借鉴国内外专家学者的观点,组织专门人员构建

符合我国国情的、权威的、统一的营商环境评价指标体系。

(三)国内外营商环境评价的重点领域仍是软环境

营商环境包括硬环境和软环境,"硬环境"指的是影响企业发展的所有物质条件和设施的总和,通常包括自然环境条件、交通条件、宽带网络设施、科研机构等硬件设施。相对应的,所谓"软环境"是指除物质条件以外的诸如政策、文化、制度、法律等外部因素和条件的总和,也可叫制度环境,包括政治、经济市场、社会、文化环境等[①]。学术界基本达成共识的是更改性较大的软环境是营商环境评价的重点领域。如前所述,法治环境和政务环境是营商环境评价中软环境的代表,其重要性越来越凸显。这主要是因为,在中国经济发展过程中,政府起到举足轻重的作用,政务环境和法治环境对于营商环境建设的重要程度远甚于发达国家。从中国近些年营商环境在世界经济体排名中的进步也可看出,我国政府推行的一系列"放管服"的改革措施在很大程度上推动了我国营商环境的持续改善。并且,《优化营商环境条例》的出台对政府服务及法治环境建设提出了更高要求,以期进一步深化政务改革,最大限度减少政府对市场资源的直接配置,激发市场主体活力。这更突出了营商环境评价中软环境的重要性。

第三节 中国营商环境评价指标体系的构成维度及优化方向

一、中国营商环境评价指标体系的构成维度

《中华人民共和国国民经济和社会发展第十三个五年规划纲要》(以下

---

① 张国勇,娄成武.基于制度嵌入性的营商环境优化研究——以辽宁省为例[J].东北大学学报(社会科学版),2018,20(03):277-283.

简称"十三五"规划纲要)明确指出要营造公平竞争的市场环境、高效廉洁的政务环境、公正透明的法律政策环境和开放包容的人文环境①。根据"十三五"规划纲要中对营商环境的具体分类,再结合《优化营商环境条例》的相关内容及国内外学者对营商环境评价指标体系的研究成果,本书认为中国营商环境评价指标体系的构成维度至少包含市场环境、政务环境、法治环境、人文环境等四个方面。下面将结合相关政策文件及文献综述做具体阐释。

(一)市场环境

市场环境通常是指区域经济发展过程中市场的健全程度和开放程度②,它是一个企业在开办时首先要考虑的重要因素,因为企业周围的市场环境直接决定了企业产品的销售渠道与市场需求的规模大小。当然,通常来说,一个地区经济发展水平越高,该地区的市场环境更为完善,企业在开办选址时也更偏向于这些地区。根据相关文献及政策要求,本书认为在市场环境的评价指标中,一般包括市场活力、市场监管、资源获取和融资环境4个一级指标。

市场活力指标主要衡量企业所在地区市场化程度和市场进入门槛难易程度。市场活力越高,表明当地市场化程度越高,市场进入门槛越低,越有利于市场准入程序的简化,促进个体经济、私营企业等非公有制经济主体的发展③。根据相关文献,本书选取市场准入开放度、中小微企业参与度2个指标来衡量市场活力。

市场监管指标主要衡量各地区根据法律法规和职责落实监管责任、规

---

① 中华人民共和国中央人民政府.中华人民共和国国民经济和社会发展第十三个五年规划纲要[EB/OL].(2016-03-17)[2024-05-20].http://www.gov.cn/xinwen/2016-03/17/content_5054992.htm.

② 彭迪云,陈波,刘志佳.区域营商环境评价指标体系的构建与应用——以长江经济带为例[J].金融与经济,2019(05):49-55.

③ 吕雁琴,陈静,邱康权.中国营商环境指标体系的构建与评价研究[J].价格理论与实践,2021(04):99-103.

范市场行为、维护市场秩序、优化资源配置的综合效能,一般包括实施"双随机一公开"监管、推进"互联网+监管"、规范涉企行政检查和处罚、创新市场监管方式等内容。

资源获取指标主要衡量评价地区的企业运营获取资源的情况。本书参考世界银行营商环境评价指标体系及我国政府现行的营商环境评价指标体系,选取区域内企业获取水、电、气、暖、地、人力与交通等资源的成本、环节作为评价内容。

融资环境指标主要衡量一个地区的融资环境,对企业的发展也非常重要。资金是企业运营的血液,且由于市场的自主性,企业的运行存在不可估量的风险,需要资金支持来降低风险。结合相关文献和政策文件,本书选取融资渠道宽敞度、融资成本水平、信用担保难易程度、银行贷款难易程度4个指标来衡量。

(二)政务环境

政务环境指的是制约企业达到其最高生产率的政府服务能力及水平的总和①。在中国,政府是营商环境建设的主要力量,在营商环境建设中发挥着非常重要的作用,可以说,在某种程度上,政务环境评价是优化营商环境最重要、最核心的环节。在我国"十三五"规划纲要中,对政务环境提出的目标是"高效廉洁"。根据这一目标要求,再结合《优化营商环境条例》第四章"政务服务"的内容,本书认为政务环境评价应该包括政务服务便利化、政务服务标准化和政务服务规范化3个指标。

政务服务便利化主要衡量网上政务服务便利化、线下政务服务便利化、"线上+线下"政务服务融合及政策服务便利化;政务服务标准化主要衡量政务服务清单标准化、服务场地标准化和服务平台标准化建设程度;政务服务规范化主要衡量政务服务"好差评"系统及政务热线系统建设。

---

① 马冉. 政务营商环境研究——基于企业需求的视角[D]. 对外经济贸易大学,2019.

(三) 法治环境

习近平总书记曾强调,"法治是最好的营商环境"。从前文的文献综述也可看出,营商环境的法治化程度越来越成为学界关注的焦点,正如有学者所指出的"法治"是现代市场经济运行的基本保障,法治环境应该成为优化营商环境的关键所在。营商法治环境主要涉及立法、执法、司法、守法和普法等环节,实质上是利用法治思维和法治方式来正确处理政府与市场之间的关系。根据我国政府"十三五"规划纲要中"公正透明"的法律政策环境这一目标,本书借鉴魏红征等学者的研究成果,认为法治环境指数的主要内容包括营商法治环境、营商执法环境、营商司法环境和营商守法环境4个一级指标。

营商法治环境更多是从宏观制度层面评判营商环境相关法律法规体系的完整性和健全性。营商执法是营商环境法治化建设情况的最直接体现,良好的营商执法环境有三个评判标准:一是政府依法行政,二是行政权力有效的监督,三是维护公平竞争市场秩序。营商司法环境的评价内容重点体现在公正透明的司法过程、有效的司法途径以及法律服务保障等。营商守法环境评价维度重点应将全民知法守法情况、企业守法经营和诚信体系建设等纳入评价内容。

(四) 人文环境

人文环境是指一定社会系统内外文化变量的函数,文化变量包括共同体的态度、观念、信仰系统、认知环境等。根据我国政府"十三五"规划纲要中"开放包容"的人文环境目标,再结合《优化营商环境条例》的内容,本文选取对外开放程度和信用环境建设2个一级指标。

对外开放程度指标包含"引进来"与"走出去"两个方面。本书中区域对外开放程度包括三方面内容:进出口额度、对外非金融投资额分别占GDP的比例、以及外商直接投资企业数占企业总数的比例。信用环境是维系错综复杂的市场交换关系和正常有序的市场秩序的必要条件。本书认为信用环境建设评价的内容应该包含信用制度和基础建设、政务诚信、信用监管和信用产品应用等方面。信用制度和基础建设主要考察社会信用体系建设督导考核机制建设情况、信用信息共享公示情况。政务诚信主要考察信用建设合规情况和政府守信践诺情况。信用监管主要考察地方政府"事前""事中""事后"信用监管情况。

二、中国营商环境评价指标体系的优化方向

2021年3月,《中华人民共和国国民经济和社会发展第十四个五年规划和2035年远景目标纲要》(以下简称"十四五"规划纲要)明确提出"构建一流营商环境"的目标①,并在具体实施措施中特别强调要完善营商环境评价体系。因此,本书认为要从以下方面确定我国营商环境评价指标体系的优化方向:

(一)树立满意度导向的评价理念

如前所述,营商环境评价的目的要体现"以人为中心"的发展理念,在营商环境评价中,市场主体及社会公众的满意度就是"以人为中心"的体现。在公共服务绩效评价中,满意度指标越来越受到学界的重视,满意度导向不仅可以发挥指标体系的技术工具作用,驱动评价目标的实现,还可以强化营商环境的价值导向及民主精神,提升评价的科学性和公信力。以市场主体的满意度为评判标准,一定程度上可以实现改革政府绩效考核机制,促进政府提高工作效率和服务质量的效果②。从具体指标体系设计而言,满意度导向就是将市场主体及社会公众对营商环境的直接感受作为评价区域营商环境水平的重要依据,以其满意度评价结果作为根本评判标准,满意度

---

① 中华人民共和国中央人民政府.中华人民共和国国民经济和社会发展第十四个五年规划和2035年远景目标纲要[EB/OL].(2021-03-13)[2024-05-20].http://www.gov.cn/xinwen/2021-03/13/content_5592681.htm.

② 李清池.营商环境评价指标构建与运用研究[J].行政管理改革,2018(09):76-81.

指标应当成为指标体系的重要组成部分。值得一提的是,在实践中,越来越多的地区在营商环境评价工作中已经增加了市场主体满意度的指标,而且所占权重也在逐年增高。这就说明,在引入满意度评价指标后,的确在实践中起到了更好的导向效果,因此,在设计营商环境评价指标体系时要遵循满意度导向的评价理念。

(二)坚持主客观指标相结合的评价内容

营商环境评价对象错综复杂,既包含很多可以量化的客观指标,也包含很多不可量化的主观指标。因此,在设计指标体系时应该坚持主客观指标相结合。虽然营商环境评价指标通常情况下是基于实证主义的量化评价方式,但是完全的量化研究有时又会陷入"数字陷阱",而且量化研究需要依赖于大量客观数据输入和统计分析,进而认识或发现隐藏其后的真理或规律。然而,在营商环境评价的要素中,有很多是无法量化的指标,比如法律制度的建设情况等。所以,营商环境评价指标体系只有坚持客观指标与主观指标相结合的原则,采用多种评价数据获取方式,比如调查问卷法、访谈法等,促使专家、公众和利益相关者等多元主体参与评价,这种"面向事实本身"的做法才是实证主义精神的真正体现。就此而言,营商环境评价指标体系的构建内容既要体现可以量化的对营商环境实际状况做出的客观数据,又要体现规章制度的健全性、社会公众的心理认可度和市场主体的满意度等主观评价内容,这样才能实现客观依据与社会对其主观认知的有机统一,进而发挥主客观指标的互补互证作用。

(三)建立系统规范的评价机制

营商环境评价工作牵涉部门众多,因此营商环境评价具有复杂系统性,应当遵循复杂系统理论的操作原则。复杂系统理论的核心就是要多主体联动。在营商环境评价中,我们发现很多评价指标都是需要多个部门共同配合来完成的,比如信用环境建设就需要发展改革委、市场监督管理局、财政局、税务局等共同协调来完成。另外,在具体实施过程中,由于其开放性、流动性,实施起来较为复杂,需要不断地根据本地情况、变换情况做出调整。且在这个过程中,也需要企业家、社会公众一同参与进来。然而,在我国各地区的实际营商环境评价过程中,我们发现系统规范的营商环境评价机制还没有建立起来。而且部分职责没有落实到个人,权责不统一,这使得营商环境评价工作开展得很困难,很多评价指标都存在各个部门之间协调困难的情况,进而影响到整体的评价效果。因此,本书认为应该建立系统规范的营商环境评价机制,比如建立统一的营商环境评价领导小组工作制等。

(四)遵循规范路径的评价方法

根据国内外各领域评价指标体系的构建经验,营商环境评价指标体系的规范路径是要沿着"目标层—准则层—指标层"的分解路径构建三级评价指标体系。其中,目标层指的是营商环境最终评价指数,表示区域营商环境的综合发展总体水平,统领各级指标层。在目标层之下是准则层,准则层即一级指标,或者叫做评价维度,重点在于全面涵盖营商环境评价所涉及的各个构成维度。准则层之下是指标层,指标层通常包含二级指标和三级指标,三级指标相比二级指标更具体,能够直接观测。构建指标体系的方法一般采用德尔菲法与层次分析法相结合的方法,就是按照层次分析法的理念初步确定指标体系的层级和框架,然后通过调查问卷的方式选择一定数量的专家进行咨询,各专家通过对备选指标的重要性、可行性等进行打分后,进而计算出所确定指标的权重,通过这种规范的构建指标体系的方法路径,才能真正设计出一套科学合理的营商环境评价指标体系。

中 篇
河南省优化营商环境实践

第三章　河南省营商环境改革与发展现状

当前,优化营商环境是衡量地方政府综合实力和治理能力的重要指标之一,也成为国家治理体系和治理能力现代化的新内容和新标准,是在政府行政不断优化过程中各部门服务竞争的新领域。习近平总书记在党的十九大报告中指出:"我国经济已由高速增长阶段转向高质量发展阶段。"[①]营商环境优化与经济高质量发展不仅回应了新时代中国经济和社会发展的根本问题,也是突破经济社会发展瓶颈、加快解放和发展生产力、增强竞争力的重要抓手。高水平的营商环境具备"市场公平、政府高效、社会稳定、法制完善、载体完备"等特征,对标国际一流营商环境建设,河南省应在制度环境、投资便利化、政府服务效率等方面继续发力,切实把握优化营商环境过程中的重点和难点,以高标准为出发点,凸显市场化、法治化、国际化的特征,全面优化省域营商环境。

---

① 共产党员网.习近平:决胜全面建成小康社会　夺取新时代中国特色社会主义伟大胜利[EB/OL].（2017 - 10 - 18）[2024 - 05 - 20］. https://www. 12371. cn/2017/10/27/ARTI1509103656574313. shtml.

第一节　河南省优化营商环境的目标任务

一、河南省营商环境建设目标

（一）总体目标

在习近平新时代中国特色社会主义思想的指导下,全面落实习近平总书记关于营商环境的系列重要讲话精神,坚持高质量发展的根本要求,以市场主体需求为导向,以政府职能的深刻转变为核心,对标国内外一流市场,优化市场环境,完善政府服务,加强法治保障,有效提高企业和群众满意度,激发市场活力和社会创造力,以市场化、法治化及国际化的营商环境为目标,实现营商环境的全面优化。推动营商环境的不断优化,致力于打造河南的新标识以及区域竞争的新优势——国际一流的营商环境。

2020年河南省正式启动营商环境评价工作,河南省优化营商环境工作领导小组印发《2020年河南省营商环境评价工作方案》,明确对全省17个省辖市、济源示范区和53个市辖区、104个县级区划及18个国家级功能区开展营商环境评价工作,实现以评促建、以评促改。2020年11月28日,《河南省优化营商环境条例》经河南省第十三届人民代表大会常务委员会第二十一次会议审议通过,并自2021年1月1日起实施。其中明确指出,"各级国家机关及其工作人员在营商环境工作中不得加重企业负担;不得滥用职权懒政怠政;不得歧视民营企业;不得漠视企业诉求;不得收受企业财物;不得干预企业经营活动;不得违规插手经济纠纷;不得新官不理旧账"。[①] 自"条例"公布以来,河南省各级政府部门围绕条例相关要求部署,实施了一系列重要举措。

---

① 全文发布!河南为优化营商环境立法,2021年1月1日起实施[EB/OL].(2020-12-03)[2024-05-20]. https://baijiahao.baidu.com/s? id=1685058499650556359&wfr=spider&for=pc.

根据河南省发展和改革委员会官方网站上的相关资料,"2021年河南省优化营商环境大事记"可总结为表3-1:

表3-1 2021年河南省优化营商环境大事记①

序号	时间	大事记
1	2021年1月1日	《河南省优化营商环境条例》正式实施
2	2021年1月5日	河南省工商联、发展和改革委员会和河南广播电视台联合推出的全国首档政企访谈节目《政企面面观》开播
3	2021年1月25日	河南省政府召开省优化营商环境工作领导小组会议,聚焦全省营商环境评价、深化"放管服"改革等重点领域和关键环节
4	2021年2月22日	河南省委召开全省优化营商环境工作推进会
5	2021年4月13日	河南省优化营商环境领导小组办公室印发《贯彻落实〈河南省优化营商环境条例〉实施方案的通知》
6	2021年4月15日	河南省委省政府出台《关于推进中国(河南)自由贸易试验区深化改革创新打造新时代制度型开放高地的意见》
7	2021年5月8日	《国务院办公厅关于对2020年落实有关重大政策措施真抓实干成效明显地方予以督查激励的通报》发布,驻马店市、濮阳市受国务院表彰
8	2021年5月19日	河南省政府召开省优化营商环境暨深化"放管服"改革2021年第1次工作例会
9	2021年5月26日	《省级政府和重点城市一体化政务服务能力(政务服务"好差评")调查评估报告(2021)》报告显示,河南省一体化政务服务能力总体指数为"高",得分87.38,排名省级政府第8位,较上届提升一个位次,稳居全国第一方阵
10	2021年6月2日	河南省发展和改革委员会印发《河南省发展改革委中央预算内投资项目委内管理办法(2021年修订)》,在全国率先从省级层面统一规范中央预算内投资项目全过程管理

① 根据河南省发展和改革委员会相关资料整理汇总,资料来源:https://fgw.henan.gov.cn/2022/02-15/2398954.html.

续表

序号	时间	大事记
11	2021年6月23日	全省"万人助万企"活动电视电话会议召开。省委书记楼阳生指出,服务企业就是服务全省工作大局
12	2021年7月15日	河南省政府办公厅印发《河南省"证照分离"改革全覆盖实施方案》,在全省范围内实施涉企经营许可事项全覆盖清单管理,分类推进审批制度改革
13	2021年7月20日	河南省发展和改革委员会、中宏网河南联合主办的营商环境看河南媒体矩阵暨"营商环境 出彩河南"专题调研采访活动启动仪式在郑州举行
14	2021年8月6日	河南省政府办公厅印发《河南省政务服务"跨省通办"实施方案》,确保2021年底前75项全国高频政务服务事项实现"跨省通办"
15	2021年8月18日	河南省政府办公厅印发《河南省支持企业加快灾后重建恢复生产经营十条措施》,加快推动灾后重建和全面复工复产,快速全面恢复市场主体活力,推动全省经济社会发展稳定向好
16	2021年8月30日	河南省政府办公厅印发《河南省省级证明事项告知承诺制清单》,明确160项省级行政事项实行告知承诺制,涉及教育、民政、人社等22个领域
17	2021年9月7日	河南省地方金融监督管理局、省法院、省发展和改革委员会等部门联合印发《关于全面深化企业金融服务的意见》,提出11条政策举措,聚焦企业融资堵点难点痛点,进一步降低市场主体融资负担,提升实体经济金融获得感和满意度
18	2021年9月27日	河南省优化营商环境领导小组办公室印发《河南省优化营商环境创新示范市(区)创建管理办法》,组织各地开展营商环境示范创建。河南省优化营商环境领导小组办公室印发《河南营商环境评价与奖惩办法》《2021年河南省营商环境评价整改提升工作方案》等文件

续表

序号	时间	大事记
19	2021年10月12日	《关于推进新发展格局下河南县域经济高质量发展的若干意见(试行)》印发实施,聚焦制约县域经济高质量发展的体制机制障碍,赋予县(市)255项经济社会管理权限。河南省政府新闻办公室举行"河南省2020年度营商环境评价成果"新闻发布会,通报2020年度河南省营商环境评价结果
20	2021年10月19日	河南省政府召开全省优化营商环境暨"万人助万企"工作推进电视电话会议
21	2021年11月4日	河南省政府办公厅印发《河南省深化企业投资项目承诺制改革实施方案》,在全省推行企业投资项目承诺制,由"先批后建"转向"先建后验",提升企业投资项目审批服务效率
22	2021年11月15日—17日	河南省发展和改革委员会组织对《河南省"十四五"营商环境和社会信用体系专项规划》开展专家论证。专家评审组一致认为,《规划》对打造一流营商环境,加强"信用河南"建设,构建新发展格局,促进政府治理体系和治理能力提升,推进全省社会经济发展具有十分重要的意义
23	2021年11月24日	河南省政府办公厅印发《关于加强放权赋能改革后续工作的通知》,就贯彻落实《关于推进新发展格局下河南县域经济高质量发展的若干意见(试行)》进行再部署,对放权的具体时间表进行了再明确,确保赋予各县(市)的经济社会权限应放尽放,充分激发县域经济高质量发展活力
24	2021年12月2日	河南省政协召开监督性民主协商座谈会,邀请省政府和有关省直单位负责同志、政协委员、专家学者等,围绕《河南省优化营商环境条例》实施情况协商议政。省地方金融监督管理局印发《关于优化地方金融组织营商环境有关工作的通知》,提出2022年年底前实现地方金融组织经营许可证电子化,在政务服务、商业活动等场景普遍推广电子证件

续表

序号	时间	大事记
25	2021年12月14日—16日	河南省优化营商环境工作领导小组办公室召开2021年河南省优化营商环境工作会暨营商环境业务培训会
26	2021年12月24日	河南省政府新闻办举行"中小企业纾困帮扶政策措施"新闻发布会,介绍河南省实施中小企业纾困帮扶"1+N"政策有关情况
27	2021年12月31日	河南省政府印发《河南省"十四五"营商环境和社会信用体系发展规划》,围绕营造高效便捷的政务环境、营造公平竞争的市场环境、营造公正透明的法治环境、营造自由便利的国际投资贸易环境、实施信用基础设施数智化工程、实施信用助力精准化监管工程、实施信用赋能高质量发展工程等七大重点任务,提出了"十四五"时期河南营商环境和社会信用体系建设指导思想、遵循原则、总体目标,明确到2025年,全省营商环境建设的制度体系更加成熟,服务效能大幅提高,法治保障坚强有力,市场主体和人民群众满意度、获得感持续提升,营商环境进入全国第一方阵

资料来源:作者整理

根据河南省政府印发的《河南省"十四五"营商环境和社会信用体系发展规划》,河南营商环境优化致力于实现到2025年进入全国前列的目标。河南省营商环境制度框架体系逐步建立健全,责任分工体系明确,市县乡三级联动格局全面形成,企业全生命周期服务水平大幅提升,人才、数据、资金等要素保障水平持续提升,市场化、法治化、国际化、智慧化一流营商环境成为新标识。社会信用体系更加成熟。力争到2025年,高质量的社会信用体系建设框架和运行机制逐步完善,信用平台系统安全有序归集、开放、共享、服务能力显著提高,信用信息应用领域智慧化水平持续提升,全生命周期、跨地区和跨部门联合监管与奖惩系统建设基本完善,公众和机构对信用环境满意度显著提升,形成懂信、守信、用信的社会环境。

（二）具体目标

国家市场监管总局的数据显示，截至2021年年底，河南全省实有各类市场主体851.8万户，居全国第5位，同比增长9.0%，其中2021年全省共新设各类市场主体148.9万户。在此背景之下，营造良好的营商环境就显得更为重要，"亲""清"二字就更加弥足珍贵。市场主体能够明确感知不同地区的营商环境优劣，何处优、何处劣，市场主体是最有发言权的。[①] 营商环境是大背景，是容纳市场主体的主要"容器"，营商环境建设是经济高质量发展的有效助推器。近年来，河南省营商环境在多举措并进的推动下已有明显改善，投资活跃度显著增高。但在整体环境提升的同时，各地市之间营商环境的水平依然有较大的差异。为了向经济发达地区的营商环境看齐，形成优化营商环境的有效推动措施，当前，河南省优化营商环境的具体目标包括以下几点：

1. 政务环境走在全国前列

政务服务跨区域、跨部门、线上线下协同办理水平持续提升，政务审批流程不断简化优化，"亲""清"政商关系全面形成，公众政务服务满意度显著提升。政务服务"零跑动"，让数据多跑路，群众少跑腿。力争到2025年，政务服务大厅综合窗口实现全覆盖，同类审批服务事项服务效率和质量全国领先。

2. 法治环境走在全国前列

营商环境和社会信用体系相关政策法规和配套工作机制不断完善，打造全国知识产权保护高地。信用监管和服务关键环节制度基本完善，在信用承诺方面推动监管措施不断优化、信用评价体系不断完善、分类管理水平不断提高、联合奖惩及信用修复不断健全，进一步提升司法工作的透明度以及政府部门的社会公信力。基于信用的新型监管体系走在全国前列。基于

---

① 关于优化营商环境，河南发布重磅规划［EB/OL］. https://new.qq.com/rain/a/20220218A0276500.

信用的新型监管机制和标准体系全面建立,基本实现事前—事中—事后的信用承诺、分类管理以及联合奖惩全流程闭环管理,推动信用修复机制的持续优化,努力提升信用监管的智慧化、精准化水平,实现全国领先。

3. 市场环境走在全国前列

市场准入门槛进一步降低,"非禁即入"全面落实,隐性壁垒显著减少。纳税、跨境贸易、政府采购、市场监管、知识产权等优势指标进入全国第一方阵,在劳动力与贷款保障、企业开办和破产、不动产登记和办理施工许可以及水电等能源获得等薄弱指标与全国先进水平差距显著缩小。

4. 信用基础设施和信用经济发展走在全国前列

信用信息归集和共享数据质量显著提升,信用信息共享平台的感知、分析与决策能力基本成熟,"信易+"覆盖领域数量和效率成为全省标杆,信用服务产业链基本形成。为加快优化营商环境进程,河南省在借鉴先进地区经验基础上,不断优化政务服务,致力于加快实现市场化、法治化、国际化营商环境的打造。在河南省营商环境优化的过程中,其发展态势良好,从"循序渐进、逐步深入"到"重点突破、规范提升",改革的整体性和协调性不断增强。推进营商环境持续优化,打造宜商政务环境,河南行政服务改革举措在营商环境评价指标体系下均有体现。

为贯彻落实党中央、国务院关于优化营商环境的工作部署,对标国家创新试点改革事项,鼓励有条件的地方开展先行先试,加快政策集成创新,持续优化市场化、法治化、国际化营商环境。2022年6月17日,河南省人民政府印发《河南省优化营商环境创新示范实施方案》,结合河南实际,列出可先行开展的9个方面共57项改革创新事项;同时,对标国内前沿水平,复制推广先进地区16个方面共64项改革创新事项。[①] 方案指出河南省优化营商环境的进一步目标,即通过三年的创新示范,达到如下总体目标:创新示

---

① 河南省发展和改革委员会.河南省优化营商环境工作领导小组关于印发《河南省营商环境优化提升行动方案(2022版)》的通知[EB/OL].(2022-03-22)[2024-05-20].https://fgw.henan.gov.cn/2022/03-22/2418489.html.

范市(区)营商环境竞争力跃居国内前列,政府治理效能全面提升,各类资源要素集聚和配置能力明显增强,形成一系列可复制可推广的制度创新成果和叫响全国的营商品牌,全省市场主体活跃度和发展质量显著提高,市场主体满意度大幅改善,营商环境便利度中西部领先,基本建成打造审批最少、流程最优、体制最顺、机制最活、效率最高、服务最好的"六最"营商环境。该方案的实施,为河南省优化营商环境建设提出了更高的目标和要求,也是各级政府部门进一步努力的方向。

二、优化营商环境重点推进领域

2022年3月22日,河南省优化营商环境工作领导小组发布《河南省营商环境优化提升行动方案(2022版)》(简称《方案》),《方案》提出的总体目标是:全面实施全省营商环境"118"(包括"1"个总体方案、"18"项专项政策提升方案①)优化提升行动,推动重点领域、关键环节实现突破。2022年底,全省营商环境评价各项指标在2021年基础上提升5%以上。其中:办理建筑许可、市场监管、纳税、获得信贷等4项指标提升10%以上;办理破产、执行合同、知识产权、保护中小投资者、包容普惠创新等5项指标提升20%以上。②

《方案》聚焦政务环境、市场环境、法治环境、宜居宜业环境等方面,切实提升企业和群众满意度,激发市场活力和社会创造力,努力营造市场化、法治化、国际化的一流营商环境,为实现"两个确保"、实施"十大战略"提供

---

① "18"项专项政策提升方案为:河南省企业开办提升专项行动方案、河南省办理建筑许可提升专项行动方案、河南省获得电力提升专项行动方案、河南省获得用水用气提升专项行动方案、河南省不动产登记提升专项行动方案、河南省缴纳税费提升专项行动方案、河南省跨境贸易提升专项行动方案、河南省执行合同提升专项行动方案、河南省办理破产提升专项行动方案、河南省获得信贷提升专项行动方案、河南省政府采购提升专项行动方案、河南省招标投标提升专项行动方案、河南省政务服务提升专项行动方案、河南省市场监管提升专项行动方案、河南省知识产权提升专项行动方案、河南省信用环境提升专项行动方案、河南省劳动力市场监管提升专项行动方案、河南省包容普惠创新提升专项行动方案。

② 发改委办公室.【重点工作】《河南省营商环境优化提升行动方案(2022版)》发布[EB/OL].(2022-03-22)[2024-05-20].http://fgw.zhumadian.gov.cn/web/front/news/detail.php?newsid=11584.

强有力的政策支撑和保证。具体来看,河南省优化营商环境的工作重点领域主要在于以下几个方面:

1. 以"简政放权"为核心,全面提升行政服务效能

首先,河南省根据本省实际情况,不断优化《河南省政务服务事项基本目录》,对于河南省域内政务服务给予标准化规定,推动省内服务标准体系与国家级行业体系相一致,构建起五级政务服务标准化体系(省市县乡村),优化政务服务流程,缩减事项办理时限,推行一窗通办、一网通办、全程网办服务模式。其次,推行"一件事一次办"集成服务改革。且将服务重点聚焦惠企政策及资金支持等事项,加快制定主题集成服务指导目录,编制并动态调整各级集成服务目录清单,逐步扩大集成服务覆盖范围,不断优化集成服务项目,细化服务操作规程,实行线上线下联办,打造闭环式标准化服务流程。最后,加强基层便民服务中心站点建设,加快推动"15分钟政务服务圈"的形成,优化实体政务大厅服务效能。不仅通过"豫事办"等掌上河南政务服务平台提供服务办理,并在银行、机场、车站等公共场所全面推行帮办代办服务,构建线上线下全渠道政务服务矩阵,建设"7×24小时不打烊政务服务超市"。此外,在政务办理改革的过程中,各地区在上级政策的指导下,因地制宜做出积极探索和创新。其中,以商事制度改革深化为切入点,持续对事中事后监管等相关政策进行落实,驻马店市于2020年获国务院奖励支持;鹤壁市以"五位一体"服务机制为基础为企业保驾护航,而洛阳市则推行"多证集成,一照通行"改革,不断优化证照服务。

2. 以政务服务和行政审批改革为抓手,不断深化"互联网+政务服务"改革

一方面,在现有政务数据平台、政府服务数据基座的基础上,河南省不断优化掌上政务服务平台,强化河南政务服务网全省一体化平台建设,实现网上政府服务同一入口和出口覆盖。不断提升"豫事办"移动端建设和系统集成能力,打造掌上河南政务服务大厅。另一方面,不断推进各地、各部门自建业务系统并与省内相对接,推动数据汇聚、充分共享,政务服务"统一

受理,全省通办"。在实际落实中,各地市都在尝试不同的方法实现数据共享、信息公开,这样的重点工作落实不仅可以提高政务服务事项便利度,也能够助力河南省实现高频使用电子证照的"应制尽制",不断优化电子证照的制发模式,实现电子证照与实体证照同步颁发或者代替实体证照颁发。

"互联网+政务服务"改革的重磅推进,对于企业来说提升了办事实效,降低了工作成本。比如,实现企业开办全程1个工作日办结,其中,企业设立登记0.5个工作日;其他办理事项并联审批、一次办妥、统一出件;免费向新开办企业发放税务Ukey,在新办纳税人中实行增值税发票电子化,鼓励具备条件的地方对新开办企业实行政府买单、免费刻制首套公章等举措的实施能够为企业带来更多的便利。对于购房者来讲,缩短建设项目从竣工验收到办理不动产登记的时间,在实现新建商品房交房的同时,可以同步办理不动产权证。根据相关文件精神,到2022年12月,河南省将全面实现不动产登记、税费缴纳异地可办、全程网办的目标。

3. 以"双随机、一公开"和社会信用体系建设为核心,推进"互联网+"监管

《河南省"十四五"营商环境和社会信用体系发展规划》指出,加快营商环境和社会信用体系建设,是推动经济社会高质量发展的重大基础性、战略性工程,对持续深化改革、扩大开放、促进创新、降低市场运行成本、促进公平开放竞争、推进公正高效监管、激发市场主体活力、增强内生发展动力具有重要意义。经过不懈努力,河南省社会信用体系建设等重要方面在"十三五"期间取得了较大进步,营商环境呈现出"三个稳步"特征:一是全省营商环境呈稳步上升态势。经过连续三年开展评价,全省营商环境不断改善,2020年河南省评价得分为83.24分,较2018年、2019年分别提升了13.98分、4.39分。二是营商环境各项指标稳步优化。21项一级指标中,具有可比性的15项指标均有所改善,较2018年、2019年分别提升了6.36%、6.23%,优势指标从2019年的4项增加到6项。各一级指标的便利度大幅提升。三是企业满意度稳步提升。企业满意度得分比2019年提升4%,近

95%的城市满意度实现提升。① 以河南省应急管理厅为例,全年实现涉及随机抽查行业全覆盖、各行业随机抽查事项全覆盖,督促企业认真落实主体责任,消除事故隐患,确保全省安全生产形势持续稳定。对于经营目录出现异常问题及存在严重违法失信问题的企业,实施守信激励和失信惩戒制度。基于互联网、大数据,整合部门、层级信息,形成监管合力。

不可忽视的是,当前河南省营商环境建设整体水平还需提升,社会信用体系建设总体不平衡,对于信息公开度不够,存在着"各自为政"的现状,尤其是县域基础设施建设和运行机制不完善,信用创新应用能力不强;各部门、各行业信贷监管覆盖面不广,城市信贷服务应用场景不够丰富多元,信用体验感不强;信贷服务市场相对滞后,信贷服务机构少规模小,综合实力弱等,这些问题严重影响了经济的良性发展。根据2022年2月26日正式实施的《河南省"十四五"营商环境和社会信用体系发展规划》精神,河南省要进一步清除"路障"、拆除"门槛"、破除"隐形门""旋转门""天花板",保障各类市场主体公平参与竞争,大力发展信用经济,为中小微企业和农业农村融资难问题提供新的解决方案,全面激发创新创业发展活力,打造有益于市场主体的营商环境。

第二节 河南省优化营商环境的政策措施

一、河南省优化营商环境的主要政策

高质量发展离不开高质量营商环境的支撑,营商环境的好坏决定了市场活力的后劲是否充足。在中央关于优化营商环境政策意见的指导下,河南省全力推动营商环境优化改革,贯彻中央政策意见方针,加快政策集成创

---

① 全文来了!关于优化营商环境,河南发布重磅规划[EB/OL]. https://view.inews.qq.com/a/20220217A03XRQ00.

新,更高标准、更高水平、更深层次推动本省营商环境建设工作,同时密集出台政策法规,推动营商环境的优化。(见表3-2)

表3-2 河南省各部门营商环境政策一览表

时间	政策名称	发文机关	重点内容
2021年	《中国(河南)自由贸易试验区条例》	河南省商务厅	扩大投资领域开放;推进自贸试验区口岸和海关特殊监管区建设,优化口岸营商环境;构建市场化、法治化、国际化营商环境
2020年	《河南省推动制造业高质量发展实施方案》	河南省政府	构建"556"产业体系,实施"六大提升专项",打造"五强一优"要素保障生态
2019年	《支持民营经济健康发展的46条财税政策》	河南省财政厅	支持民营经济发展;鼓励转型升级、落实减税降费、降低用工成本、鼓励引智创业、优化营商环境
2018年	《河南省电子证照管理暂行办法》	河南省政府	提供电子证照数据共享服务,全面支撑"互联网+"服务,提高政府行政服务效率
2018年	《关于充分发挥纪检监察职能作用积极助推民营企业发展壮大的意见(试行)》	河南省纪委监察委	发挥纪检监察职能作用、积极助推民营企业发展壮大,规范政商交往行为,构建"亲""清"新型政商关系
2018年	《优化营商法治环境服务中原更加出彩的指导意见》	河南省高级人民法院	依法保护市场主体的人身自由和财产权利、企业的自主经营权及诚实守信企业家的合法权益,强化知识产权司法保护力度
2018年	《关于充分发挥司法职能服务保障民营企业发展的30条意见》	河南省高级人民法院、河南省人民检察院	充分发挥司法机关服务保障民营企业发展职能作用,切实为全省民营企业和民营企业家创新创业营造良好法治环境

续表

时间	政策名称	发文机关	重点内容
2018年	《关于培育和发展共享经济的实施意见》	河南省发展和改革委员会	推动产业发展主体不断壮大;完善社会信用体系
2018年	《关于优化营商环境激发民间有效投资活力的实施意见》	河南省政府	激发民间资本投资活力和创业创新潜力,建设现代化经济体系,促进高质量发展

资料来源:作者整理

河南省委省政府高度重视优化营商环境工作,河南省第十一次党代会报告提出未来五年要在重点领域和关键环节改革取得重大突破,营商环境迈入全国第一方阵。2021年,河南全省各地各部门在健全工作领导和推进机制、谋划"四梁八柱"政策体系、开展"以评促改"、强化政策落地生效等方面积极作为。(见表3-3)

表3-3 河南省营商环境主要政策一览表

时间	政策名称	发文机关	重点内容
2016年	《关于推进国内贸易流通现代化建设法治化营商环境的实施意见》	河南省人民政府	健全内贸流通现代化发展体系、高效的管理体制等
2018年	《河南省优化营商环境三年行动方案(2018—2020年)》	河南省人民政府	开展营商环境核心指标对标优化行动、实施营商环境重点领域提升行动;构建新型政商关系
2020年	《河南省优化营商环境条例》	河南省人民政府	保护各类市场主体平等的市场准入权、营自主权;推动各要素市场化改革,提高要素配置效率
2020年	《关于印发进一步优化营商环境更好服务市场主体实施方案的通知》	河南省人民政府	提升投资建设便利度;进一步简化企业生产经营审批和条件;进一步降低就业创业门槛;提升涉企服务质量和效率

续表

时间	政策名称	发文机关	重点内容
2022年	《河南省营商环境优化提升行动方案（2022版）》	河南省优化营商环境工作领导小组	以全面实施全省营商环境"118"优化提升行动为总体目标，推动重点领域、关键环节实现突破

资料来源：作者整理

二、河南省各地市营商环境政策响应

根据党中央、国务院政策指示，上级政府部门指导，河南省各地区积极开展营商环境评估及优化工作，且根据本地实际情况制定相应政策，进一步在激发市场活力以及内生动力发展方面做出努力，致力于实现市场化、法治化、国际化营商环境的打造。

1. 郑州市营商环境相关政策

作为河南省省会城市，郑州市营商环境建设在省内营商环境建设过程中不断取得成就，处于省域内较领先地位，但与先进地区相比，仍然存在众多不足与落后之处。尤其是郑州市在营造亲商宜商环境过程中，主体服务意识不强，简政放权不到位，高层次人才集聚体制不健全，数据运用水平不高等问题，在疫情形势下更成为企业经营的堵点、痛点，所以郑州市仍需不断完善政策，对标先进，解放思想，激发市场活力，增强内生动力。（见表3-4）

表3-4 郑州市营商环境重要政策一览表

时间	发文机关	政策名称
2021年1月	郑州市人民政府办公厅	《进一步优化营商环境更好服务市场主体实施方案》
2021年3月	郑州市人民政府办公厅	《郑州市优化市场监管营商环境若干措施》

续表

时间	发文机关	政策名称
2021年6月	郑州市人民政府办公厅	《郑州市2021年优化营商环境工作要点》
2021年12月	郑州市发展改革委员会	《郑州市落实全国深化"放管服"改革着力培育和激发市场主体活力电视电话会议重点工作分解方案》
2020年10月	郑州市物流口岸局	《郑州市物流口岸局关于优化口岸营商环境促进跨境贸易措施》
2019年9月	郑州市人民政府办公厅	《郑州市人民政府办公厅关于聚焦企业关切进一步推动优化营商环境政策落实的通知》

资料来源:作者整理

2018年在郑州市政协十四届一次会议上,对有关健康产业中小微企业营商环境的问题给予了充分讨论,并做出《关于改善健康产业中小微企业营商环境》提案。在本次提案中,健康产业的发展,尤其是对于中小微企业而言,良好营商环境的打造要不断简化程序,提高效能,做好支持帮扶,为企业创造良好的发展条件[①]。同年8月,郑州市出台《关于加快建设国际化法治化便利化营商环境的意见》,全面建设稳定公开、可预期的营商环境。此后,在国务院及省政府政策意见指导下,围绕企业关切和市场主体期待,郑州市印发《郑州市人民政府办公厅关于聚焦企业关切进一步推动优化营商环境政策落实的通知》,承继往年政策主旨并积极拓展政策理念,激发市场主体活力。随着国务院及省政府关于营商环境优化条例的出台,郑州市做出相应政策指导,先后出台多个实施方案、政策意见及措施方法,在涉及市场发展的电力供应、中小企业财税优惠支持、政务服务、网络监管、物流口岸、基础设施收费等各个方面做出积极回应。(见表3-5)

---

① 郑州市市场监管局.关于改善健康产业中小微企业营商环境提案的答复[EB/OL].(2018-12-20)[2024-05-20]. http://public.zhengzhou.gov.cn/D1102X/4417947.jhtml.

表 3-5　郑州市相关部门政策一览表

时间	发文机关	政策名称
2021年12月	郑州市财政局	《关于调整工业、小型仓储类项目城市基础设施配套费征收标准》
2021年3月	郑州市市场监管局	《郑州市市场监督管理局进一步优化营商环境工作实施方案》
2021年3月	郑州市政务服务办公室	《郑州市全面推进一网通办、一次办成规范提升政务服务管理办法(试行)》
2021年3月	郑州市政务服务办公室	《郑州市政务服务电子监察工作规则(试行)》

资料来源：作者整理

近年来，郑州市认真贯彻落实国家、河南省关于优化营商环境的决策部署，聚焦市场主体和人民群众创业办事的痛点难点堵点，进一步细化落实各项举措、打出"组合拳"，持续打造优质营商环境。以河南自贸试验区为例，自2017年4月挂牌成立以来，郑州片区累计新注册企业8万多家，阿里巴巴集团控股有限公司、日本住友商事株式会社、美国利宝相互保险公司等500强企业落户发展，良好的营商环境吸引了越来越多的企业落户郑州；通过开通特事特办的绿色通道，建立行业风险预警模型，推行"证照分离"改革创新等举措。2021年8月，以干细胞应用研究为主的生物科技企业——河南华之源生物技术有限公司在紧急办理股权质押解除时，河南自贸试验区郑州片区特事特办，开通绿色通道，为企业解了燃眉之急。

良好的营商环境是激发市场活力、加速集聚创新人才、增强发展动力的制度保障，是郑州市"当好国家队、提升国际化、引领现代化河南建设"的重要支点。郑州市十五届人大五次会议审议通过的《政府工作报告》中明确提出将持续优化营商环境作为2022年的重点工作之一。

2021年1月28日，郑州市人民政府办公厅发布《关于印发进一步优化营商环境更好服务市场主体实施方案的通知》，出台了优化营商环境40条具体举措，但是尚未形成持续而完善的营商环境政策体系，下一步急需尽快打造营商环境政策体系 2.0 版,加强对优化营商环境工作的指导,强化统筹协调和督促落实,确保改革措施落地见效,提升政府治理现代化水平,为郑州市技术创新和科技转化插上"翅膀"。在具体举措上,近年来郑州市以中原科技城为引领,规划建设重大科技基础设施功能区,大力推进国家超算中心应用,加快建成"中原之光"、新一代正负电子对撞机、智能传感器关键技术公共服务平台等重大科技基础设施。郑州市抢抓河南省委推进河南省科学院重建重振的机遇,通过积极引进知名科学研究院、科技"龙头"企业、省内外龙头企业研发机构、高水平人才队伍,构建"研发在郑州、孵化在周边、转化在全省"科技研发及成果转化格局,打造集"科研、转化、产业"为一体的科学城,为营商环境的进一步优化提供了技术支持和智力支持。

2. 洛阳市营商环境相关政策

2018 年为全面落实党中央、国务院决策部署,在河南省优化营商环境行动方案的基础上,洛阳市结合本地实际,制定了《洛阳市优化营商环境三年行动方案(2018—2020 年)》,为洛阳市企业发展壮大、要素盘活、经济发展提供制度前提。2020 年度河南省营商环境评价中,洛阳市营商环境总体得分为 87.88 分,较 2019 年提升 5.58 分,连续 3 年居全省第 2 位,其中多个指标较上年实现较大提升,5 个指标位列全省第一。① 随着洛阳市营商环境不断优化,洛阳市经济发展内生动力不断被激活,经济发展保持着良好态势。此后,在中央及上级政府各项政策指导下,洛阳市相继出台 2019、2020、2021 及 2022 年《洛阳市营商环境优化行动方案》,为本地区内营商环境发展提供政策指导和制度意见。同时就营商环境优化总体发展方向给予方案和指导,为中小企业发展、市场监管、政府服务等提供整体方针政策指示。洛阳市营商环境优化过程中,其所涉及的各领域针对性具体措施更加全面而具体。针对其涉及的各个领域,洛阳市政府、公安部门、市场监管部门、发展和改革委员会等相继出台多部政策文件,助力营商环境评估及优化工作。(见表 3-6)

---

① 河南省人民政府.2020 年度河南省营商环境评价结果公布洛阳市多个指标进入全省第一方阵[EB/OL]. https://www.henan.gov.cn/2021/10-13/2326160.html.

表 3-6 洛阳市营商环境政策一览表

时间	发文机关	政策名称
2022 年 3 月	洛阳市发展和改革委员会	《洛阳市营商环境优化提升行动方案(2022 版)》
2021 年 9 月	洛阳市人民政府办公厅	《关于印发洛阳市进一步优化营商环境更好服务市场主体若干措施的通知》
2020 年 6 月	洛阳市优化营商环境工作领导小组办公室	《洛阳市营商环境观察员工作制度(暂行)》
2020 年 9 月	洛阳市检察院	《洛阳市检察机关优化营商环境十项措施》
2020 年 6 月	洛阳市生态环境局	《洛阳市生态环境局服务企业发展优化营商环境十五条措施(试行)》
2020 年 7 月	洛阳市城市管理局	《关于印发洛阳市优化营商环境用水用气报装便利化行动方案的通知》
2020 年 8 月	洛阳市公安局	《洛阳市公安局优化营商环境服务全市重点企业实施方案》
2019 年 7 月	洛阳市人民政府	《关于聚焦企业关切进一步推动优化营商环境政策落实的通知》
2019 年 8 月	洛阳市人民政府	《2019 年营商环境评价实施方案》
2018 年 12 月	洛阳市人民政府	《洛阳市优化营商环境三年行动方案(2018-2020 年)》

资料来源:作者整理

2022 年 5 月,洛阳市发展和改革委员会牵头研究起草的《洛阳市营商环境优化提升行动方案(2022 版)》(简称《行动方案》)印发实施。《行动方案》包括 1 个总体方案,28 个专项政策提升方案。其中,总体方案提出了继续保持全省领先位次的总体目标,以及 28 项具体指标争先进位目标,推动开办企业、办理建筑许可、项目保障、产业链和产业集群等重点领域、关键环节实现突破。28 个专项提升工作方案,均对照国内前沿标杆,设定了具体工作目标,明确了主要工作举措和保障措施,为推动洛阳市营商环境快速优化提升提供了制度遵循。[①] 2022 年 7 月 28 日,洛阳市人民政府发布《洛阳

[①] 洛阳市印发《洛阳市营商环境优化提升行动方案(2022 版)》[EB/OL]. http://xyly.ly.gov.cn/wcm/content/detail/20220831155031_100082.html.

市生产力布局与发展规划》(简称《规划》),明确提出:把优化营商环境作为洛阳生产力高质量发展的"命门之穴",构建"亲""清"新型政商关系,建设全国营商环境最优示范城市。《规划》提出,到2025年,基本建成国家创新高地、全国重要先进制造业基地、全国文化创意与消费中心,经济总量突破一万亿元。到2035年,全面建成国家创新高地、全国重要先进制造业基地、全国文化创意与消费中心。①

洛阳市通过一系列举措的出台,切实开展法治化营商环境提升行动,提升执法司法质效,完善服务企业机制,有效解决影响营商环境的执法司法突出问题,加强企业家合法权益保护,优化提升法治化营商环境,进一步提升各类市场主体司法获得感和满意度。通过采取多项措施,完善各类市场主体公平竞争的法制环境,努力让各类市场主体有信心投资、有信心经营、有信心创业,为经济高质量发展提供服务和保障。

3. 驻马店市营商环境相关政策

驻马店营商环境优化以政策为主要推动力,在中央及河南省政策指导下,驻马店为实现本地区内经济高质量发展与市场环境建设,在短时间内接连出台多项政策,为营商环境评估与优化提供行政指导,使得驻马店市在2020年营商环境"大考"中成绩优异,位列河南省省辖市营商环境第一方阵,较上年度营商环境评估上移7个位次。以上级政策为指导,积极贯彻落实各项规定,并根据地区实际情况嵌入相关内容。在政策贯彻落实过程中,科学合理利用信息技术,提高工作效率,实现技术赋能最大化。自《河南省优化营商环境条例》出台后,驻马店市积极响应政府号召,开展营商环境优化活动,各部门相继出台政策文件给予该领域指导,尤其在2020年12月,驻马店市密集出台15项政策,涉及中小企业、社会投资、知识产权、电子印章等多个领域,大力推动区域营商环境法治化工作。

2022年7月,驻马店市印发实施《驻马店市"十四五"营商环境和社会

---

① 营商环境看河南. 洛阳:建设全国营商环境最优示范城市,2025年经济总量突破一万亿元![EB/OL]. (2022-07-28) [2024-05-20]. https://baijiahao.baidu.com/s?id=1739590186116544958&wfr=spider&for=pc.

信用体系建设规划》，全面优化营商环境，完善社会信用体系。驻马店市近年来高度重视营商环境和信用建设工作，坚持把营造一流营商环境和信用体系作为打造全国一流地级市、推动高质量跨越发展的首要任务，认真贯彻中央和河南省各项决策部署，提高政治站位，健全工作机制，完善政策体系，强化政策落实，举全市之力推进优化营商环境工作，成功创建全国法治政府建设示范市，成为河南省唯一获此殊荣的地区，吸引了伊利集团、玉锋实业集团、浙江泰普森（控股）集团、华强方特文化科技集团股份有限公司等一批国内外知名企业在驻马店投资兴业。驻马店市在政府门户网站开通"优化营商环境专栏"，并通过"咱的驻马店"APP、开发网络问政小程序、在市民中心"一次一评"等方式，全面开展企业家（群众）评价政府部门（服务窗口）活动，努力做到以评促改、以评促优，营造了优化营商环境的浓厚氛围。①（见表3-7）

表3-7 驻马店市营商环境政策一览表

时间	发文机关	政策名称
2022年1月	驻马店市人民代表大会常务委员会	《驻马店市优化营商环境条例》
2022年1月	驻马店发展和改革委员会	《驻马店市营商环境违法案件调查处理办法》
2020年4月	驻马店市人民政府	《关于政府系统"不作为、慢作为、乱作为"处理办法》
2020年12月	驻马店市人民政府	《驻马店市促进中小企业健康发展的实施意见》
		《驻马店市社会投资小型低风险产业类项目》
		《驻马店强化知识产权保护实施意见》
		《驻马店市知识产权战略实施工作联席会议制度》

---

① 市政府办.驻马店市人民政府关于印发驻马店市"十四五"营商环境和社会信用体系建设规划的通知[EB/OL].（2022-07-11）[2024-05-20]. https://www.zhumadian.gov.cn/html/site_gov/articles/202207/160624.html.

续表

时间	发文机关	政策名称
		《驻马店市服务新技术新产业新业态新模式实施包容审慎监管的意见》
		《驻马店市政务数据安全管理暂行办法》
		《驻马店市电子印章管理暂行办法》
		《驻马店市强化投资松绑加快项目落地稳定经济增长的实施意见》
		《驻马店市支持民营企业加快改革发展与转型升级的实施意见》
		《驻马店市推动基础设施高质量发展实施方案》
		《驻马店市加快电动汽车充电基础设施建设的实施意见》
		《驻马店加快发展流通促进商业消费的意见》
		《驻马店市促进砂石行业健康有序发展的实施意见》
		《驻马店市政务信息化项目建设管理办法》
		《驻马店建立健全外商投资全流程服务体系方案》

资料来源：作者整理

4. 鹤壁市营商环境相关政策

自 2019 年河南省营商环境评价体系新增企业满意度指标以来，2019—2021 年，鹤壁市企业满意度指标连续 3 年排名全省第一。[①]

在政务服务和大数据管理局强化数字赋能方面，鹤壁市在全国首创党政服务平台，在全省率先上线"智约鹤城"预约系统、市级普惠金融共享平台，建成全省唯一的智慧政务大厅，以大数据技术构建公共资源交易新格局，政务服务标准化、智能化、便利化程度全省领先。

在企业权益保护上，鹤壁市委政法委发挥牵头抓总、统筹协调职能，在

---

① 数说营商：鹤壁市 2021 年全省营商环境第三方评价中部分领先指标及先进做法[EB/OL].（2022-08-23）[2024-05-20]. https://www.hebi.gov.cn/ywdt/hbyw/art/2022/art_47a54de8dfff45999b6755b29367cb32.html.

保障企业合法权益工作中敢当主力军、排头兵,协调10余家市直部门为企业发展营造良好法治化营商环境。市委政法委聚焦企业反映强烈的执法司法突出问题开展专项整治,用足用好"少捕慎诉"刑事司法政策,以良好的法治环境保障了企业健康发展。2021年鹤壁市企业权益保护工作取得明显成效,指标得分排名上升11个位次,跃升至全省第一位。

在2021年度全省营商环境评价中,鹤壁市政务服务指标连续4年排名全省第二,其中招标投标指标(二级指标)从全省第十五名跃升至全省第二。鹤壁市发展和改革委员会在建机制、出举措、强保障等方面综合发力,扎实开展重大项目建设"三个一批"攻坚提升行动,建立"四个一"推进机制,创新观摩点评方式和评价内容,完善要素保障和机制保障,不断提升项目保障水平。在2021年度全省营商环境评价中,鹤壁市项目保障指标排名全省第一。2021年市省重点项目投资进度全省第一,前两期"三个一批"项目开工率、投产率、达效率均居全省第一。

淇滨区创新实施"机制化统筹、极简化办理、数字化赋能、专员化服务、法治化助推、品牌化塑造"等营商环境"七化"工作法,首创政务服务满意度AI智能语音回访,实现审批流程省心化、企业服务贴心化、信用惠企暖心化。淇滨区在2020年度、2021年度全省营商环境评价中,连续2年在全省54个市辖区中排名第一。该区成功入选全省首批政务服务改革试点、全省首批社会信用体系建设示范区。淇县聚焦"政企、银企、校企、法企、税企、企企"等六个"精准对接",搭建综合服务、教育培训、诉求响应、招商引资、乡村振兴"五大平台",实行县级干部牵头推进、月研判、周调度等工作机制,环评文件打捆审批模式入选全省优化营商环境十大案例。在2021年度全省营商环境评价中,淇县跃升至全省第一。该县获批成为全省首批民营经济"两个健康"实践创新示范县、全省民营经济示范城市试点。

三、河南省优化营商环境政策的演进

2013年,"建设法治化营商环境"的目标在党的十八届三中全会中提

出,自此开启了中共中央在深化改革过程中,针对营商环境重大问题的重拳出击。党的十八大以来,党中央、国务院持续大力度推进优化营商环境工作,取得了显著成效。与此同时,在2018—2019年中央经济工作会议上,建立公平开放透明的市场规则和法治化营商环境成为营商环境优化的关注焦点①。2020年中央经济工作会议继续提出,要放宽市场准入,促进公平竞争,保护知识产权,市场化、法治化、国际化营商环境,统一大市场建设成为工作重中之重②。基于此,营商环境的好坏也已成为衡量区域经济发展软实力水平的标准之一。只有在公平有序的市场环境中,才能最大程度激发企业活力,形成集聚效应。

近年来,在国务院政策指导下,河南省委、省政府积极响应党中央号召,通过一系列制度改革和创新,将全省法治营商环境建设不断推进向纵深发展。③ 河南省出台《关于推进国内贸易流通现代化建设法治化营商环境的实施意见》,相响应国务院号召,并因地制宜制定河南省优化营商环境政策。2017年,结合《国务院关于扩大对外开放积极利用外资若干措施的通知》及《中共河南省委省人民政府关于构建开放型经济新体制的实施意见》,河南省发展和改革委员会出台《扩大对外开放积极利用外资有关政策措施》,致力于从外资准入领域、市场竞争环境、外资引资、外资要素支持、外资工资保障等五大方面优化外资利用,进一步营造积极健康的营商环境。2018年,河南省委、省政府印发实施了《河南省优化营商环境三年行动方案(2018—2020年)》(简称《行动方案》),在贯彻习近平总书记关于加大营商环境改革力度的重要指示精神的同时,进一步围绕全面提升企业和群众获得感,定

---

① 中华人民共和国中央人民政府.抢抓重要战略机遇期 坚定迈向高质量发展——解读2018年中央经济工作会议[EB/OL].(2018-12-22)[2024-05-20].http://www.gov.cn/xinwen/2018-12/22/content_5351026.htm.

② 经济观察.中央经济工作会议定调国企改革:放宽市场准入,促进公平竞争[EB/OL].(2020-12-28)[2024-05-20].https://baijiahao.baidu.com/s?id=16864243155194
20313&wfr=spider&for=pc.

③ 2016年,国务院印发《关于推进国内贸易流通现代化建设法治化营商环境的意见》及《关于促进内贸流通健康发展的若干意见》,强调要全面建设法治化营商环境,推动结构优化及发展方式转变。

方向、定思路、定任务、定政策,对营商环境优化的时间规划、路线方针以及优先次序等做出进一步明确和指导。《行动方案》不仅是河南省第一个综合性指导文件,而且是纲领性的文件,为河南省优化营商环境迈出重要一步提供了政策依据。在《行动方案》的指导下,河南省各级地方政府及各领导部门相继出台政策,推动贯彻方案意见要求,推动方案落实。为进一步解决制约营商环境的痛点堵点难点,并对"放管服"改革做出进一步深化,河南省于2020年审议通过《河南省优化营商环境条例》,标志着河南省营商环境法治保障逐渐完善。此后,河南省不断推进营商环境评估部署纵深向发展。《河南省营商环境评价工作方案》首次开展"全域化"营商环境评估,并提出要以评促改、以评促优、以评促建。

在制度层面,河南省不断完善政策支撑,深入推动社会信用体系构建等领域的改革,进一步助力市场环境、政务环境以及社会环境的优化和改良,从而降低制度性交易成本。一方面,基于八部委《关于印发〈工程项目招投标领域营商环境专项整治工作方案〉的通知》,河南省出台《河南省工程项目招投标领域营商环境整治实施方案》,深入开展工程项目招标领域营商环境专项治理,规范招投标领域的政府和市场主体的行为,保障不同所有制企业公平参与市场竞争,行政服务效率不断提升,制度性交易成本得到进一步降低。另一方面,以降低制度性交易成本为价值追求的社会信用体系的建立将推动河南营商环境实现"软环境"的新突破。2022年,为加快营商环境优化及社会信用体系建设,河南省政府公布《河南省"十四五"营商环境和社会信用体系发展规划》,为"十四五"期间河南省营商环境和社会信用体系重点领域建设制定清晰路线图,致力于打造创新创业生态环境及良好有序的信用环境。

在创新制度保障层面,为畅通"跨省通办"渠道,河南省积极推进"云牵手联盟"建设,通过与其他省市自治区签订"跨省通办"协议,为前来河南务工、学习等人员提供"跨省通办"服务。例如,安阳市与濮阳市、鹤壁市签订《豫北跨区域协同发展示范区政务服务区域通办战略合作协议》,各县(市、区)先后与周边5省2市26县签订"跨省通办"协议。制定出台《安阳市政务服务条例》（简称《条例》），以"小切口"立法，着力解决政务服务责任不明晰、标准不统一、数据不共享、系统不联通等深层次问题。《条例》的出台也成为"放管服"改革以来全国地级市范围内第一部规范政务服务的地方性法规。此外，许昌市与山东青岛西海岸新区签订《"云牵手联盟"——政务服务"跨省通办"合作协议》，与上海、山东、新疆等15个省市自治区39个地市达成合作，进一步提升了政务服务便捷度，实现了企业开办、社保、交通等领域与企业、群众生产生活密切相关的132项服务事项实现"跨省通办"。①

随着政策基础不断完善，政务改革逐渐深入，营商环境进一步优化，更高标准、更高水平、更深层次的全省域内营商环境建设成为工作重点。2022年3月《河南省营商环境优化提升行动方案（2022版）》发布，提出以"118"政策提升行动为中心，围绕10项营商环境评价指标，列出277条举措，全面推进营商环境改革。以该《行动方案》的出台为标志，河南营商环境优化系列工作也正式进入高水平阶段。2022年8月，河南省人民政府办公厅印发《清廉河南建设实施"放管服"增效行动工作方案》，其中提到，"2022年，构建形成省级统筹、分级负责、事项统一、权责清晰的行政许可事项清单体系，省级政务服务事项应进必进政务服务中心，投资建设等领域行政审批制度改革深入推进，政务服务标准化、规范化、便利化水平进一步提升，营商环境持续优化。"②当前，河南省郑州、开封、新乡、焦作、许昌、洛阳、平顶山、三门峡、济源示范区分别组团进行试点，完善"全豫通办"异地收件、业务流转、问题处理、远程协助等线上线下融合办理机制，分批将"跨省通办"事项纳入"全豫通办"范围。以郑州都市圈、洛阳都市圈、南阳副中心城市等为典型范例，推动事项在都市圈内通办，从而进展至"全豫通办"。通过巧用试

---

① 大河网.营商环境惠河南｜河南576个事项实现跨省通办 "家门口"服务触手可及[EB/OL].(2022-08-25)[2024-05-20]. https://baijiahao.baidu.com/s?id=1742119288864225252&wfr=spider&for=pc.

② 河南省人民政府.营商环境进入全国第一方阵！河南出实招深化"放管服"改革[EB/OL].(2022-08-31)[2024-05-20]. https://baijiahao.baidu.com/s?id=1742680769849731367&wfr=spider&for=pc.

点政策,不断积累经验,河南省最终完成"全豫通办"布局,实现加快促进线上线下深度融合,实现"异地收件、属地办理"新模式,为群众及企业提供标准化无差异的办事服务。

第三节 河南省营商环境"以评促建"实践探索

第三方开展独立评价,成为河南省营商环境评估的主要途径。政务服务到底好在哪里、差在哪里,这需要提供用来衡量的"标准尺度"以及独立的第三方"公平裁判"。河南省是全国率先开展营商环境评价的省份之一,其遵循"以评促改、以评促优、以评促建"原则,并在此基础上进一步引入独立的第三方评价机构开展评价,评价结果面向社会发布。同时,其考核重点在于政府服务意识以及工作效率的提高。

一、"以评促建"的政策基础

2018年8月25日,河南省促进非公有制经济健康发展大会召开,会后印发了《河南省优化营商环境三年行动方案(2018—2020年)》等文件,全面部署优化河南营商环境的系列工作行动。《行动方案》的印发实施为激发各类市场主体发展活力,全面降低企业特别是非公有制企业的运营成本,维护企业合法权益,提供了有力的政策支撑。之后,河南省各地市对标《行动方案》,针对区域内市场环境发展现状,因地制宜出台适宜本地区营商环境优化的政策条例,在坚持问题导向的基础上,不断聚焦现实突出问题,为市场环境优化提出了制度性解决方案。《行动方案》针对营商环境优化实际,提出要对标一流、争创优势,进而推动改革创新、先行先试,并以整体设计实现重点突破,加强凝聚合力,实现协同推进的四项原则。[1] 围绕企业和群众

---

[1] 河南省人民政府.《河南省优化营商环境三年行动方案(2018—2020年)》政策解读[EB/OL].(2018-11-27)[2024-05-20]. https://www.henan.gov.cn/2018/11/27/723840.html.

强烈反映的问题,抓好提高行政审批效率、优化创新环境、缓解融资难困境、提高水电暖便民性、疏通体制瓶颈、突破体制机制障碍等关键环节,尽快填补空白,补足短板。突出量化考核。聚焦营商环境评价核心指标,把企业办理业务全流程的时间、效率、费用作为评价对象,明确各项指标的具体处理时间,利用核心指标分类进行竞争和优化完善,推动河南省商业环境不断创造卓越。突出体系建设。聚焦审批服务、创新创业、投贸、商业运营、市场公平、法治保障、社会服务、政企关系等关键业务环境领域,强化制度设计,全面推进制度创新、政策整合、资源整合与流程再造,快速构建优化河南省商业环境的制度框架体系。明确优化经营环境的目标和任务。按照"一年建体系,两年全面完善,三年争创一流"的思路,在2018年继续改善河南省的营商环境,实施方框考核指标体系、体制框架体系和责任分担体系,加快形成河南省三级联动工作模式,补齐营商环境评价核心指标短板;2019年,不断加强治理,提升河南省营商环境在制度政策体系方面的完善程度,进一步推进考核评价体系在河南省范围内的展开和覆盖,实现营商环境制度创新成果惠及河南省各地区以及部分实现营商环境核心指标与全国先进地区水平保持齐头并进;2020年,河南省各领域工作推进中兼顾全面提升营商环境便利度等现实问题,积极推动部分优势指标对标国际先进水平,力争成为全国营商环境建设新高地。2022年3月,《河南省营商环境优化提升总体方案》出台,要求以习近平新时代中国特色社会主义思想为指导,深入贯彻党的十九大和十九届二中、三中、四中、五中、六中全会精神,全面落实习近平总书记视察河南重要讲话精神,坚持高质量发展根本要求,以市场主体需求为导向,聚焦政务环境、市场环境、法治环境、宜居宜业环境,对标国内国际一流水平,加大改革力度、优化政策举措,切实提升企业和群众满意度,激发市场活力和社会创造力,努力打造市场化、法治化、国际化一流营商环境,为实现"两个确保"、实施"十大战略"提供强有力支撑。

二、第三方独立评价实践

2018年起河南省连续探索第三方独立评价,已先后发布2018年度、2019年度、2020年度营商环境评价结果,2021年度营商环境评价结果未对外公布。"每年都有新评比,每年都有新打分,每年都有新作为,这就是河南优化营商环境的态度。"①河南省营商环境综合评价不仅是衡量绩效的"试金石",检验政策是否发挥了实际作用,更是找出差距的"放大镜"和深化改革的"助推器",通过单一指标准确地找出差距和不足,引导各地深化"分权经营"改革,形成良性竞争,努力向上游进军。

（一）2018年度营商环境评价情况

1. 评价概况

自2018年起,河南委托中国科学院地理科学与资源研究所,参照世界银行营商环境评价指标体系、我国营商环境评价指标体系,对河南省17个省辖市、济源产城融合示范区等营商环境情况开展独立评价,并向社会发布营商环境排名。

2. 指标体系

2018年度的营商环境评价包括2018年1月1日—12月31日和2019年1月1日—4月10日两个调查阶段。其中,2018年作为完整年度调查时段,是评价的主要依据;2019年为调查监测时段。2018年度评价主要指标包括一级指标,即企业开办、办理施工许可、获得电力、获得用水、获得用气、侵权、商标侵权、知识产权、专利权、获得信贷、不动产登记、缴纳税费、跨境贸易、政府采购、招标投标、保护中小投资者、执行合同、市场监管18项。

---

① 河南发展和改革委员会.营商环境建设取得喜人成绩,"濮阳模式"获赞![EB/OL].https://fgw.henan.gov.cn/2020/10-22/1831308.html.

3. 评价结果

河南省 2018 年度营商环境评价结果以《河南省营商环境评价报告（2018 版）》形式向社会公开发布。作为河南省首份第三方机构发布得出的营商环境评价报告，《河南省营商环境评价报告（2018 版）》所具有的"早全实"的特点是以往报告未能完全体现的。其中，"早"是指河南省在全国范围内率先开展营商环境评价，是最早开展的省份之一；"全"是指河南省对标世界银行指标体系，构建起了包含 18 个一级指标及 100 个二级指标在内的较为全面的评价指标体系。在此基础上，还采用了部门调研、座谈会、企业家访谈、企业问卷调查及大数据分析等方式多渠道采集数据，注重材料的佐证和数据的可核验；"实"是指，作为全国范围内少数无保留公布营商环境评价结果及各地成绩及排名的省份，河南省真正做到了"实事求是"。评价结果显示，郑州以 74.26 分居于首位，而商丘则以 63.33 分居于末位（见图 3-1）。在 2018 年的营商环境评价报告中，河南省营商环境的地区差异性较为明显，但以郑州、洛阳等为例的较好的营商环境优化做法值得向全省推广，带动营商环境较差地区优化发展。

河南省营商环境十强（依据2018年数据）

排名	城市	分数	排名	城市	分数
1	郑州	74.26分	6	濮阳	71.37分
2	洛阳	71.99分	7	开封	71.33分
3	鹤壁	71.97分	8	焦作	70.82分
4	许昌	71.39分	9	平顶山	69.81分
5	漯河	71.38分	10	新乡	69.40分

图 3-1　2018 年河南省营商环境评价地市前 10 名得分情况①

（二）2019 年度营商环境评价情况

1. 评价概况

2019 年度河南省营商环境评价依然由第三方独立开展，评价机构为中

---

① 资料来源：《河南省营商环境评价报告（2018 版）》。

国科学院地理科学与资源研究所,同时引入中国政法大学、北京工商大学、北京知名律师事务所等3家机构共同开展。河南全省指标体系由18个一级指标扩展为20个,而且首次将企业满意度调查纳入评价体系,凸显了让市场主体评价政府的主旨。

2. 指标体系

2019年营商环境评价共20项一级指标,包括开办企业、办理建筑许可、获得电力、获得用水、登记财产、获得信贷、执行合同、招标投标、政务服务、市场监管、企业权益保护、信用环境建设等。其中,河南省优势指标有4项:开办企业、获得电力、获得用气、政府采购,指标已达到或接近国内前沿水平。

3. 评价结果

河南省2019年度营商环境评价结果于2020年8月28日发布,各省辖市2019年营商环境评价平均得分较2018年的提升幅度较大,且2020年最后一名城市得分高于2019年评价第一名城市。与2018年相比,2019年河南省营商环境评价平均得分有了显著提高,为78.85分,比上一年提高了9.59分。各地最多提高分数为14.34分,最少提高分数是7.1分,其中郑州以83.26分排名第一、洛阳以82.30分排名第二、鹤壁以80.84分排名第三。20项一级指标中,有17项指标实现了提升,政府采购、不动产登记、跨境贸易等指标进步较大。河南省各地近年来注重以改革推动营商环境优化,出台了一系列政策举措,推动全省营商环境持续改善提升,涌现出很多典型做法和先进经验。以省会郑州为例,郑州市聚焦提升便利化水平,在获得用电等方面创造了好经验,打造了小微企业"11000"办电新模式,实现办电1环节、简单工程1天送电、办电零资料、零审批和零成本。2019年郑州市营商环境评价在河南省18个省辖市中排名第1位,得分较2018年提升9分[1]。

---

[1] 河南省人民政府. 投资兴业哪家强?河南省2019年度营商环境评价"成绩单"出炉![EB/OL]. (2020-08-28)[2024-05-20]. https://www.henan.gov.cn/2020/08-28/1760690.html.

(三) 2020 年度营商环境评价情况

1. 评价概况

2020 年度河南省营商环境评价,通过公开招标,北京零点公司与浙江大学、西南政法大学共同组成第三方评价团队,启动了河南省 2020 年度营商环境评价工作。2020 年度为河南首次实行的全域性营商环境评价,首次将评价范围由 17 个省辖市和济源示范区,扩展到市级、县级全覆盖。其中,县级评价对象包括全省 104 个县(市)、54 个市辖区(含郑东新区)、18 个国家级功能区。

2. 指标体系

2020 年河南省营商环境评价指标共 12 个一级指标,分别是开办企业、办理建筑许可、获得电力、获得用水、登记财产、获得信贷、执行合同、招标投标、政务服务、市场监管、企业权益保护、信用环境建设。

3. 评价结果

2021 年 10 月 12 日,河南省 2020 年营商环境评价结果正式发布。2020 年河南省营商环境评价得分 83.24 分,企业满意度得分 87.49 分,比 2019 年提升 3.40 分①。郑州成为全国评价进步最大的城市之一。

(四) 2021 年度营商环境评价情况

1. 第三方中标情况

河南省 2021 年度营商环境评价由北京零点市场调查有限公司、北京华通人商用信息有限公司执行。2022 年 1 月 20 日,河南省政府采购网发布《河南省发展和改革委员会河南省全域营商环境评价项目-中标公告》,北京零点市场调查有限公司、北京华通人商用信息有限公司中标。2021 年度

---

① 河南省人民政府. 位居全国中上游! 河南省 2020 年度营商环境评价"成绩单"出炉! [EB/OL]. (2021-10-12) [2024-05-20]. https://www.henan.gov.cn/2021/10-12/2325754.html.

河南省全域营商环境评价项目包含2个包：包1采购内容为2021年度河南省营商环境第三方评价，通过对河南省营商环境的调查和研究，形成2021年度河南省营商环境评价报告；包2采购内容为2021年度河南省营商环境第三方评价全程核验监督，通过对河南省营商环境第三方评价的全程核验监督，提出整改建议，形成核验监督报告。

2. 评价进展情况

2021年度河南省营商环境评价仍是第三方评价，对标世界银行标准参照国评模式，遵照国务院《优化营商环境条例》要求组织开展全域的营商环境评价活动。与前三年相比，2021年度评价指标更全面、评价标准更高，是对各县（市）区营商环境水平的一次全面检阅。公开招投标信息显示，北京零点市场调查有限公司于2022年4月中旬前完成评价报告撰写，2022年4月底前完成全部评价工作；北京华通人商用信息有限公司要于2022年4月中旬完成核验监督工作。按照河南省2021年度营商环境统一评价总体部署，2月21日至23日，全省18个省辖市（含济源示范区）、157个县（市、区）和16个国家级功能区同步开展填报工作。① 目前，2021年度评估结果尚未公开发布。

2022年1月，河南省发展和改革委员会公开招标全省全域营商环境评价的第三方服务机构，北京零点有数数据科技股份有限公司于2022年1月20日成功中标，这是其第二年成为河南省省级营商环境评价工作的服务机构。2021年初，河南省委省政府召开全省优化营商环境工作推进会，会议要求认真贯彻落实重要讲话精神，树立大抓营商环境的鲜明导向，将优化营商环境作为应变局开新局的关键之举，放到全局工作的突出位置，贯穿到全面建设现代化河南的全过程，为奋勇争先、更加出彩提供坚实保障。2022年来，河南省各地市各部门把优化营商环境作为事关全局的大事要事来抓，以深化改革为导向，加快转变政府职能、着力完善工作机制、完善政策监管体系、创新工作措施、提高政府服务效率等举措多管齐下，使河南省营商环

---

① 资料来源：2021年10月12日河南省2020年营商环境评价结果新闻发布会。

境总体质量得到明显改善。

2022年9月27日,河南省十三届人大常委会第三十五次会议听取省人民政府关于优化营商环境执法检查整改情况的报告。2022年9月30日,河南省十三届人大常委会第三十五次会议对省人民政府相关部门优化营商环境执法检查整改情况进行满意度测评。① 从开展优化营商环境"两条例"执法检查到组织专题询问,从听取整改情况报告到进行满意度测评,河南省人民代表大会常务委员会以刚性监督方式,释放出了河南省营商环境革命"不护短、不遮丑、动真格、祛顽疾"的强烈信号。亮出法治"利剑",护航营商环境。河南省人民代表大会常务委员会将以监督工作为重要抓手,不断推动提升营商环境的市场化、法治化、国际化水平,持法律利剑为营商环境优化开路护航,使法治环境成为河南最好的营商环境,为推动河南高质量发展注入澎湃动力。

---

① 河南人大.以满意度测评"小举措"推动监督实现"大纵深"——河南省人大常委会以法治力量推动营商环境优化工作纪实[EB/OL].(2022-10-01)[2024-05-20]. https://baijiahao.baidu.com/s? id=1745413759280147221&wfr=spider&for=pc.

第四章　河南省优化营商环境的成效与经验

第一节　河南省优化营商环境的突出成效

"十三五"期间,河南省委、省政府把优化营商环境作为河南发展的主要问题,聚焦降低机构交易成本,积极推进企业相关投资项目审批改革、税收的便利化,民生服务以及"互联网+政务服务"专项改革,河南营商环境得到显著优化。"十四五"规划中明确提出持续降低交易成本,不断优化营商环境,充分激发市场活力。

一、优化营商环境的综合成效显著

"十三五"期间,河南全面加强营商环境和社会信用体系建设,营商环境在全国位次稳步提升,社会信用体系各项指标明显优化,市场主体活力有效激发、满意度持续提升,河南在营商环境方面呈稳步发展态势。

1. 服务效率进一步提高

首先,进一步加快创业速度,降低手续费。设立企业0.5个工作日内完成6项工作,0.5个工作日内申请外国企业事业许可的标准。新注册的市场实体数量增长47.8%,在全国排名第一。其次,跨境贸易便利度不断提高。国际贸易"单一窗口"关检融合系统申报率达100%,验核监管证件从86种减至42种,无纸化申报率99.9%,推行船运物流"一站式服务"模式。再次,办理建筑许可时间持续压缩。实现工程建设项目审批管理系统全覆盖,建成业务协同系统,审批时间和环节持续压缩。此外,"互联网+不动产登记"网上办理、自助办理全覆盖,1个工作日完成一般不动产类型登记,0.5个工作日完成公司间不动产转让登记;房地产抵押登记即时完结。

2. 助企纾困力度不断加大

减税降费成效显著,生产要素供给服务不断优化,普惠高效的融资环境加快形成。2021年末,累计为企业减免税收2056.3亿元,社保费累计减免405.8亿元;网上办理涉税事项达212项,实现房产税和城镇土地使用税合并申报。实现民营小微企业首贷续贷中心区市全覆盖,普惠型小微企业贷款综合融资成本比不断下降。

3. 政务服务深度改善

首先,政务服务质量不断优化,全面推进政务服务改革创新。省、市、县三级网上可办率分别达到93.3%、99.1%、99.5%;实现659项河南政务服务事项在外省可办,1097项外省政务服务事项在河南可办。其次,监管效能不断加强。"双随机、一公开"实现跨部门联合监管全覆盖,做到"进一次门、查多项事",减少了95%的涉企检查。在"十四五"时期,河南将在营商环境和社会信用体系建设重点领域不断攻坚克难。"打造创新创业的生态环境、良好有序的信用环境,就需要在'软环境'上实现新突破。为此,在政策制定的过程中,聚焦企业全生命周期,着力破解企业群众办事创业中的痛点、难点问题,提出有针对性的改革措施;围绕改革创新,提出打造中心城市龙头品牌、'万人助万企'服务品牌、智慧型监管营商品牌、县域营商品牌等一批全国知名品牌的重大举措。"①

4. 市场秩序更加平稳有序

一方面,在"双随机、一公开"及各级部门之间的联合监管制度持续完善下,河南省市场秩序运行良好。新的监管方式带来的效用发挥,在2019年的"万家民企评价营商环境"调研活动中,河南省企业对本地市场监管的满意度评价在对标省份中位列第二、中部六省第一。另一方面,在所有渠道监管方式下,"互联网+监管"为健康良好的市场秩序做出重要的积极贡献。以"11223"②为主题框架的"互联网+监管"系统,基本实现了一个"门户"对外、一张"清单"监管、一张"网络"覆盖、一个"中心"支撑,让监管事项梳理、数据汇聚都走在了全国前列。此外,在重点领域的监管上,全省于食品安全监管方面获评A级,于药品和医疗器械安全监管方面获评A级,在特种设备领域,河南省积极开展专项整治,并加强工业产品质量安全监管。

5. 企业权益得到全面保护

健康良好的营商环境建立在坚实的法治基础之上,筑牢法治根基,是保护企业权益的重要制度基础。对此,河南省对标国务院《优化营商环境条例》,推动河南省优化营商环境的相关立法工作,明确行政、司法、执法等机关具体职责范围,对相关服务办理、案件查处、监督管理等工作一并做出具体规定。同时,不断强化信用环境建设。在《河南省社会信用条例》颁布后,不断完善相关专项政策,强化信用监管,落实企业信息公示制度,建立健全守信激励和失信惩戒制度。全省纳入经营异常名录95.1万户、严重违法失信企业名单7.9万户,累计限制失信被执行人3.65万人次,信用约束机制日益完善。在全国率先建立信用修复机制,1.3万多户通过信用修复移

---

① 河南省人民政府. 河南省2020年营商环境评价成果新闻发布会[EB/OL]. https://www.henan.gov.cn/2021/10-12/2325382.html.
② 监管事项1个清单,监管大数据1个中心,工作和服务2个门户,标准规范和安全运维2个支撑体系,执法监管、风险预警、分析评价3个应用系统,接入9个试点部门12个特色应用。

出严重违法失信企业名单①。

6. 包容普惠环境不断优化

一方面,河南省不断优化创新生态,实施创新驱动发展战略。在政策层面,先后出台30余项政策,制定相关法规为创新发展保驾护航。建立国家超算郑州中心,推动35家省级重点实验室、63家农业科技园落地。遴选中原学者5人,中原科技领军人才60人。另一方面,不断优化公共服务供给,保障民生,稳定就业。通过"互联网+就业创业"实现就业业务五级应用全覆盖,不断完善公共卫生应急物资保障体系,全面推动高校"双一流"建设,扩大全省基本医疗保险覆盖面至95%以上,提高城乡居民基础养老金。同时,不断优化交通运输服务能力,积极落实高速公路通行费减免政策。此外,建立健全人才引进激励机制,持续优化人才环境。

二、河南省产业经济发展态势良好

2021年河南省经济发展公报显示,全年全省地区生产总值58887.41亿元,比上年增长6.3%,两年平均增长3.6%。其中,第一产业增加值5620.82亿元,比上年增长6.4%;第二产业增加值24331.65亿元,增长4.1%;第三产业增加值28934.93亿元,增长8.1%。三次产业比例为9.5∶41.3∶49.1。全年人均地区生产总值59410元,比上年增长6.4%。其中,第三产业拉动GDP增长4个百分点,成为河南省经济增长主要拉动力。②（见图4-1）

面对复杂严峻的发展环境和诸多风险与挑战,河南省不断推动产业发展持续好转。在农业生产中,河南省于2020年实现农业生产稳中向好。

---

① 河南省人民政府. 盘点2020年河南营商环境工作——打造营商环境"新高地"擦亮出彩河南"新标识"[EB/OL].（2021-02-02）[2024-05-20]. https://www.henan.gov.cn/2021/02-02/2089869.html.

② 河南省人民政府. 2022年《河南经济蓝皮书》发布第三产业对GDP增长贡献率超6成[EB/OL].（2022-03-18）[2024-05-20]. https://www.henan.gov.cn/2022/03-18/2416609.html.

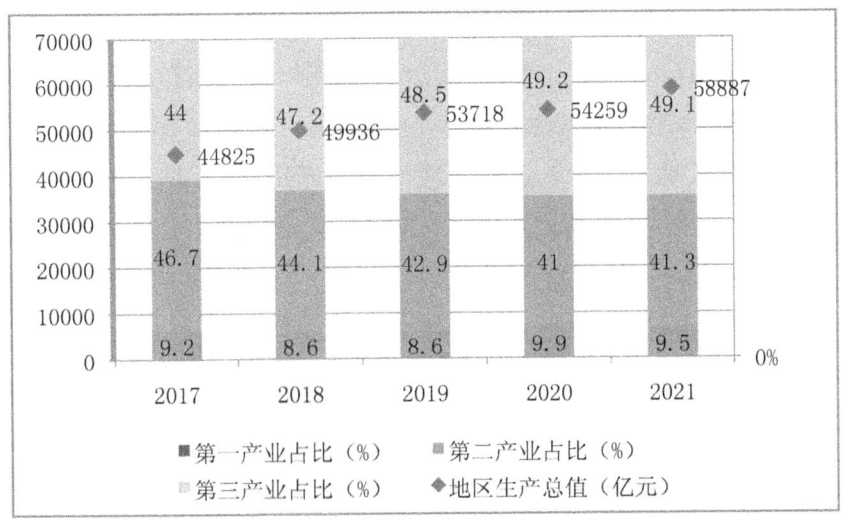

图 4-1 2017—2021 年河南生产总值及各产业占比情况

2020 年全省粮食总产量首次跨越 1350 亿斤台阶,实现平稳增长,将饭碗牢牢端在自己手里,并为其他产业发展及人民美好生活提供坚实物质基础。工业生产上,实现逐步恢复。在新冠肺炎疫情影响下,河南省多数产业受到影响,但自 2020 年以来,总体呈现恢复增长态势,企业产业稳步恢复,工业经济逐步好转。服务业稳步复苏,在多项政策措施支持下,服务业增加值对全省经济增长贡献率稳步提升,也逐渐成为河南省经济增长的主要引擎。交通运输业物流行业平稳发展。金融运行整体平稳,房地产市场良好发展[1]。

回首"十三五"时期,河南省实现经济稳步增长、产业急速转型,经济结构不断优化,城乡区域发展更加协调,社会民生福祉持续改善。首先,在经济发展方面,2020 年全省生产总值按可比价格计算为 2015 年的 1.36 倍,"十三五"期间年均增长 6.3%,高于全国平均水平。其中,河南省实现农业综合生产能力稳步提升,粮食产量稳居全国第二。工业生产态势总体平稳,2020 年,全省规模以上工业增加值高于全国 0.7%。服务业加速增长,高于

---

[1] 河南省统计局.《河南经济蓝皮书》:2021 河南经济形势分析与预测[EB/OL].(2021-03-25)[2024-05-20]. https://tjj.henan.gov.cn/2021/06-07/2159612.html.

全省 GDP 增长 1.4%,逐步成为经济增长的主要引擎。财政金融业持续增强,全省财政总收入、一般公共预算支出分别增长 1.3%、2.2%①。其次,在产业升级及经济结构调整方面,河南省第三产业不断发展壮大,逐渐成为经济发展的主要拉动力。尤其服务业增加值不断提升,并在 2018 年实现由"二三一"到"三二一"的历史性转变。而五大主导产业占比相较于 2015 年提高了 2.8 个百分点。在重点领域,诸如教科文卫等领域,投资年均增速保持在 18%—27% 左右。再者,在创新驱动方面,河南省在"十三五"期间,全省研发投入累计超过 2500 亿元,年均增长 16% 左右。国家资助创新示范区、大学科技园、专业化众创空间、科技孵化园等各类创新创业孵化载体 407 家。高端创新资源加快聚集,重点领域关键技术不断取得突破。最后,基础设施建设支撑产业发展能力不断提升。综合交通枢纽优势突出,能源保障能力显著增强,信息通信水平全面提升。

三、河南省支柱产业实现跨越发展

随着科技革命与产业变革的推进,前沿技术集中突破,科技创新进入密集性活跃期。而诸如基因技术、未来网络、新材料等新兴产业及未来产业的发展将对河南省未来战略发展产生深刻影响。对此,河南省在党中央、国务院的领导下,坚持创新驱动发展战略,深度开放合作,推动产业经济结构调整,实现高质量供给引领创造新需求。在新时期新阶段,河南省不断做优做强优势产业,夯实产业基础;持续培育壮大高增长产业,加强创新突破和综合应用;不断加强前沿领域突破,规划未来产业;持续推动战略性新兴产业发展,培育壮大经济新动能;不断健全规划保障机制,营造良好发展环境。为加快新经济布局,河南省瞄准科技及产业前沿,推动新兴产业发展,在信息技术发展、智能终端生产、生物医药科技、新能源及互联网汽车等 10 个新兴产业链制定出现代化提升方案,实现"一链一策"专班推进。在制造业转

---

① 河南新闻广播.今年前 11 个月,河南省规模以上工业增加值高于全国 2.3 个百分点[EB/OL].(2020-01-03)[2024-05-20]. https://gxt.henan.gov.cn/2020/01-03/1243128.html.

型升级过程中,河南省不断出台制造业高质量发展实施方案,强化技术应用赋能,优化传统产业布局,装备制造智能化水平显著提升,新材料产业链不断延伸,传统产业加快升级①。

四、政府与市场良性互动关系形成

在法治化背景下优化营商环境,我们必须正确处理政府与市场的关系问题,这涉及在优化营商环境中政府的责任与义务,以及政府调控度的问题。河南省政府不断转变政府职能,积极推进"放管服"改革,让政府这一"看得见的手"更好地在市场经济体制下发挥作用,实现政府和市场关系的良性互动。

1. 市场活力不断释放,投资贸易更加便利

"十三五"期间,河南省在经济社会发展的同时注重优化营商环境,各地政府在放宽市场准入和促进贸易便利化等方面出台了一系列政策和举措,取得了较为明显的成效。首先,多管齐下,开放市场,持续性进行招商引资。对项目进行监督管理和动态追踪,并开发建立招商引资项目管理平台,不断健全投资贸易工作机制,以"互联网+"为支持,在充分利用国家对外开放和招商引资平台的基础上,开展省内重大经贸活动,并加快推进省内平台建设。其次,加强对民间投资的政策支持。在鼓励和引导民间资本投向交通、电力、教育等基础设施和社会事业等领域的基础上,通过联合改革,积极引进对某些垄断行业的民间投资。同时,采取各种措施缓解民营企业和小微企业的资金短缺问题,防止融资成本上升。再次,不断营造亲商宜商氛围,打造宜居宜业城市。尤其支持高新技术企业、科技型中小企业发展,为科技企业提供"科技贷"。同时,加强对高技能人才的培养,不断培育开发河南省人力资源和人才资源,并以"项目+平台+人才"的方式建立起完善的

---

① 人民网. 2020年,河南以新经济引领产业转型升级[EB/OL]. (2021-01-18)[2024-05-20]. http://henan.people.com.cn/n2/2021/0118/c351638-34534395.html.

人才引进机制。此外,不断完善基础设施建设,提升公共服务能力,在缩小城乡差距的同时,实现"一枢多支"的综合交通服务能力建设。

2. 不断深化政务服务改革,办事创业更加便捷

在深度推进数字政府改革的过程中,河南省不断实现"互联网+政务"理念的全面贯彻。不仅相继公布"一件事一次办"事项清单,且网上服务办理逐渐超越线下占据九成比例。在房地产证办理、建筑许可、企业开办手续、纳税缴费、信贷等多个方面进行服务改革,精简流程,压缩手续办理时间,提高服务效能。无论是"智能秒批"模式的政务服务,还是"三台联动"集成化办税服务模式,抑或是营商环境"满意度测评",都不断提高了政府部门政务服务的效率,进一步提高了办事便利程度,有效解决了营商环境优化过程中的痛点、难点和堵点。

第二节 河南省优化营商环境的主要经验

近年来,河南省坚持贯彻落实习近平总书记关于营商环境的重要论述,学习借鉴世界银行营商环境评价方法体系,连续推出一批创新性强、影响力大的政策举措,不断破解关键难点问题,推动营商环境不断提升。从领导重视、以评促建、鼓励地方先行、建立协调机制、鼓励多元参与、推动经验双向交流等方面积累丰富经验,为国内其他地区优化营商环境提供借鉴。具体经验可以总结如下:

一、坚实可靠的营商环境政策体系

党中央、国务院高度重视营商法治环境建设,在党的十八届三中全会中提出"建设法治化营商环境"的目标;在2018—2019年中央经济工作会议上建立公平开放透明的市场规则和法治化营商环境成为营商环境优化的关注

焦点;2020年中央经济工作会议提出促进公平竞争,保护知识产权,建设市场化、法治化、国际化营商环境。2018年以来,河南省各级政府积极响应党中央号召,密集出台多部优化营商环境的法律法规,通过一系列体制改革和创新,不断推动全省法治营商环境建设向纵深处发展。

1. 营商环境法制体系

2018年起,河南省不断加强法治化营商环境制度建设,大量政策措施覆盖立法、执法、普法、公共法律服务各领域,力争打造稳定、公平、透明、可预期的法治化营商环境。河南省密集出台政策法规,加快政策集成创新,更高标准、更高水平、更深层次推动营商环境的优化。在制度层面,河南省不断完善政策,为积极健康的营商环境优化打造良好的法治环境,深入推动"放管服"、社会信用体系构建等领域的改革,进一步助力市场环境、政务环境以及社会环境的优化和改良,从而实现制度性交易成本的降低。与此同时,河南省各级政府协同联动,不断出台优化营商环境的政策法规,围绕优化营商环境形成完善的政策体系,为各项活动的开展奠定法治基础。

2. 营商环境制度体系

2019年国务院颁布《优化营商环境条例》,要求转变政府职能,创新体制机制、强化协同联动、完善法治保障,加快法治化营商环境建设进程。随着政策基础不断完善,"放管服"改革逐渐深入,更高标准、更高水平、更深层次营商环境建设,成为河南省工作重点。"营商环境优化要巩固提升已有改革成果,推动相关法律法规和规章制度的立改废释,用制度规则来固化改革成果;一大批优秀经验做法得以固化,确保营商环境优化,增强市场监管制度和政策的稳定性、可预期性。"[①]河南省各级政府围绕营商环境优化出台一系列制度规则,不断推动法律法规完善,筑牢营商环境优化的制度基础,健全营商环境制度体系。河南省在营造良好生态、打造一流营商环境上不断下功夫,对标国际一流和国际通行惯例,制定实施河南省营商环境系统性改革方案。这其中包括提高政府公信力、建立健全政府失信记录和责任

---

① 马亮.营商环境优化的成效与经验[J].中国外资,2022(17):46-47.

追究制度、持续开展政务诚信监测、及时处置政府失信问题和舆情等举措。此外,大力推进涉企案件网上立案、自助立案、跨域立案,简化立案流程,提高立案效率等具体措施也已经在不同地区得到应用和推广。河南各地通过在开办企业、政务服务、保护中小投资者等领域的不断改革创新,探索优化营商环境的新路径,推广可借鉴的典型经验和做法,以实际行动展现各地优化营商环境的决心和信心。

二、高度协同的营商环境组织体系

在不断优化营商环境的过程中,河南省注重优化发展与改革力度、部门协调、改善发展基本条件等因素密切相关的领域,尤其是企业权益保护、信用环境、政务服务、办理建筑许可、市场监管、办理破产等领域,更是需要多部门联合、协同推进,提供精细化服务。河南省在推动政府的协同办事力度,营商环境的创新应用,强调营商环境执行力、协同力、支撑力方面进行多样化的探索。

1. 重视政府自身能力建设

2021年以来,河南省发布36个服务型行政执法典型案例,发布90个2021年优化营商环境的优秀案例,通过优质案例发挥示范带动作用。"放管服"改革不断深化,贯通省市县乡的一体化政务服务网全面建成,首批800个政务服务事项实现全省通办,576个事项实现跨省通办,对县(市)下放经济社会管理权限255项,服务效能进一步提升,"一枚印章管审批"和企业投资项目承诺制全面推行。① 河南省政府在"放管服"改革中,不断提升自身能力建设:第一,不断提升政策执行能力,通过对各评估城市企业开办、纳税、注销、不动产登记、施工许可证等企业相关领域现状评估,实现基础数据采集、整合、分析,了解各城市营商环境建设发展情况,为进一步优化营商环境改革打下坚实基础;第二,不断提升自身的多部门协同治理能力,在"互

---

① 赵红旗. 法治之光照耀中原大地[N]. 法治日报,2022-07-28.

联网+政务"改革下,通过政务服务事项标准化、多规合一、多图联审、协同审批、联合验收等一系列措施实现优化营商环境建设的协同化、透明化、精准化,形成共同监管、公开透明的商事改革模式;第三,不断提升自身创新治理能力,创新社会服务办理方式,提升服务效率,通过一窗受理、一网通办、跨城通办、电子刻章、区块链、云共享、政务服务APP、小程序等服务创新和技术创新模式打造智能化政务服务体系,为企业办事提供高效、便捷的政务服务;第四,不断提升统筹管理能力,各地市通过建立优化营商环境机构及领导小组、制定专项政策等,实现对各城市营商环境优化工作的指导、监管及推进工作有序进行,确保优化营商环境建设工作的稳定健康发展;第五,不断创新工作思路和方法,通过不断挖掘各地在优化营商环境过程中的优秀案例及典型做法,利用线上线下多渠道推广,为其他地区提供参考及工作思路,促进企业、政府等主体积极参与营商环境优化改革工作,全面发挥各主体的特点与优势,促进营商环境优化工作可持续发展。

2. 分层次推进工作

鼓励试点先行、示范引领,不断创新推广各项政策举措,使得先进县区的政策创新能够在全省各地得到复制推广,促进全省营商环境整体优化。第一,以营商环境评价为抓手推动改革,以评促建、以评促优成效显现。通过近两年的评价实践,各地、各部门优化营商环境的工作力度明显加大,党政主要负责同志亲自抓营商环境建设,一些地市将优化营商环境列为头号改革工程;企业开办、获得电力、缴纳税费、不动产登记等指标领域改革取得显著成效。第二,推动优化营商环境先行先试,形成大量地方探索经验。全力支持郑州等重点城市开展国家营商环境创新试点,打造全国标杆城市。第三,推进营商环境重点领域改革,市场主体办事创业便利度不断提升。开办企业已实现全流程电子化,平均开办时间仅需1个工作日。办理用电已实现低压小微企业用电报装"零上门、零审批、零投资",达到国内先进水平。办税缴费全面推行"一次不用跑","非接触式"办税缴费已成为缴税人的新习惯。政务服务方面,省级政府一体化政务服务能力连续3年居全国第一,"信易贷"等平台已深度融入企业生产生活。

3. 推行智慧政府建设

当今时代,数字化方式正有效打破时空阻隔。因此,需要利用信息技术发展的最新成果促进政务信息、商务信息、社会信息的便捷传输、透明运行和高效沟通,推动市场主体全生命周期服务形成闭环,全面提升市场一体化水平,有效降低制度性交易成本,真正筑牢高标准市场体系的微观基础。目前,"通经过几年的改革创新,中国营商环境的制度体系基本奠定,未来应强化数字营商环境建设,推进智慧监管、创新智能服务,真正转变政府管理服务的思维观念,营造更优化的营商环境"①。河南省各级政府大力推动政府数字化、智能化运行,通过数字政府建设优化数字营商环境。以数据共享、业务协同和智能服务为代表的数字治理创新为营商环境优化赋能增效,"一趟都不跑"等使涉企服务事项实现"一窗通办""一网通办",让惠企政策"一键直达",逐步实现免申即享、资金直达。政府管理和服务的精准性和有效性大大提高,企业办事成本持续降低,企业获得感和满意度明显提升。

三、政社合力的营商环境参与体系

加快构建新发展格局,着力推动高质量发展,需要政府、社会、企业、个人共同参与、共同努力,"优化营商环境,人人都是参与者"。优化营商环境,每个市场主体都是"局内人",养成思想自觉,形成行为习惯,推动营商环境持续优化。

1. 积极为企业主体提供便利服务和参与渠道

河南省各级政府部门不断探索放宽市场准入,为市场主体"加油减负",保证各类市场主体公开、公平、公正参与市场竞争。创新和完善信用监管,先证后照、容缺审批、信用承诺等行政审批创新模式迭出。"互联网+监管""双随机、一公开"等监管创新方式不断推出,市场监管的精准性和靶向

---

① 马亮. 营商环境优化的成效与经验[J]. 中国外资,2022(17):46-47.

性显著增强,真正做到无事不扰、出事必究,企业对市场监管的认可度持续提高。各地市也积极组织召开多种形式的企业家座谈会、恳谈会,广泛征求意见建议,送法律服务进企业,持续深化"放管服"改革,全面提升政府服务质效。

2. 鼓励各类社会主体积极参与营商环境建设

吸纳各类社会主体参与营商环境建设,构建"有序""有度""有束"的"亲""清"政商关系。营商环境优化激发了市场主体活力和参与积极性,市场主体的积极参与又能促进营商环境优化,从而形成良性互动发展的局面。河南省各地市不断创新工作,吸纳各类市场主体代表、商业协会代表、企业服务一线工作人员、各界专业人士、新闻媒体工作者和其他社会人士参与营商环境建设工作。鼓励多元社会主体结合所在行业企业经营发展和自身工作岗位,收集并及时反馈各类营商环境问题和诉求,提出意见建议,并参与协调处理。开放渠道,鼓励社会主体参与营商环境各类政策制定,积极为河南优化营商环境建设建言献策。

四、不断优化的营商环境评价体系

河南省营商环境第三方评价对标世界银行,参照国评模式,遵照国务院《优化营商环境条例》要求组织开展全域的营商环境评价活动。评价活动开展4年以来,大力推动营商环境建设,实现了"以评促建"的预期目标。

1. 第三方评价机制不断健全

河南是全国为数不多的较早开展全域性营商环境评价的省份之一,在各地市的共同努力和省有关部门的大力支持下,2018—2020年全省营商环境评估如期完成。河南省通过公开招标的方式,从全国优秀评估组织中选出第三方评价机构和核查机构。评价工作分为数据收集、数据核实、报告撰写三个阶段,由不同主体独立实施和开展,形成了相互监督、相互制约、协调联动的评价模式。为了保证评价的权威性,评价方法应该与世界银行和国家的评价方法相联系,但是从实际情况出发,河南营商环境评价机制还需要不断完善。河南省优化营商环境评价指标体系主要对标世界银行和国家营商环境评价指标体系,彰显河南特色指标,重视企业满意度等重点维度。评价指标体系的设计根据"普遍适用、精细考量、综合评价"的要求,紧密围绕各参评对象的事权,突出简便易行、操作性强的原则,重点围绕审批最少、流程最优、体制最顺、机制最活、效率最高、服务最好等标准设置具体评价内容①。在与世界银行营商环境指标体系进行对接的基础上,河南省营商环境指标体系融合了国家营商环境评估指标体系,结合国务院《优化营商环境条例》等政策,兼顾市场化、法治化、国际化等因素,不断优化河南省营商环境评价指标体系设置。2021年度评价指标更全面、评价标准更高,是对各县(市)区营商环境水平的一次全面检阅,也充分体现了评价对营商环境建设的推动、督促和引导作用。当下,各地市营商环境建设竞争日趋激烈,呈现出"不进则退,慢进则退"的局面。

2. 评价指标数量不断增加

2018年至2020年,主要设置开办企业、劳动力市场监管、办理建筑许可、政府采购、招标投标、获得电力、获得用水用气、登记财产、获得信贷、企业权益保护、知识产权创造保护和运用、跨境贸易、纳税、执行合同、办理破产、市场监管、政务服务、包容普惠创新等评价指标。2021年河南省营商环境评价指标细分为县级区划(县、县级市)的营商环境评价指标体系和市辖区的营商环境评价指标体系。其中县级区划(县、县级市)的营商环境评价指标体系一级指标由12个增加到15个,包括开办企业、办理建筑许可、获得电力、获得用水、获得用气、登记财产、获得信贷、执行合同、政府采购、招标投标、政务服务、市场监管、企业权益保护、信用环境建设、项目保障。市辖区的营商环境评价指标体系共9个一级指标,包括开办企业、获得信贷、执行合同、政府采购、政务服务、市场监管、企业权益保护、信用环境建设、项

---

① 河南商报. 对标世行和国家指标体系! 河南首次实现全域营商环境评价[EB/OL]. (2021-10-12)[2024-05-20]. https://baijiahao.baidu.com/s? id = 1713424424676679954&wfr = spider&for = pc.

目保障。对于评价方式而言,2020年以各县(市、区)填报数据、专业机构和企业满意度问卷调查为主,省有关部门提供数据、评价组调查(现场实地调查、网上查询公开信息)为辅。2021年的评价主要包括省直部门系统调取、地方填报、市场主体调查等方式。

3. 评价内容不断深入和细化

2021年度评价内容不断强调"见效",增强对各项政策措施落地的考察。在原有指标的基础上,新增部分考核指标。其中,2021年新增"项目保障"指标,主要衡量各地重点项目、"三个一批"项目建设情况,旨在推动有效投资增长和投资结构优化情况。该指标下设项目建设工作机制建设和落实情况、项目建设成效及企业满意度维度。新增"政府采购"指标,主要衡量参评城市的政府采购平台建设水平、流程规范性,以及企业进入公共采购市场的难易程度。本指标下包含采购市场环境、采购流程、采购监督与管理3个二级指标。新增"获得用气"指标,主要衡量企业用户在进行有外线工程新装用气所经历的政府审批和外部办事的流程、耗时及费用,以及在优化外线工程行政审批、推进政务数据共享、客户服务、天然气储备能力建设等方面的情况,包含3个二级指标,分别为获得用气流程、耗时、费用,便利度和用气价格。

4. 企业满意度和获得感不断提升

综合各方数据来看,河南营商环境的企业满意度在全国处于中等偏上水平。"据2020年国评情况,河南省3个参评城市在全国80个城市中均进入前50名,郑州成全国进步最大的城市之一。基于国评指标体系和评分标准测算,2020年度河南营商环境指标得分为80.90分,高于全国平均分。一级指标中有13项处于中上游水平。"[1]河南省17个省辖市和济源示范区已经连续三年进行了评价。2020年,河南省省辖市总体得分为83.24分、较2018、2019年分别提升13.98分、4.39分,全省营商环境呈稳步上升态势。

---

[1] 河南省人民政府.河南省2020年营商环境评价成果新闻发布会[EB/OL].(2021-10-12)[2024-05-20].https://www.henan.gov.cn/2021/10-12/2325382.html.

从最后对比可以看到,河南营商环境明显改善,突出表现为"三个提升":第一,各市得分均有提升。2020 年,河南 17 个省辖市和济源示范区营商环境评价总分平均为 83.24 分,较 2019 年提升 4.39 分,较 2018 年提升 13.98 分。与 2019 年相比,各市得分均有提升,最高增速 10%以上,其中有 9 市增速高于全省 5.6%的平均增速。根据评价结果,总分前 9 名的省辖市分别为:郑州、洛阳、鹤壁、濮阳、开封、漯河、驻马店、安阳、许昌。第二,各指标水平均有不同程度提升。21 项一级指标中,具有可比性的 15 项指标均有改善,平均增速为 6.23%,其中,增幅超过平均增速的指标有 6 项,超过 10%的指标有 3 项。与 2019 相比,河南省接近国内前沿水平的优势指标有所增加。第三,企业满意度稳步提升。2020 年河南省省辖市营商环境企业满意度得分为 87.49 分,比 2019 年提升 3.40 分。值得注意的是,2021 年度营商环境评价结果继续将企业满意度调查作为评价内容的重要组成部分,按照 40%权重计入各地营商环境评价总分。我们要进一步改革创新市场主体的选择方法和范围,采取随机抽样方法选择企业,重点聚焦中小微企业。

第三节　河南省营商优化环境的发展趋势

随着全球经济社会的发展,国内外不断加深对营商环境问题的认识,也更深刻把握营商环境建设的规律,因此,在"十四五"时期河南省优化营商环境工作面临新的机遇和挑战。河南省各级政府需要遵循党中央新要求、把握国内外新形势,不断优化省域内营商环境,实现经济社会高质量发展的目标。

一、借鉴世界银行营商环境指标的新变化

1. 世界银行的营商环境项目的整改

世界银行的营商环境项目(Doing Business,简称 DB)于 2021 年进行

"整改"。2021年9月16日,世界银行集团发表声明,鉴于2018年和2020年《全球营商环境报告》数据问题,2020年6月起世界银行暂停下一份营商环境报告和启动一系列审查和审计报告及其方法。[①] 报告指出,虽然决定中止营商环境报告,但世界银行集团仍然坚定地致力于推动私营部门在发展中的作用,并支持各国政府设计支持这一点的监管环境,继续致力于制定一种新的方法来评估商业和投资环境。

2. 推行全新的"商业赋能环境项目"

2022年4月12日,世界银行公布全球各地的对新的评价方法的征求意见回复汇总,世界银行的营商环境项目(Doing Business)完成"整改",将以"商业赋能环境项目"(暂无中文正式翻译)(英文 Business Enabling Environment,简称 BEE)的名义重新启动,在评价内容、评价指标、评价方法、样本选择、分数呈现等方面进行了更新。新的世界银行集团的研究至关重要,研究为政策制定者的行动提供信息,帮助更多国家做出更明智的决策,允许利益相关者衡量经济,助推社会更准确地改进。开发一个新项目(即BEE),以衡量全球各经济体的宜商环境。

3. 评价导向的变化

从目前公布的信息看,DB 与 BEE 项目主要有以下五个方面差异。一是拓展评估视角。相比 DB 项目而言,BEE 项目从中小企业开展业务的便利性的角度转变为从整个私营企业行业发展的角度进行评估。二是聚焦两个方面。BEE 项目不仅关注监管框架,还关注公共服务。监管框架方面会考虑监管质量(透明度、清晰度、可预期性)和监管带来的负担。公共服务方面会考虑政府提供对市场运行至关重要的公共服务的机制设置、基础设施等。三是完善数据收集方式。BEE 项目不仅会收集法律法规的信息,还会收集实际执行情况的信息。BEE 项目主要使用两种数据收集方式,包括专家咨询和企业

---

① 世界银行. World Bank Group to Discontinue Doing Business Report[EB/OL].(2021-09-16)[2024-05-20]. https://www.worldbank.org/en/news/statement/2021/09/16/world-bank-group-to-discontinue-doing-business-report.

调查。专家咨询是指从涉及相关法律、公共服务的专家收集数据。企业调查是指从实际办理业务的具有代表性的企业中收集数据。此外，BEE项目使用两种佐证机制来验证通过专家咨询方式收集的数据，包括案头研究和官方数据。四是更新指标体系。DB项目按照企业从开办到破产的全生命周期构建评估指标体系，包括开办企业、办理施工许可证、获得电力、登记财产、获得信贷、保护中小投资者、纳税、跨境贸易、执行合同和办理破产。另外还有两项观察指标为劳动力市场监管和公共采购。BEE项目的指标尚在开发中，初步考虑包括企业准入、获取经营场所、市政公用服务接入、雇佣劳工、金融服务、国际贸易、纳税、解决纠纷、促进市场竞争和办理破产等。五是拓宽覆盖范围。BEE项目将尽可能地覆盖更多的国家和国家内部城市。（见表4-1）

表4-1 三大评价体系指标设定对比①

中国营商环境评价	DB	BEE
开办企业	开办企业	企业准入
办理建筑许可	办理施工许可证	获取经营场所
登记财产	登记财产	
获得信贷	获得信贷	金融服务
纳税	纳税	税收
跨境贸易	跨境贸易	国际贸易
办理破产	办理破产	办理破产
执行合同	执行合同	争端解决
知识产权		
获得电力	获得电力	市政公用服务接入
用水用气		
市场监管	—	市场竞争
招标投标	—	
政府采购	—	
劳动力市场监管	—	劳动力
保护中小投资者	保护中小投资者	—
包容普惠创新	—	—
政务服务	—	—

资料来源：作者整理

① 资料来源：根据世界银行公开资料整理，BEE Project Public Consultations: Consolidated Comments 2022年2月8日更新。

二、遵循我国一流营商环境建设的新需求

党的十八大以来,党中央高度重视我国营商环境建设,习近平总书记围绕优化营商环境做出系列重要论述和指示,为河南省优化营商环境提供根本遵循。

1. 国际一流营商环境的目标

面对新形势、新发展任务、新要求,以习近平同志为核心的党中央提出营造国际一流营商环境的时代命题。习近平新时代中国特色社会主义经济思想丰富了营商环境的内涵,拓展了营商环境的外延,赋予优化营商环境新的时代意义。2020年11月16日,习近平总书记在中央全面依法治国工作会议上讲话强调:"要根据新发展阶段的特点,围绕推动高质量发展、构建新发展格局,加快转变政府职能,加快打造市场化、法治化、国际化营商环境,打破行业垄断和地方保护,打通经济循环堵点,推动形成全国统一、公平竞争、规范有序的市场体系。"在习近平总书记的重要讲话的指引下,2021年国家发展和改革委员会组织编写的《打造国际一流营商环境》一书,对优化营商环境的时代意义、指导原则、实践成果、工作方向进行了开创性的分析、梳理和研判,对于深刻理解和贯彻落实党中央关于优化营商环境的重大决策部署,进一步优化营商环境,具有重要参考价值。该书将"十四五"时期打造国际一流营商环境的重点举措概括为"五个进一步",即进一步深化简政放权,激发市场主体活力;进一步推行公正监管,严格规范文明执法;进一步提升服务效能,切实为市场主体增便利;进一步加强制度机制保障,完善公平竞争的法治环境;进一步扩大开放合作,推动建设开放型世界经济。

2. 持续深化"放管服"改革要求

2022年8月29日,国务院召开第十次全国深化"放管服"改革电视电话会议,李克强总理强调,持续深化"放管服"改革,增强发展内生动力,坚持以"放管服"改革破发展难题、优化营商环境。"放管服"改革实际是放开

搞活、促进公平竞争,激发了市场活力和社会创造力,给群众经商办企业更多自由和便利。"放管服"改革重在培育和壮大市场主体,深化"放管服"改革是为市场主体"改良土壤",创新实施宏观政策是"浇水施肥",两者结合产生倍增效应。①

三、立足河南省经济高质量发展的新要求

习近平总书记关于营商环境的重要论述和指示为河南省持续优化营商环境提供方向指引和路径遵循。未来,河南省对照国务院《优化营商环境条例》不折不扣落实明确的刚性改革任务,聚焦营商环境的重点领域和关键环节深化改革、争取突破,聚焦营商环境长期以来最突出的痛点难点领域集中开展专项整治。同时,结合国家和世界银行最新的营商环境评价体系,进一步完善营商环境评价指标和评价方法,以评促建,推动营商环境不断改善。

1. 弥补营商环境的区域差异

根据 2020 年度河南省公布的数据来看,营商环境仍存在区域差异。从省辖市所辖县(市)、市辖区和国家级功能区评价情况看,与省辖市相比,水平还存在很大差距。2020 年河南县级营商环境评价综合得分为 79.93 分。其中,市辖区、县(市)、国家级功能区营商环境评价得分分别为 81.09 分、80.01 分、78.7 分,分别比省辖市得分低 2.15 分、3.23 分、4.54 分。② 第一,县(市)方面,包含 12 项一级指标,在具有可比性的 10 项指标中,优势和良好指标为 5 项。按 2020 年行政区划,共有 104 个县(市)参加评价,新郑市、荥阳市、泌阳县等为得分前 30 名的县市,以省辖市评价前 6 名成绩作为优秀基准,新郑市达到优秀水平。第二,市辖区方面,包含 7 项一级指标,在具有可比性的 5 项指标中,优势和良好指标为 2 项。按 2020 年行政区划,共

---

① "学习强国"学习平台. 李克强出席第十次全国深化"放管服"改革电视电话会议[EB/OL]. https://www.xuexi.cn/lgpage/detail/index.html?id=16114298879382631328&

② 郑州晚报. 河南 2020 年度营商环境评价结果出炉[EB/OL]. http://ha.news.cn/news/2021-10/13/c_1127950774.htm.

有54个市辖区(包含郑东新区)参加评价,淇滨区、中原区、祥符区等为得分前15名的市辖区,以省辖市评价前6名成绩作为优秀基准,淇滨区、中原区2个市辖区达到优秀水平。第三,国家级功能区方面,包含5项一级指标,具有可比性的4项指标中,良好指标为2项。共18个国家级功能区参评,主要包括自贸区、高新区、经开区、综保区4类,得分前6名的功能区分别为:郑州自贸区、郑州新郑综合保税区、漯河经济技术开发区、洛阳自贸区、新乡高新技术产业开发区、鹤壁经济技术开发区。以省辖市评价前6名成绩作为优秀基准,郑州自贸区达到优秀水平。

整体来看,河南省辖市排名呈现出头部城市相对稳定,腰部和尾部城市变动较大的特点。郑州、洛阳、鹤壁等前3位城市保持稳定,中后位次的城市排名顺序变化明显,其中,6个城市排名下降、5个城市排名上升,特别是后几名位次急剧变化,排在末位的城市经过强力整改,排名快速提升,这说明评价对营商环境建设的倒逼、督促、引导作用充分彰显,各城市之间营商环境建设的竞争日趋激烈[①]。未来,河南省应继续对标世界银行和国家指标体系,根据各参评单位事权,对指标体系进行修改完善,构建河南省省辖市和济源示范区、县(市)、市辖区及国家级功能区等4套指标体系,规范提升评价质量的具体举措,大幅压减评价支出,减轻各级财政负担;促进省辖市加大对县域营商环境建设的统筹力度,实现县域营商环境的快速优化提升,从整体层面推进全省各级优化营商环境工作。

2. 持续推进"放管服"改革

要推动高质量发展,增强国内大循环内生动力和可靠性,必须进一步优化营商环境。近年来,河南省营商环境不断得到优化,营商便利度得到明显提升,但与发达地区相比仍存在一定差距。对此,进一步深化"放管服"改革,不断完善顶层设计是推动营商环境与发达地区并肩齐进、与世界一流水平接轨的重大举措。与此同时,转变政府职能,正确认识政府与市场关系,

---

① 河南省人民政府.河南省2020年营商环境评价成果新闻发布会[EB/OL].(2021-10-12)[2024-05-20]. https://www.henan.gov.cn/2021/10-12/2325382.html.

纠正政府认知偏差是推动相关政策落实、持续性优化营商环境的内在要求。尤其在对国内以及省内经济发展动态变化存在模糊认知的情况下,科学的营商环境策略更加难以实现有效展开。在高新技术产业发展方面,部分地区尚不具备支撑其发展的深厚资源禀赋,在此前提下,不顾本地区内经济发展水平、人才结构特征及基础设施服务建设等照搬照抄先进地区经验,必然造成地区内原有产业基础发展停滞,甚至加剧地区内制造业空心化以及一系列扭曲效应。

3. 推动跨区域技术联动和创新

以先进科学技术为支撑的政务服务能够最大化缓解政府服务效率低下的问题,并对企业群众服务便利发挥着重要作用。在大数据时代,大阔步走在"简政放权"道路上的河南省政府,不仅要持续性推进"互联网+政务服务"建设,更要打破"数据壁垒",建立资源共享、数据开放平台,实现数据增值。当然,在进行数据共享及开放的过程中,一方面,更应有相关规定和条例明确指出,可以进行跨部门共享和进行开放的数据均涉及哪些方面,在数据共享和开放的过程中如何建立起数据保护安全机制,在确保数据安全的基础上如何提升数据共享和开放的效率。另一方面,数据的共享和开放不仅是横向各部门之间,更应是纵向各层级政府之间的交换和共享,建设智慧政府、数字政府,实现跨部门跨平台跨区域联动,以先进技术平台为切入点,同样是破除信息壁垒、行业壁垒的重要手段。

4. 更加关注民营经济内在需求

在营商环境政策执行的实际过程中,"中梗阻"问题的突破,应彻底转换思维,打破原有权力框架。在贯彻和落实"坚定不移把国有企业做大做优做强,培育一批具有资助创新能力和国际竞争力的国有骨干企业"的总体发展战略过程中,转变发展思维,深刻认知在经济发展新形势下国有企业与民营经济各自发挥的作用,正确认识民营企业在打造"创新型国家"过程中以及有效实施创新驱动发展战略的过程中发挥的作用和主体关系。破除隐性壁垒,在一些高新技术产业为代表的"关键领域",政府应积极引导、鼓励民营经济发展。同时,高度重视民营企业发展内在需求,仅仅通过降低基础利率和行政命令已难以从根本上解决其面临的融资困境,更无法支持其自主创新、技术改造等方面的长期融资需求。对此,着手推动银行体系改革,推动新型金融体系的构建是缓解融资困境的重要手段。同时,提升科技金融在现阶段金融体制中的地位和重要性不仅能推动银行体系实现对现有体制的突破,更能促进资本市场与科技金融融合发展模式的形成。

第五章　河南省营商环境优化的主要障碍

第一节　河南省营商环境发展营造中的主要问题

一、营商环境建设呈现非经济性失衡

从营商环境建设的出发点来看，优化营商环境对推进地区经济发展具有显著的影响；同时，近年来经济发展较好的地区，营商环境的优越也被认为是其发展的重要原因之一，现实中普遍呈现出的"经济发展"与"影响环境"的双高情况也得到了相互的印证。然而，从现实情况来看，河南省在营商环境建设层面，呈现出"非经济性"的失衡，即经济发展并不决定营商环境建设水平的排序。具体而言，主要包括河南省全国排名、市级之间和区（县）之间3个方面的失衡问题。

（一）河南省营商环境建设排名的全国失衡

从营商环境建设对经济发展的促进关系来看，河南省营商环境建设水

平理应与全省经济发展水平相呼应。但从实际情况来看,两者之间却存在一定程度的偏差与失衡。

1. 河南省全国经济排名

河南省作为我国人口大省和农业大省,从国家宏观发展大局来看,被赋予的经济发展属性并不突出。然而,从经济发展层面,截至目前,河南省经济发展水平已连续18年位居全国第5名,2020年国内生产总值(GDP)为54997.07亿元,2021年达到58887.4亿元。(见表5-1)

表5-1 2021年度全国各省经济排行情况①

排行	省市	2021年GDP(亿元)	2021年增速(%)	2021年人均收入(元)	排行	省市	2021年GDP(亿元)	2021年增速(%)	2021年人均收入(元)
1	广东	124370	8	44993	17	辽宁	27584.1	5.8	35112
2	江苏	116364	8.6	47498	18	云南	27146.76	7.3	25666
3	山东	83095.9	8.3	35705	19	广西	24740.86	7.5	26727
4	浙江	73516	8.5	57541	20	山西	22590.16	9.1	27426
5	河南	58887.4	6.3	26811	21	内蒙古	20514.2	6.3	34108
6	四川	53850.8	8.2	29080	22	贵州	19586.42	8.1	23996
7	湖北	50012.9	12.9	30829	23	新疆	15983.65	7	26075
8	福建	48810.4	8	40659	24	天津	15695.05	6.6	47449
9	湖南	46063.1	7.7	31993	25	黑龙江	14879.2	6.1	27159
10	上海	43214.9	8.1	78027	26	吉林	13235.52	6.6	27770
11	安徽	42959.2	8.3	30904	27	甘肃	10243.3	6.9	22066
12	河北	40391.3	6.5	29383	28	海南	6475.2	11.2	30457
13	北京	40269.6	8.5	75002	29	宁夏	4522.31	6.7	27904
14	陕西	29801	6.5	28568	30	青海	3346.63	5.7	25919
15	江西	29619.7	8.8	30610	31	西藏	2080.17	6.7	24950
16	重庆	27894	8.3	33803					

2. 河南省营商指数排名

中国财富网和万博新经济研究院联合发布的《2018年中国环境指数研究报告》中所构建的指标包括了自然环境、基础设施等7个一级指标的分项

---

① 中华人民共和国国家统计局.中国统计年鉴2021[M].北京:中国统计出版社,2021.

数据,采用等差数列评估方法,得到的综合性指数。(见表5-2)

表5-2 中国各省份营商环境指数综合得分

地区	得分	地区	得分	地区	得分
北京市	81.61	安徽省	55.41	重庆市	48.90
天津市	67.39	福建省	64.59	四川省	52.36
河北省	52.55	江西省	42.51	贵州省	35.74
山西省	39.41	山东省	68.50	云南省	37.15
内蒙古	35.21	河南省	47.32	西藏	22.78
辽宁省	58.22	湖北省	56.56	陕西省	52.46
吉林省	40.31	湖南省	49.19	甘肃省	29.47
黑龙江省	40.94	广东省	74.08	青海省	27.94
上海市	81.81	广西	38.25	宁夏	31.76
江苏省	79.88	海南省	39.93	新疆	31.27
浙江省	78.53				

《2018年中国营商环境指数研究报告》显示,河南省营商环境指数综合得分排名16位,居于全国中等水平,与本省经济发展排名存在较大的差距。

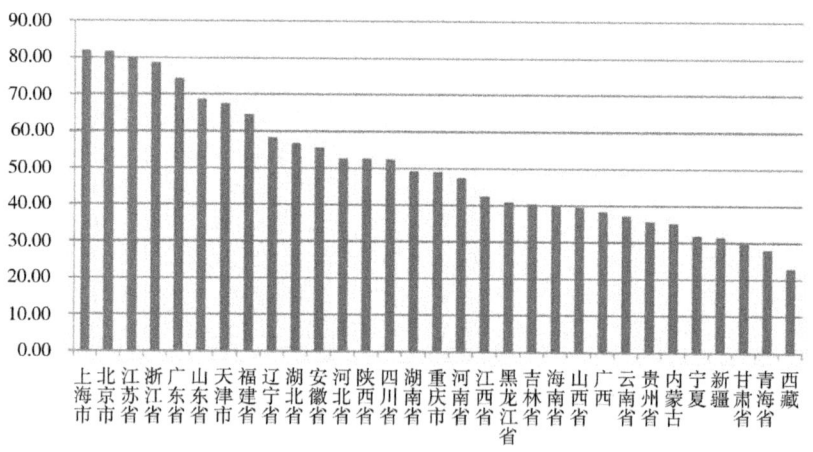

图5-1 中国各省份营商环境排名

根据所给的营商环境指数得分的数据,绘制了其对应的柱状图(图5-1)。由图中可以看出,排名前5的均为东部发达地区。然而,2018年河南省国内生产总值(GDP)为48055.86,排名全国第5。

3. 河南省市场指数排名

随着几年来各地与学界对于营商环境探索与研究的不断深入，如何对营商环境进行评价、从哪些角度评价、如何构建相关指标，也是各有差异。从不同的视角出发，大家对营商环境理解的角度、测量的重点、指标的内容、计算的方法等方面也会产生差异，进而造成不同评价之间最终结果不一致的情况。比如，有研究报告从"市场化指数"角度对各省份营商环境评价进行了测算与排序。其中，市场化指数的主体即是市场，而与市场对应的就是企业，营商环境这一概念所说的主体也对应企业，认为用市场化指数来评价地区的营商环境具有借鉴意义。其中，《中国分省份市场化指数报告》是由国民经济研究所、社会科学文献出版社共同出版的。这份报告是用来衡量各个地区市场化的相对进程，自2001年起发布了第一次《中国分省份市场化指数报告》，最近一次是2018年发布的报告，共涵盖了1997年至2016年的数据。（见表5-3）

表5-3 中国各省份市场化指数得分①

地区	得分	地区	得分	地区	得分
北京市	9.14	安徽省	7.09	重庆市	8.15
天津市	9.78	福建省	9.15	四川省	7.08
河北省	6.42	江西省	7.04	贵州省	4.85
山西省	5.66	山东省	7.94	云南省	4.55
内蒙古	4.80	河南省	7.10	西藏	1.02
辽宁省	6.75	湖北省	7.47	陕西省	6.57
吉林省	6.70	湖南省	7.07	甘肃省	4.54
黑龙江省	6.14	广东省	9.87	青海省	3.37
上海市	9.93	广西	6.43	宁夏	5.14
江苏省	9.26	海南省	5.28	新疆	4.10
浙江省	9.97				

数据来源：《中国分省份市场化指数报告（2018）》

从相关排序来看，河南省在市场化指数排序中位居11位，尽管相比于

---

① 王小鲁，樊纲，胡李鹏.中国分省份市场化指数报告（2018）[M].北京：社会科学文献出版社，2019.

上文营商环境排名有所提高,但是仍处于中等阶段,与第一梯队(前6位省份)具有明显差距。相关排名与河南省国内生产总值(GDP)总量排序相差6位。(见图5-2)

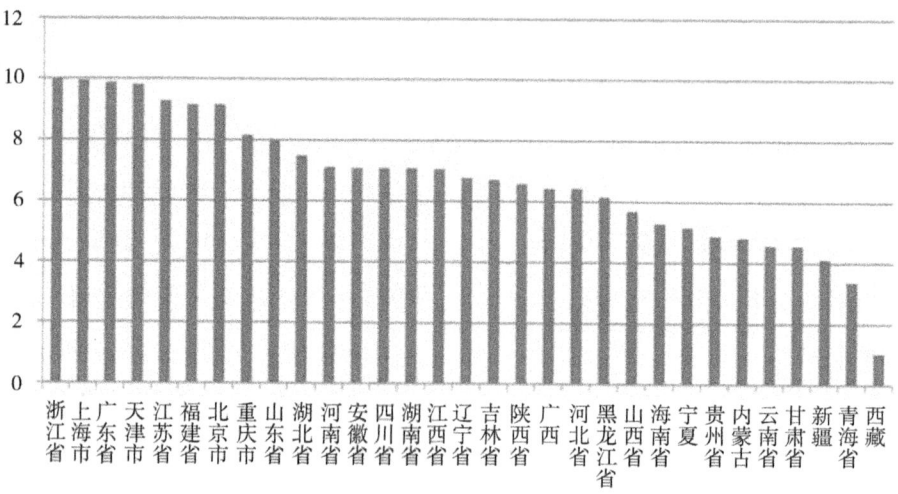

图 5-2　中国各省份市场化指数排名①

还有研究通过不同指数测算发现,不同的测量方式同样可以产生结果与排序的变化。比如,钱音(2021)从"营商环境指数得分""市场化指数得分"和"外商投资企业总额"分别测算了2018年各省份营商环境得分与排名,相关结果存在一定的差异与变化②。(见表5-4)

表 5-4　中国各省份营商环境指数得分聚类情况③

类别	地区	数量
第一类(优)	浙江、山东、北京、江苏、天津、上海、广东	7
第二类(较优)	湖南、四川、安徽、陕西、湖北、辽宁、河北、福建	8
第三类(中等)	河南、广西、吉林、江西、重庆、山西、黑龙江、海南	8
第四类(落后)	青海、宁夏、新疆、甘肃、西藏、内蒙古、云南、贵州	8

---

①　王小鲁,樊纲,胡李鹏.中国分省份市场化指数报告(2018)[M].北京:社会科学文献出版社,2019.

②③　钱音.中国31个地区营商环境评价及影响因素分析——基于充分降维方法[D].云南财经大学,2021.

其中,"营商环境指数得分"的聚类结果显示,河南省排名相对靠后,位居第三类(中等)第 1 位,整体第 16 位。(见表 5-5)

表 5-5　中国各省份市场化指数得分聚类情况①

类别	地区	数量
第一类(优)	浙江、北京、福建、江苏、广东、上海、天津	7
第二类(较优)	湖北、山东、重庆、安徽、江西、四川、河南、湖南	8
第三类(中等)	山西、海南、河北、辽宁、吉林、广西、黑龙江、陕西	8
第四类(落后)	青海、内蒙古、甘肃、云南、贵州、西藏、宁夏、新疆	8

"市场化指数得分"聚类结果显示,河南省位居中等靠上第二类(较优)等级,相关排名则位居第 14 位,此类等级中也多为中部地区。(见表 5-6)

表 5-6　中国各省份外商投资企业总额得分聚类情况②

类别	地区	数量
第一类(较优)	广东、福建、上海、湖南、山东、北京、浙江、天津、江苏、辽宁	10
第二类(中等)	河北、重庆、海南、江西、河南、湖北、安徽、陕西、山西、四川	10
第三类(落后)	广西、云南、贵州、宁夏、新疆、甘肃、吉林、西藏、内蒙古、黑龙江、青海	11

"外商投资企业总额"的聚类结果显示,河南省排名尽管仍为中等靠上第二类(较优)等级,但相应的排名则降至第 15 位。这是由于中国地理因素、人文环境和经济发展的差异较大,导致东、中、西三大地区营商环境的差异非常突出,呈递减分布,这与我国区域经济发展水平梯度几乎一致。此外,"中等"等级中仍大多数为中部地区,部分地区交通运输发达、社会环境优越、与经济发达地区相隔不远,因而随之发展靠前。

4. 河南省营商环境排名

近年来,具有相对影响力的营商环境排名是由北京大学光华管理学院张三宝教授团队主持的营商环境省份评价,其客观性、综合性和权威性受到了学界的相对认可。其中,相关评价指标体系在借鉴世界银行(World Bank,2019)和经济学人智库(EIU/ The Economist Intelligence Unit,2014)、中国市场化指

---

①② 钱音.中国 31 个地区营商环境评价及影响因素分析——基于充分降维方法[D].云南财经大学,2021.

数、中国城市营商环境、中国城市政商关系等国内外主流评价指标体系基础上,结合《优化营商环境条例》,从44个一级指标、12个二级指标、24项三级指标(见表5-7),对我国各省份之间的营商环境建设进行评价与排名。

表5-7 中国省份营商环境评价指标体系与数据来源①

一级指标及其权重	目标	二级指标及其权重	三级指标	计算方法	基础数据来源
市场环境 28.21%	公平竞争	融资 3.85%	融资水平	省份社会融资规模增量/GDP	中国人民银行
		创新 3.85%	研发投入	省份研究与试验发展(R&D)经费内部支出/GDP	EPS数据库
			科研机构	省份普通高等学校(机构)数量	
			研发产出	创新指数	中国城市和产业创新力报告
		竞争公平 10.26%	创业活力	创业企业价值指数	
			非国有经济比重	非国有企业社会固定资产投资/内资企业全社会固定资产投资	EPS数据库
		资源获取 3.85%	水价	非居民自来水单价	中国水网
			地价	商业用地价格	EPS数据库
			人力资本	人口迁入率	
			交通服务	交通运行指数	滴滴城市交通出行报告
		市场中介 6.41%	律师事务所	律师事务所数量/企业数	各省统计年鉴
			会计师事务所	会计师事务所数量/企业数	各省统计年鉴
			租赁及商业服务业企业	租赁及商业服务业企业数量/企业数	EPS数据库

① 张三保,张志学. 中国省份营商环境研究报告2020[EB/OL]. (2020-12-26)[2024-05-20]. https://www.gsm.pku.edu.cn/zhongguoshengfenyingshanghuanjingyanjiubaogao2020.pdf.

续表

一级指标及其权重	目标	二级指标及其权重	三级指标	计算方法	基础数据来源
政务环境 35.9%	高效廉洁	政企关系 6.41%	政府关怀	政府关心指数	中国政商关系报告
		政府廉洁 6.41%	政府廉洁度	政府廉洁指数	
		政府效率 23.08%	政府规模	一般公共预算支出/GDP	EPS数据库
			电子政务水平	电子服务能力指数	中国省市政府电子服务能力指数报告
法律政策环境 30.77%	公正透明	政策透明 14.1%	政府透明度	政府透明度指数	中国政府透明度指数报告
		司法公正 16.67%	司法质量	司法文明指数	中国司法文明指数报告
人文环境 5.13%	开放包容	对外开放 1.28%	贸易依存度	海关进出口金额/GDP	EPS数据库
			外资企业比	外资直接投资企业数/企业数	
			对外投资度	对外非金融投资额/GDP	
		社会信用 3.85%	信用市场建设	信用信息共享平台得分	国家信息中心中经网信用状况简报
			商业机构用信意识	商业机构用信意识	

在此评价下,河南省营商环境建设仍呈现"非经济性失衡"的问题,并表现为整体排行失衡、指标排行失衡和均衡性偏差等3种情况。

(1)整体排行失衡

根据上述指标体系,在《中国省份营商环境研究报告2020》中显示(见表5-8),河南省营商环境评价结果总体位居全国第11位(57.15分),不仅低于北京、上海、广州、浙江、江苏、山东等东部传统发达地区,同时也低于四川、重庆、安徽、贵州等中西部地区。可以看出,河南省营商环境的省际排名,与其经济发展水平的全国排名相差较大,营商环境与经济发展之间的"非均衡性"较为显著。

表5-8 中国省份营商环境排行榜①

省份	营商环境		子环境均衡度		市场环境		政务环境		法律政策环境		人文环境	
	总序	总分	排序	标准差	排序	得分	排序	得分	排序	得分	排序	得分
北京	1	78.23	1	1.00	1	80.03	3	66.92	3	89.68	3	78.70
上海	2	76.95	1	1.00	3	53.90	1	77.22	1	95.90	1	88.02
广东	3	68.69	4	2.08	2	56.61	5	64.63	7	82.99	4	77.71
四川	4	67.53	3	4.50	6	48.41	4	64.89	4	87.85	7	69.18
江苏	5	63.20	13	4.04	4	53.58	13	53.62	8	81.89	5	70.93
重庆	6	60.95	14	4.08	16	38.38	7	61.28	9	79.97	8	68.58
浙江	7	60.68	22	7.04	5	49.21	6	61.84	18	66.49	2	80.73
安徽	8	59.27	27	9.87	12	40.38	26	44.11	2	93.88	12	61.48
山东	9	59.26	10	3.70	7	44.73	14	53.47	10	79.29	15	59.35
贵州	10	58.11	30	11.03	28	31.66	2	70.30	15	69.38	21	50.57
河南	11	57.15	6	2.50	8	43.77	12	55.53	14	70.47	11	62.11
海南	12	55.27	18	5.25	13	39.03	15	53.28	13	74.45	24	43.29
江西	13	54.54	12	4.03	18	38.09	21	47.60	12	76.66	14	60.78
福建	14	54.36	19	5.26	14	38.49	18	51.69	16	69.37	6	70.23
云南	15	54.13	31	11.35	30	28.69	20	50.13	5	85.35	28	34.62
河北	16	53.93	20	5.74	17	38.33	11	56.88	17	67.44	25	37.91
湖北	17	53.76	21	5.94	15	38.45	9	58.98	22	57.80	10	65.48
天津	18	51.76	24	7.72	22	35.76	25	44.62	11	78.51	29	29.18
宁夏	19	51.73	29	10.47	27	32.67	29	40.80	6	83.22	23	44.01
吉林	20	51.21	16	4.72	9	41.66	17	52.08	20	58.35	17	54.62
黑龙江	21	47.98	11	4.00	19	37.36	27	43.05	19	62.81	19	51.76
辽宁	22	47.43	25	9.11	10	41.60	23	46.40	27	50.74	9	66.72

① 张三保,张志学.中国省份营商环境研究报告2020[EB/OL].(2020-12-26)[2024-05-20].https://www.gsm.pku.edu.cn/zhongguoshengfenyingshanghuanjingyanjiubaogao2020.pdf.

续表

省份	营商环境总序	营商环境总分	子环境均衡度排序	子环境均衡度标准差	市场环境排序	市场环境得分	政务环境排序	政务环境得分	法律政策环境排序	法律政策环境得分	人文环境排序	人文环境得分
山西	23	46.74	8	2.87	21	36.49	24	45.89	24	55.79	18	54.57
陕西	24	46.27	4	2.08	23	35.30	22	46.89	25	54.80	20	50.94
内蒙古	25	44.97	15	4.57	26	32.73	19	51.56	26	51.14	30	29.15
湖南	26	44.95	26	9.42	11	40.77	10	58.58	30	30.18	13	61.09
新疆	27	43.19	7	2.63	29	30.24	28	42.04	23	57.80	27	34.83
青海	28	43.05	23	7.50	31	17.87	16	52.92	21	57.86	31	23.53
甘肃	29	41.22	28	10.10	25	33.26	8	59.67	31	24.58	16	55.58
广西	30	37.92	17	4.99	20	36.58	30	36.54	29	38.78	22	49.59
西藏	31	35.75	9	2.99	24	34.08	31	32.63	28	41.07	26	35.29

(2) 指标排行失衡

除了整体情况之外,河南省在具体指标层面的排名,也存在明显的差异。具体来说,首先,河南省子环境均衡度在31省中排名第6,四类子环境排名由高到低依次为:市场环境(第8)、人文环境(第11)、政务环境(第12)、法律政策环境(第14),政务环境和法律政策环境排名相对落后。(见图5-3)

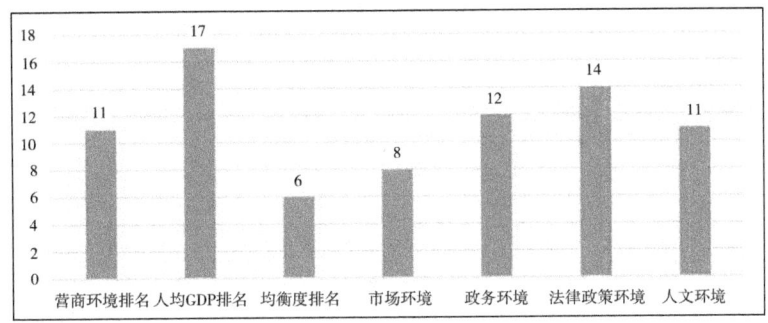

图 5-3 河南省营商环境全国排名情况①

其次,在二级指标的排名层面(见图5-4)中:第一,竞争公平(第7)、政

---

① 张三保,张志学.中国省份营商环境研究报告 2020[EB/OL].(2020-12-26)[2024-05-20]. https://www.gsm.pku.edu.cn/zhongguoshengfenyingshanghuanjingyanjiubaogao2020.pdf.

府廉洁(第7)、政企关系(第9)、司法公正(第9)等4项指标,均位列全国前十;第二,社会信用(第11)、创新(第12)、政府效率(第13)、市场中介(第15)等4项指标,评价结果位于全国中等或偏上;第三,融资(第20)、政策透明(第23)、对外开放(第24)、资源获取(第25名)等4项指标排名位于全国20名或之后。

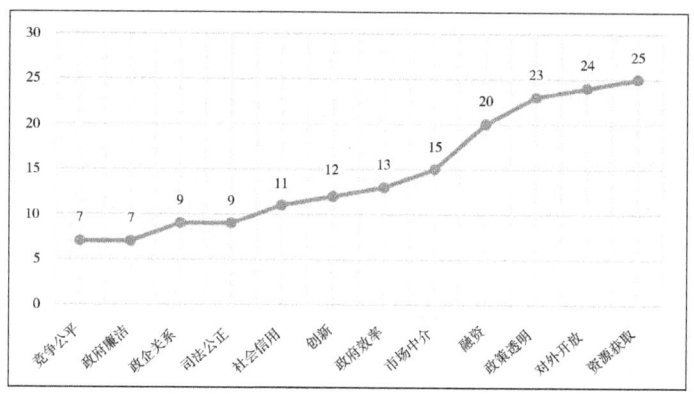

图5-4　河南营商环境二级指标得分排名情况

最后,在三级指标的评价与排名方面,各指标之间的差距更为明显,呈现出"四类梯队"的差异。(见图5-5)

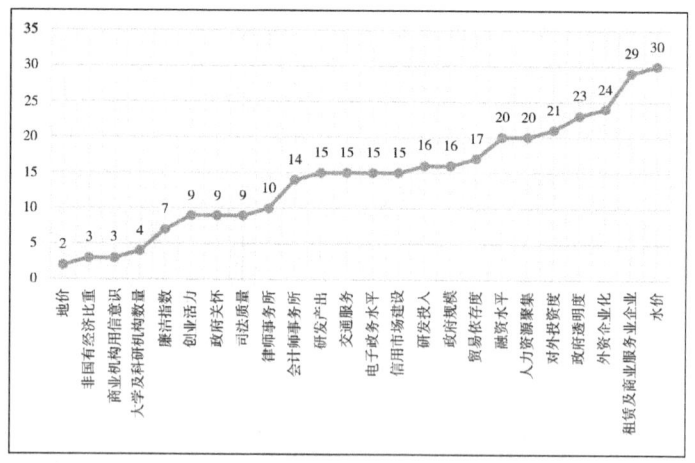

图5-5　河南营商环境三级指标得分排名情况①

---

① 张三保,张志学.中国省份营商环境研究报告2020[EB/OL].(2020-12-26)[2024-05-20].https://www.gsm.pku.edu.cn/zhongguoshengfenyingshanghuanjingyanjiubaogao2020.pdf.

第一梯队:3项指标位居全国前三,处于领先地位,包括地价(第2)、非国有经济比重(第3)、商业机构用信意识(第3);

第二梯队:6项指标位居全国前列,包括大学及科研机构数量(第4)、廉洁指数(第7)、创业活力(第9)、政府关怀(第9)、司法质量(第9)、律师事务所(第10);

第三梯队:10项指标处于全国中等或偏下水平,包括会计师事务所(第14)、研发产出(第15)、交通服务(第15)、电子政务水平(第15)、信用市场建设(第15)、研发投入(第16)、政府规模(第16)、贸易依存度(第17)、融资水平(第20)、人力资本聚集(第20);

第四梯队:5项指标居于全国下游甚至垫底水平,包括对外投资度(第21)、政府透明度(第23)、外资企业比(第24)、租赁及商业服务业企业(第29)、水价(第30)。

（3）均衡性偏差

在《中国省份营商环境研究报告2020》中,除了对各省份营商环境建设情况做出整体考量,还计算出各省四个子环境的均衡度,即四种子环境排名的标准差。标准差越小,即营商环境的均衡度越高。(见图5-6)

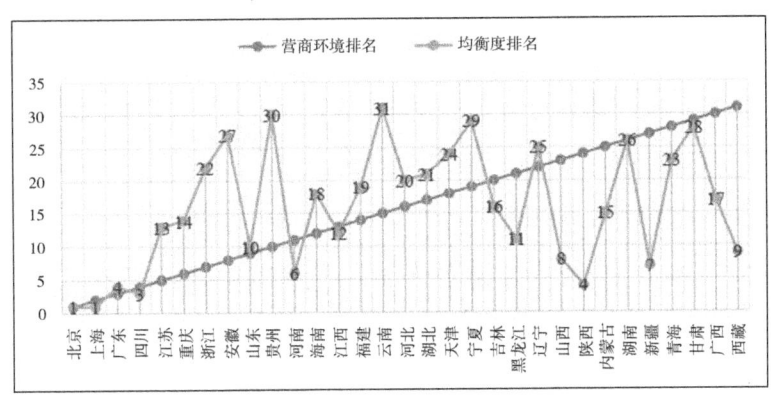

图5-6 整体营商环境与子环境均衡度的排序比较①

比较各省整体营商环境排名与子环境均衡度的排名,河南省整体处于

---

① 张三保,张志学.中国省份营商环境研究报告2020[EB/OL].(2020-12-26)[2024-05-20]. https://www.gsm.pku.edu.cn/zhongguoshengfenyingshanghuanjingyanjiubaogao2020.pdf.

第6位,直观而言均衡性相对较好。但是,河南省的均衡性排名又与本省营商环境得分排名存在差异(第11位),在一定程度上表明各指标低均值下的均衡,以及子环境均衡度较差,存在严重倒挂等问题。(见图5-7)

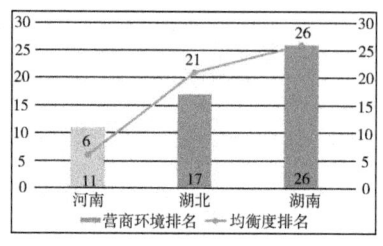

图5-7 华中三省营商环境与均衡度排序比较①

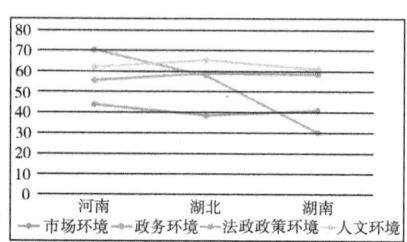

图5-8 华中三省营商环境子环境得分比较②

比如,从特定区域的横向比较来看,河南省在华中三省之间(河南、湖南、湖北)的整体得分与均衡性评价均排名第一,但在子环境排名方面却并非一致靠前。(见图5-8)相关问题也同样出现在中部六省和沿黄九省区的对比中。

(二)各地区营商环境建设排名的省内失衡

从省内行政区域情况划分来看,截至2022年,河南辖17个地级市,21个县级市(含1个省直辖县级市),82个县,54个市辖区。

2021年,河南省在全省范围内首次实现全域性营商环境评价。从评价结果来看,在营商环境评价省际的失衡问题以外,河南省内部的各市、区、县之间同样存在着区域分布之间的失衡问题。

1. 河南省市际之间失衡

2020年,河南17个省辖市和济源示范区营商环境评价总分平均为83.24分,较2019年提升4.39分,较2018年提升13.98分。

与2019年相比,各市得分均有提升,最高增幅10%以上,其中有9市增幅高于全省5.6%的平均增幅。根据评价结果,总分前9名的省辖市分别

---

①② 张三保,张志学.中国省份营商环境研究报告2020[EB/OL].(2020-12-26)[2024-05-20].https://www.gsm.pku.edu.cn/zhongguoshengfenyingshanghuanjingyanjiubaogao2020.pdf.

为：郑州、洛阳、鹤壁、濮阳、开封、漯河、驻马店、安阳、许昌①。

如前文所述，从经济发展的"非均衡性"来看，排名第一梯队的地级市中，除郑州、洛阳、许昌3个传统经济强市之外，其他城市的经济相对处于中下等水平，而许昌的营商环境评价排名也处于第一梯队的最后一位（第9位）。同时，新乡、南阳等经济排名靠前的地市，则未能入围第一梯队。

此外，从前9位地市的区域分布来看，除洛阳、开封外，其他地市多处于"京广线"的省内铁路中轴线附近，这就产生了附近区域的"离心"真空。

2. 河南省区际之间失衡

市辖区方面，包含7项一级指标，具有可比性的5项指标中，优势和良好指标为2项。

按2020年行政区划，共有54个市辖区（包含郑东新区）参加评价，得分前15名的市辖区分别为：淇滨区、中原区、祥符区、金水区、吉利区、管城回族区、华龙区、洛龙区、西工区、鹤山区、文峰区、殷都区、睢阳区、上街区、驿城区②。

从第一梯队的空间分布来看，15个市辖区呈现出明显的区域集中化特征，即绝大多数位于豫中（郑州）、豫西（洛阳）和豫北（安阳、鹤壁）3个区域，豫东、豫中南、豫南、豫西南等地区则呈现出"真空"的状态。同时，地市分布所呈现的"京广—中轴线"特征，也并未在市辖区排名中体现。另外，结合地市排名来看，处于第一梯队的许昌市、漯河市，并未有市辖区处于第一梯队中。

此外，就前19个市辖区的内部比较而言，同样体现出与"经济发展水平"的相关性关系。但是，金水区作为郑州市经济发展水平较高的地区，仅位列第一梯队中的第4名，排在经济发展水平明显落后的淇滨区、祥符区之后。除此之外，郑东新区作为强省会战略的主要增长极，也并未跻身于市辖区营商环境排名的第一梯队之中。

---

①② 大河网.河南首次实现全域性营商环境评价 2020年度郑州洛阳鹤壁居前三位[EB/OL].(2021-10-13)[2024-05-20].https://news.dahe.cn/2021/10-13/910615.html.

3. 河南省县际之间失衡

在县(市)方面,包含12项一级指标,具有可比性的10项指标中,优势和良好指标为5项。按2020年行政区划,共有104个县(市)参加评价,得分前30名的分别为:新郑市、荥阳市、泌阳县、中牟县、长垣市、长葛市、灵宝市、偃师市、林州市、临颍县、辉县市、濮阳县、清丰县、淅川县、新密市、新野县、郸城县、遂平县、淇县、洛宁县、孟州市、汝南县、方城县、浚县、确山县、舞钢市、唐河县、范县、新安县、内黄县①。

同时,如果从"经济发展"与"营商环境"的相互关系来看,县域经济发展情况也应与营商环境建设存在相关性。然而,根据中国中小城市发展指数研究课题组、国信中小城市指数研究院发布的2021年中国中小城市高质量发展指数研究报告,2020年度河南省共7县入围全国综合实力百强县名单,包括新郑市、济源市、永城市、新密市、巩义市、中牟县、长葛市②。如果将济源市(省直管)排除,剩下的6个县(市)中,永城市、巩义市营商环境并未进入到2020年营商环境县(市)前30强。这种经济水平与营商环境的"非经济均衡性"也同样存在。

二、政府角色模糊制约行政效能提升

(一)政府的角色定位存在偏差

1. 服务型政府建设有待深入

"放管服"改革的深层次理念是在新公共管理理论与服务型政府建设基础上,优化政府行为方式、减少过多行政干预。我国从2002年开始逐步推进服务型政府建设,其核心理念在于改变传统政府单一的管理者角色内

---

① 大河网.河南首次实现全域性营商环境评价 2020年度郑州洛阳鹤壁居前三位[EB/OL].(2021-10-13)[2024-05-20].https://news.dahe.cn/2021/10-13/910615.html.
② 河南商报.河南7县1区分别上榜全国综合实力百强县、区,34镇入围千强镇[EB/OL].(2021-09-30)[2024-05-20].http://www.shangbw.com/news/show-42615.html.

涵,将"服务员"角色理念融入政府角色建设之中。然而,当前部分基层政府在营商环境建设过程中依然存在认识不深、角色不清、行为不正等问题,其集中表现在"服务型政府"建设仍不深入,未能从服务角度认识政府在营商环境建设工作中的正确导向,进而导致在部分工作推进中存在思想与行为的失范。部分地区政府仍以管制者、掌控者的姿态看待营商环境建设,政企关系、政社关系的边界仍未明确,进而造成辖区内市场活力、社会活力"两难释放"的困境,政府角色越界、缺席、错位的情况仍然时有发生①。在此情况下,社会资本与发展资源仍集中于政府统一调配,进而对权力寻租、腐败风险的产生具有不可忽视的影响;同时,不主动、不作为、不担当的工作思想也时常出现,"少做少错、不做不错"导致的部门之间"推诿扯皮"现象,不仅造成了"放管服"红利难以充分释放,还导致部分地区层层加码、不必要的证明越来越多;此外,在问责恐惧思想和部门行为导向差异的情况下,相互推诿、权力冲突导致了政府行为的统一性受到阻碍,这也是当前所见行政审批工作在基层难以推进的重要原因。以上政府自身的思想与行为偏差,在营商环境建设中主要表现为难以满足市场主体的现实需要和合理诉求。具体表现为以下方面:

一是部分部门和主管领导对营商环境工作重要性认识不足。主要表现为个别部门与个别主管领导未将营商环境建设工作视为重要的专项工作看待,而是将其作为年度常规性考核的工作任务,即"为评估而评估""以宣传代工作",呈现上级与下级在认识上的脱节;同时,未能将省、市级部门关于营商环境建设的精神、指示、部署做到实处,在落实中无细化、无分解,未能将优化营商环境建设任务落实到位,造成专项工作与日常工作混淆,进而造成相关工作精准性、针对性和系统性不强,工作效果不明显。其次,部分部门则表现为等、推、靠的问题,除了社会主体参与不足之外,与上级部门沟通较少,工作推进相对被动,开拓性工作较少。

二是部门工作服务性意识不强。部分部门从原先的"门难进、脸难看、

---

① 杨国安,李国龙.沈阳市打造国际化营商环境探析[J].沈阳干部学刊,2017,8(4):5-9.

事难办"部分程度上转变为"门好进、脸好看、事照样难办",在这种转变中突出表现为一种"软刁难",即不问不说、一次性告知不足,进而导致办事对象多次折返、多次补材料等问题,"最多跑一次"的改革导向难以实现。

三是一些事项办理环节较为繁杂,环节指引不清晰。尽管"放管服"改革极大优化了行政审批改革的材料和环节,但在现实中部分办理事项仍需不少必要的手续和相当数量的材料,同时办理过程中还涉及专业性的内容。对此,部分办事对象因对办理事项不熟,加之"一次性告知"不充分,同样难以做到"只跑一次"。另外,部分业务由于涉及多个部门,比如企业破产注销业务,因窗口建设和部门整合,特别是系统整合不足,仍需提交多次材料、申报大量材料,在工作人员指导不明的情况下,仍需耗费大量的时间和精力。

四是部分部门信息公开不充分。例如文件专业术语过多、语言晦涩,对政策的解读、办理资料要求、手续流程说明不充分。同时,部分业务缺乏线上的咨询、办理渠道,办理人只能到线下办理,咨询电话不畅通,最终因无法充分了解信息导致难以一次性办理。

2. 政府角色职能定位不清晰

政府角色职能定位不清晰,主要体现为社会管理中的"越位、错位、缺位"问题。2018 年,为进一步推进服务型政府建设、做好简政放权、优化政府服务,国务院成立"放管服"改革协调小组,旨在从"优化营商环境、精简行政审批、深化商事制度改革、改善社会服务、激励创业创新"5 个方面进行相关的政务改革。然而,在部分地方政府推进营商环境建设过程中,仍存在职能转变不到位、管理定位不准确、责任边界不清晰、政府与市场关系处理不当等问题,政府的"越位、错位、缺位"等现象依然存在,社会管理和政府监管的规范性有待提升。

相关问题主要表现为以下几个方面:一是对国有企业管理存在偏差,政府干预较多的"越位"行为,造成企业自身自主性不足;二是短视效应明显,区域之间引资竞争激烈,过于放低门槛、精简手续、压低成本造成了企业质量良莠不齐,既对地方税收提升作用有限、产业提升效果不足,又造成了大量的地方资源浪费,"跑马圈地""骗取补贴"等问题时有发生;三是市场环境不规范,监管力度不足,存在执法不严、执法随意、执法不规范等问题,存在一定的违法违规监管、以罚代管等行为,既损害了社会主体的切身利益,又对政府形象造成极大损害。

(二) 营商环境工作系统性不足

1. 评价标准本土化不够突出

将量化指标用于具体工作考核之中,是出于对理论或抽象概念操作化而进行的细化行为。而针对政府的营商环境考核评价指标体系,则是出于对政府优化营商环境工作具体执行、创新中的准则性衡量方式和手段,是对政府之间、政府自身效果评判的重要准绳。当前,无论是河南省或是全国其他地区,营商环境指标体系构建多是以世界银行《全球营商环境报告》的界定和指标为参照。但从理论层面来看,世界银行所制定的相关指标更加侧重于对企业生命全周期的过程性衡量,涉及从企业开办到企业注销过程中所要消耗的时间和资金成本,主要衡量经济环境宽松性和企业自由度、便利度,因此就有观点认为世界银行的指标体系具有浓厚的西方新自由主义意识形态色彩。然而,营商环境建设的目标、理念和导向,必定要与各个国家或地区的实际情况相联系,机械性地照搬指标体系,用以指导具体地区营商环境优化,其适用性也必将受到质疑,最终的建设效果也存在负面风险的问题。李克强总理在推进我国营商环境优化建设中提出要"国际可比、对标世界银行、中国特色",但当前对"中国特色"的要求突出不明显,这势必对于考核评价的最终指向有所偏离,预期效果的完成性也将会受到一定程度的影响。

2. "以评促评"工作导向明显

部分地区在优化营商环境工作推进中,往往存在"以评促评"的思想。当前,河南省地方政府,特别是区、县级基层政府所开展的营商环境常态化建设中,主要遵从两种路径:一是按照上级工作要求和相关部署,对本辖区内营商环境优化提升进行各主管部门自我考核;二是根据河南省、本地市营商环境考核评价指标进行执行部门的任务分解、分工,开展针对性的评价筹备工作,以期提高评价成绩和排名。但是,在相关工作推进中,往往因过度的"评比"导向造成了大量人力、物力的消耗。在河南省近两年来的全省统一评价中,各地各政府往往成立专门的领导小组,协同各个参评部门对材料进行统一搜集整理。与此相对应的,则是各地实际发展情况与填报情况存在一定的脱节,不仅进一步导致工作上的冗余,并且实际收效甚微,造成大量的浪费。这种考核性所造成的偏离,主要源于相应考评方案是在学习与借鉴国内外优秀案例的经验,对于河南省本土化实际结合不紧密,特别是对于经济发展缓慢、资源匮乏的区、县而言,尤其不能对别的城市的成功模式进行生搬硬套。不是所有的经验与模式都适合所有的城市。总之,在营商环境工作中只重视考核成绩的行为,在一定程度上使得营商环境工作开展一直浮于表面,无法为基层经济带来良好的实际效益。

3. 公共信息的整合不够畅通

公共信息整合不够畅通是当前政府电子政务改革与"互联网+"营商环境建设中遇到的较大阻碍。其中,主要表现为传统书面材料仍占多数、部门化信息孤岛现象存在、政务服务平台应用不足等问题。

第一,传统书面工作方式转变不足,惯性思维仍未转变。营商环境建设的主要思路之一,就是依托数字化、信息化技术对传统政府工作模式再造,进而提升政府服务能力和为群众办事的效率。但是,当前在基层政府工作层面,受制于人员业务素质、信息化使用能力的不足,在新旧工作模式转变中存在一定的不适应,信息化、电子化办公程度仍有待深入。在此情况下,传统手动填报、纸质化申报的工作方式仍旧存在。当信息化利用不足时,反而要依赖传统纸质化文件、审批和加盖公章的形式才能保证信息的准确性和有效性。[①] 因此,"只跑一次"改革和提高群众办事效率的目标也会大打

---

① 徐永楠,许海兵.打破惯性思维的窠臼[J].前进,2019,(01):51.

折扣。

第二,部门化信息共享机制不健全,信息孤岛现象普遍。从科层制管理模式角度来看,政府各项工作遵循由上到下、层层推进的方式进行,政府在营商环境信息化建设方面亦是如此。当前,尽管国家和省级政府高度重视公共部门信息化建设,但由于科层之间的传递性,加之下级政府在思想、行为上的抵触性,导致信息化建设并未在短时期内充分实现。特别是目前区、县级政务服务信息系统整合与信息共享、共建刚刚起步,由于各部门自身职能差异造成了短期内办公系统整合与信息共享难以完成,区(县)又与市、省级部门的网络化平台难以打通,比如电子证照、电子签章尚未建成。进而,就形成了所谓的"信息孤岛",即一种"由于信息渠道受阻,信息呈现一种封闭状态,导致无法进行信息有效共享的现象"①。另外,除了辖区内所处政府部门信息难以整合之外,从纵向角度来看,各个部门所属系统之间的共享难度相对更大,大部分的工作专网都由省一级自建,且系统模块、权限、标准不一,基层政府缺乏协调与整合能力。

第三,电子政务平台应用不充分。尽管从2000年以来我国开始推进电子政务并随着互联网技术的发展逐步推进政务服务平台建设,但当前相关平台架构、功能技术仍处于不断探索阶段,信息平台仍未实现统一。在此基础上,不同部门、不同地区的政务服务平台存在模块、技术和操作上的差异。同时,由于新技术的应用颠覆了传统政府服务方式,相关业务培训未能完全跟进,办理流程的规范化、制度化相对欠缺,导致部分地区,特别是基层政府层面对平台功能熟悉程度不高、操作不娴熟,进而未能充分实现信息平台对政务服务效率的充分提升,部分电子化材料仍需纸质材料进行支撑。另外,在群众层面,由于对信息平台功能认知、平台办理流程公开、办理标准告知等方面存在不足,也进一步阻碍了群众网上办事的主动性和积极性。最终,受到上述两个方面的影响,政务服务人员和群众办事人员对网络办理的自觉性不强进一步阻碍了服务平台的普及和应用。

---

① 唐平秋,蒋晓飞.论"信息孤岛"对政府组织发展的制约与对策——基于学习型组织理论的视角[J].中国行政管理,2015(5):61-64.

(三)政府行政服务效能有待提升

1. 政府服务的能力存在欠缺

政府服务能力水平直接决定了国家治理体系和治理能力现代化的实现程度。在营商环境语境下,政府服务能力也直接决定了营商环境优化的最终产出。政府服务能力包含认知和资源两个方面,除了思路性、导向性、理解性的认知能力之外,政府的资源能力主要涉及人员、信息、财政和资产等方面。行政审批中心的窗口设置不合理等都会影响企业的办事体验。就此而言,当前基层政府的服务能力欠缺,是制约营商环境优化建设的重要原因之一。除了人力、物力、财力以外,其综合业务运作能力也存在天然局限。比如说,县级政府在推进具体工作过程中,无法根据实际情况制定本土化政策,而只能相对被动地贯彻上级政策的工作部署,同时县级政府对口业务面相对较窄,多数业务也需要上级政府的批准。进而,导致了自身角色功能的受限,即具体推进工作,但无法针对实际情况做出及时的调整。这种受限,也将会对县级营商环境建设中的视野、格局产生限制。比如,上级工作部署贯彻的积极性不高、业务能力不足以充分落实相关要求、部门之间推诿扯皮、工作执行与现实情况存在脱节等问题;同时,基层政府权责不对等、缺乏制度回应性、多头工作目标契合度不一致等,也会造成工作资源的浪费、工作态度的倦怠、社会主体对营商环境的满意度较低。

2. 办事审批的流程尚不规范

减少办事流程、压缩审批时限是营商环境建设的重要环节。当前,在政府特别是基层政府的办事流程优化中,环节精简、时限压缩不足,影响了政府服务的效率和效果。具体来说,当前在基层政府工作方面,主要存在以下问题:一是流程精简与压缩有待进一步提高,办事回应的及时性有待进一步提升。二是部分办事流程过于繁杂,事项告知不具体,造成办公成本、办事成本的"双高"。三是办事流程的贯通性有待加强,部分因权限、系统连接不畅造成的中断,又增加了服务对象的等待时限。四是办事流程的闭环性尚未完善,部门工作的单向性未能将跟踪、反馈、优化纳入整体工作框架之中。五是个别部门办事流程模糊,工作的公开性、透明性不足,严重影响了制度的公平性、规则的信用性,社会主体无法充分获知相关工作信息,难以进行横向的比对。六是个别部门工作人员对制度、规则的遵循性不足,造成办事环节的随意性和不合理性。

3. 精细化服务水平有待提升

习近平总书记指出:"城市管理应该像绣花一样精细。"[1]政府工作的精细化、精准化是推进政务改革、提升治理体系和治理能力现代化水平的重要指向,更是提升政府服务效率和服务效能的重要内核。然而,在长期"强政府"认知和"规制化"导向的工作惯性下,部分政府在政务服务的精细化方面仍存在不足,表面性、大而泛的情况仍旧存在,具体来说,主要体现为以下两个方面。一方面,政务服务环境与营商环境建设要求仍存在差距,具体表现为:一是审批窗口授权不充分、运行不规范,进驻单位存在"人、事、权"的分离,"一站式"服务未能充分实现;二是工作人员服务意识、服务能力和服务态度有待提高,"重审批、轻监管,重处罚、轻服务"现象仍旧存在;三是在政策制定中存在各部门"单打独斗""自弹自唱"的情况,部门之间的协调性、统一性、系统性有待加强。另一方面,营商环境与社会主体感知存在反差。一是"放管服"改革几轮之后,尽管审批事项大幅度减少,但都是相对重叠、烦琐的工作性环节,涉及企业核心关注的、对企业来说最重要的、最急切的事项仍大量保留,社会主体并未从"放管服"、审批事项优化中得到最大收益。二是政府部门信息公开性不足,特别是部分惠企政策公开不够、解读不透、落实不深,政府作为政策宣传者、推动者的角色履行不充分,个别提报存在企业不问不说、问了不说完的情况。三是个别基层政府财政能力不强,财税支撑力度不够,缺乏减税降费的能力,甚至还有不合理税费的情况发生。四是部分政策存在适用性低、标准高、门槛高的情况,特别是涉及建

---

[1] 央广网.习近平:城市管理应该像绣花一样精细[EB/OL].(2017-03-05)[2024-05-20]. http://china.cnr.cn/gdgg/20170305/t20170305_523637510.shtml.

筑许可、税费减免等方面,因县域、区域企业规模较小、层次一般,多数优惠政策无法达到享受的最低标准,既造成不同企业之间的政策落差,也导致政策本身的资源闲置浪费。

三、社会环境营造不足制约整体成效

(一)法治环境营造有待完善

1. 法治环境保障力度不够

法律环境不健全是造成营商环境履行成本较高的重要原因,主要包括法律意识不足、依法行政、依法用权、依规办事没有完全落实到位,造成了市场秩序的混乱。总体来说,主要表现为法治政府建设尚未形成共识,除了政法、执法系统以外,部分行政部门的工作随意性相对突出,选择性用法现象存在。另外,部分县域法律资源相对匮乏,律师服务机构较少,律师从业数量不足,而这种情况短期内很难得到改善。

2. 执法队伍建设有待加强

执法行为的规范性、依法性是法治落实的最直接体现,也是营造法治营商环境的重要一环。然而,部分地区存在一些违法行政案例,严重干扰了经济持续和营商环境营造。比如,根据2021年7月河南省官方通报,自2021年政法系统教育整顿工作开展以来,超过1800名政法干警投案、立案审查超4300人,排查违反"三个规定"问题27988个,整改有案不立、压案不查、有罪不究问题36049个。① 另外,随着十八大以来反腐力度的逐年增强,发现许多利用职务便利从中收受贿赂、吃拿卡要的问题,严重影响了政商关系、营商环境的优化与营造。

---

① 人民网.河南通报全省第一批政法队伍教育整顿情况成绩居全国第一方阵前列[EB/OL].(2021-07-09)[2024-05-20]. http://henan.people.com.cn/n2/2021/0709/c351638-34813463.html.

3. 诚信文化意识融入不深

诚信体系建设是法治环境常态化的具体体现。尽管当前从制度层面大力推进诚信环境建设,但是在社会层面,诚信氛围和规则意识仍缺乏主动性和自觉性。当前,仍有一些单位和企业对社会信用体系建设不太理解。同时,由于执法层面的随意性,对合同执行中的外部约束、惩处力度也有待加强。其中,歪曲、模糊化的合同执行问题也屡见不鲜,对于一些事件的讨论和处理也未能形成社会一致的意见。

(二)人才培育环境营造较弱

1. 人才吸引不足与流失严重

目前,河南省由于自身区位、定位和经济结构发展情况,在高端人才吸引力方面仍然较弱。相关区位经济学研究显示,我国高端人才的布局与空间特征呈现出"中心—外围"的特征,东南沿海地区聚集特征较为明显。相比之下,尽管河南省 GDP 常年排名全国第 5 名,但人均 GDP 则处于全国中下游区间,人均收入也相对偏低。此外,由于河南省农业大省定位和劳动密集型产业结构倾向,在岗位对口上也难以充分与高端技术人才相匹配。比如,制造业高新技术产业占比不足 10%,高端供给缺乏;创新能力相对不足,2019 年统计数据显示专利数全国占比仅为 0.4016%,技术市场成交额全国占比仅为 1%。河南省作为我国人口大省,庞大的人口基础与有限的就业、上升空间之间也呈现较为突出的矛盾,不仅造成部分省内高端、优秀人才的外流,同时劳动密集型劳动力也常年外流,而近年来这种流出又呈现出从短期务工外流向常态化户籍转出的改变,比如根据第七次全国人口普查数据得知,河南省常住人口较"六普"减少近 1610.09 万人。这也客观反映出河南省在人才工作方面的紧迫性。

2. 人才引进政策系统性不足

在人才引入的政策层面,河南省各地市之间也存在政策的同构性明显、系统性不足的问题。一方面,人才工作呈现同构化现象。由于河南省各地市与其他省份、彼此之间产业结构、布局、特点等同化现象较为突出,导致各地在引进人才类型和出台政策之间趋于相同,这就造成了同质化人才竞争的问题。各地人才工作为了取得一定的成绩,存在恶性竞争、层层加码、相互攀比等情形,不仅造成城市资源本身在高层次人才引进过程中的边际效用被弱化,也无形中提高了人才引进的成本。另一方面,人才政策存在系统性不足的问题。其中,既包含普通民众在整个人才引进工作中参与不足、监督不足等现象,也涵盖人才引进工作中政策闭环性欠缺的问题。比如,从政策闭环的基本构成来看,应涵盖政策设计、讨论、试行、执行、反馈、优化等一套流程,但部分地市的人才政策过多注重资金、住房的情况,而资金后续使用、问题反馈、外部保障等层面相对忽视,从而无法做到工作的系统性提升。比如,2022年6月曝出的郑州"高学历楼盘"烂尾的问题①,也从现实层面印证了对人才引进后系统性保障、持续性反馈等工作环节薄弱的现象。

(三)科技创新环境支撑不足

创新驱动是党的十八大确定的一项国家战略。河南省立足于自身实际,有序通过科技创新推进产业融合、转移和升级。有统计显示,从2010年至2019年,河南省出台科技创新政策158项,其中,国家指导性政策77项、省级部门43项、科技厅38项。②(见表5-9)

表5-9 2010年1月至2019年12月河南省科技创新政策出台数量③

政策类别	国家出台政策	河南省委、省政府出台政策	河南省科技厅(含联合发文)	占比(%)
科技创新供给政策	35	15	20	44.3
科技创新需求政策	20	14	3	23.42
科技创新环境政策	22	14	15	32.28
合计	77	43	38	100

---

① 腾讯网.郑州"烂尾楼"事件,670名博士硕士被套牢:都快崩溃了[EB/OL]. https://new.qq.com/omn/20220626/20220626A00PFA00.html,2022-06-26.
②③ 程金凤.河南省科技创新政策评估的现状、问题与对策研究[J].中国集体经济,2021(28):29-30.

从政策性创新驱动来看,呈现出以下特点:一是逐步由宏观向微观演进,政策针对性、明晰性增强;二是科技创新政策体系逐步完备,注重递进性、深入性、互补性,相关政策分类的国家、省级、厅级部门比例如下图所示。(见图5-9)此外,"十三五"时期,在河南省大力推动和财政投入下,创新驱动取得突出成绩。据相关研究统计,2019年全省财政科技支出达到216亿元,是2015年的2.57倍,年均增长26.7%,全省研发经费投入达到793亿元,研发经费投入强度由2015年的1.18%,提升至2019年的1.46%,对河南综合科技创新水平在全国位次由2015年的第20位晋升为2019年的第17位发挥了重要作用①。但是,从整体层面来看,仍存在一些不足。

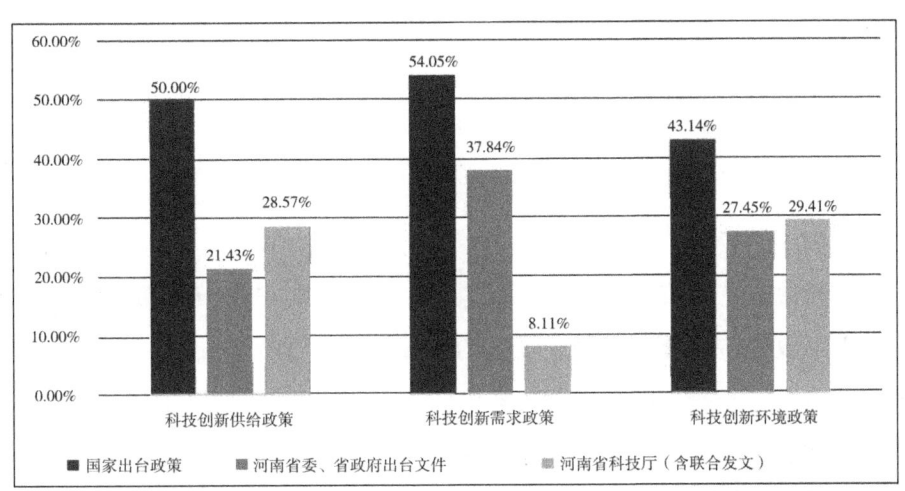

图5-9 2010年1月至2019年12月各类科技创新政策的发布机构占比②

1. 科技投入强度相对不高

河南财政科技资金与实施创新驱动发展战略存在供需不匹配的问题。一是由于高校、科研院所和科技资源固有基础薄弱,河南省R&D投入强度偏低,与全国平均水平差距较大(见图5-10)。二是财政科技支出占比偏低。2018年全国地方科技支出占一般预算支出比重为2.76%,而河南仅为

---

① 人民网.河南:引领产业发展示范项目可补助5000万[EB/OL].(2020-07-25)[2024-05-20].http://henan.people.com.cn/n2/2020/0725/c351638-34182882.html.
② 程金凤.河南省科技创新政策评估的现状、问题与对策研究[J].中国集体经济,2021(28):29-30.

1.7%,列全国第 15 位、中部地区第 5 位。2019 年虽大幅提升至 2.12%,但仍未达到全国地方平均水平①。三是各地市财政支持力度差距明显,比如 2018 年郑州、洛阳、新乡、许昌、漯河、鹤壁六市财政科技支出占比超过 2%,而周口、濮阳、信阳等地市科技支出占比不超过 1%②。

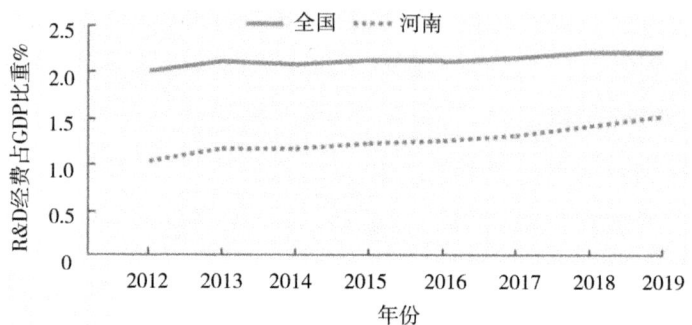

图 5-10　2012—2019 年全国、河南 R&D 经费占 GDP 比重情况

数据来源:历年全国科技经费投入统计公报

2. 支撑撬动效能不够显著

在财政支持政策实施层面,仍存在机制不完善、成效转化受限的问题。一是以财政支持引导企业研发投入的成效转化不显著。比如,2018 年河南省企业 R&D 经费投入 576 亿元,与广东(2369 亿元)、江苏(2182 亿元)、山东(1460 亿元)等差距较为明显;全省财政科技支出总规模为 156 亿元,用于 R&D 经费的仅为 32.98 亿元,R&D 经费财政资金投入为 60.4 亿元,仅占全省 R&D 经费投入的 9%③。二是财政政策支持方式单一,偏"项目"、轻间接扶持,风险、股权和创投等市场化的投入方式运用不足。三是经费拨发时限较长,审批、传递过程层次较多,影响资金使用时效。

---

① 国家统计局.2018 年全国科技经费投入统计公报[EB/OL]. http://www.stats.gov.cn/tjsj/tjgb/rdpcgb/qgkjjftrtjgb/201908/t20190830_1694754.html,2019-08-30.

② 河南省统计局,国家统计局河南调查总队.河南统计年鉴(2019)[EB/OL]. http://oss.henan.gov.cn/sbgtivzupt/attachment/hntjj/hntj/lib/tjnj/2019/zk/indexch.Htm,2020-05-26.

③ 国家统计局.2018 年全国科技经费投入统计公报[EB/OL]. http://www.stats.gov.cn/tjsj/tjgb/rdpcgb/qgkjjftrtjgb/201908/t20190830_1694754.html,2019-08-30.

3. 联动与评价机制不完善

一方面,经济创新驱动是一项涉及各个方面、各个环节的系统性工作,涉及不同主体、职能、部门的协同整合。但是当前在工作推进过程中,仍存在许多问题。一是多部门联动性不足,各级政府配套资金、保障政策仍有待进一步完善;二是部门存在碎片化问题,各部门仅依据自身职能进行对应性政策制定,但在整体层面缺乏统一性引导和细则性整合,容易产生职能间的不匹配、部门细化内容存在重叠的情况;三是各级政府之间的政策支持缺乏合理区分,针对性、细化性政策较为欠缺,支持性政策目标之间不够明晰。

另一方面,政策投入的绩效评价是进一步提升资金使用效率、改进资金投向、优化政策导向的关键性环节。然而,当前重推进、轻绩效的倾向仍旧存在,缺乏对投入绩效的系统性评估。一是缺乏对政策投入的绩效评估意识,仍以落实工作为主要方面;二是评估方式有待完善,"事后评估"的滞后性问题明显,缺乏全过程、动态化评估,对政策支出规范性、安全性、进度性关注较多,对成效、结果的评价相对薄弱。

第二节　河南省营商环境指标建设中的突出问题

一、开办企业

开办企业指标衡量市场主体通过向审批部门申请,获得进入市场的资格,并被允许经营的过程,同时还衡量企业办理注销的过程。开办企业指标主要考察企业开办全周期过程中从设立、运营和办理注销的便利度、费用和耗时。从河南省各级地方对开办企业层面的实施情况来看,主要存在以下4个方面的问题:

（一）线下窗口服务有待提高

在营商环境建设过程中，尽管各地致力于推进开办企业"全网办理"，但是多数申请者还是习惯到服务大厅办理。同时，部分特殊类型的企业，如股份制、合伙制企业的注册，还未能实现"全网办理"，部分材料也仍需线下提交。在此过程中，既涉及对提交材料要求进行了解咨询、表格填报，同时正常工作日申请人员较多的时候，仍需耗费等待所需的时间成本，以及提前预约时间周期的等待也会影响到企业主体正常业务的开展。此外，由于部分业务涉及多个部门同时联办，当工作人员业务能力不足的情况下，又会延长等待时间，进而影响了办事对象的体验感，造成满意度的下降。

（二）线上办理体验有待提升

"一网通办"是政府进行营商环境建设的重要任务。随着互联网技术的提升电子政务建设的深化，加之疫情封控，都进一步催生了线上办理需求，以网上办事大厅、微信公众号、手机小程序等线上平台进行业务办理成为工作改革的趋势。尽管"一网通办"是为了提供简单、快捷的办事服务，但是由于部分技术的"不友好"却造成了一定的反感。一是线上系统操作步骤烦琐，特别是办理各个环节的点击入口碎片化问题普遍，各个进入窗口连通性交叉，比如有的是实名认证、有的是预约取号、有的是业务办理，造成各入口频繁跳转切换。二是操作系统后台容易崩溃，特别是后台维护、更新造成办事连续性较差，特别是在维护时间告知不足的情况下，容易造成企业办事不畅。三是网络办事指引不清晰，专业性较强而缺少口头化表述，特别是事项分类中整合性过高，造成细分服务入口难以查找。四是线上回应性较低，人工审核较慢，特别是材料存在误差的情况下，不仅造成前期等待时间的无效，又会新增办事等待时间，进而造成办理时限的增加。

（三）审批改革推进有待顺畅

在"一窗办理、一网通办"的改革推进下，旨在实现"一套材料"提交，全流程一体化审批办理。但是,由于个别审批职能部门相对独立,自身业务办理系统是由上级或国家、省、市级自建的系统,无法在现有平台上进行统一审批处理,因此需要重复提交和重复审核材料。同时,由于综合办理窗口在材料核对中涉及多部门不同标准和细则,材料接收人员只对材料的数量、种类进行简单核对,而无法完全归集材料内容,因此在后续环节容易出现错误和退回,造成线上"来回跑"。

二、办理建筑许可

办理建筑许可主要衡量企业新建一个建设项目(社会投资一般住宅项目和社会投资一般工业项目)需要办理的各项手续,办理所有手续所需的总时间和办理涉及的收费明细,办理建筑许可的便利度,企业实际办理手续满意度的相关情况。

(一)各地办理流程存在差异

作为河南省统一开展的营商环境建设评估工作,在指标衡量方面存在一定的模糊化,即环节办理时限未有统一的标准要求,这就造成在指标激励的过程中,各地没有统一的标准参照,存在"环节越少越好、时限越短越好"的倾向。然而,在这种激励的同时,就造成了各地市、区县之间办理流程、用时的不统一,具体也涉及办理建筑许可过程中,材料内容、数量、标准的不一致。进而,在申报过程中就会出现跨辖区审批材料重复、环节重叠、分类提交的烦琐现象。

(二)系统平台对接有待完善

类似于"开办企业"出现的问题,当前在线上办理时,部分业务存在多个平台申报,但由于平台之间的功能衔接不畅通,造成材料在多个平台之间多次审核和修改。同时,在材料审核方面,部分地区仍需经过线下窗口确认审核后,才能进行网上申报。这就造成了线上办理存在碎片化的问题,整合性、系统性有待提升,并且各个系统之间的切换又增加了操作的难度,办理效率也会下降。

三、获得水电气

企业的生产经营离不开一定区域内水电气热的供应,这些都是企业生产运营中面临的资源约束条件,影响到企业生产能力的扩张与投资决策的制定。其中,获得电力指标衡量市场主体申请用电报装及日常使用电力资源的便利度、可靠性和透明度;获得用气指标衡量企业用户在政府审批和外部办事的流程、耗时及费用,以及在优化外线工程行政审批、推进政务数据共享、客户服务、天然气储备能力建设等方面的情况;获得用水指标衡量企业用户在政府审批和外部办事的流程、耗时及费用,以及在优化外线工程行政审批、推进政务数据共享、客户服务情况等方面的情况。在当前企业获得水电气的环节上,普遍存在以下几个方面的问题:

(一)"一网一窗办"难以实现

当前,尽管在河南省营商环境改革中,大力推进"水电气"一窗办理,也尽可能地实现部分内容的一网办理,但是所谓的"一口窗""一张网"尚不完整,在"有"的层面还尚未做到,更不用说"好"的层面,部分地市、县市还存在一些"虚火"。其中,由于"电"的国家电网直系管理,与"水、气"的地方管理存在差异,难以做到"一窗办""一网办";另外,在"水""气"之间,也存在因部门差异造成的办理脱节。同时,部分地方,特别是县(市)层面,因供气存在多个公司,且每个公司在市级及以上均有上级单位,因此实现网上办理的供气公司网站端口均不相同,且部分公司尚未实现网上办理。因此,一方面,"水电气"网上办的比例相对不高,且网上政务服务的内容不规范、服务不便捷;另一方面,政务服务网公布的事项基本上都是办事指南,没有网上办理窗口;此外,在线服务平台尚不健全,政务服务平台的使用率不高,因此技术终端也无法发现问题、解决问题,从而导致"单点登录、一网通办"无法实现。

（二）缺乏统一事项目录清单

"标准化"建设是推进营商环境持续优化的重要保障，既有利于区分不同部门职能，又有助于不同工作环节的规范化、合理化和可持续化。然而，目前尽管省级层面深入推动各地区、各部门的工作目录清单，大力推进政府统一事项清单的完善，但是同一项工作事项在不同政府层级、不同部门、不同地区均存在着材料标准、办理时限的差异，导致市场主体难以明确在办理"水电气"过程中各项申报事项的材料内容和标准，进而又在现实层面阻碍企业自身"水电气"的"只跑一次"目标的实现。

四、登记财产

登记财产指标主要衡量参评城市的企业转让、抵押不动产所需经历的政府审批和外部办事流程，以及企业办理相关业务的便利化水平。当前，财产登记自身固有的矛盾依旧存在，对相关营商环境建设造成了负面影响。

（一）财产登记的主体不明确

财产登记的主体涉及参与登记的各个主体，主要包括登记人和登记机构。对于前者，主要是指财产登记申请的责任主体，比如不动产登记中的当事人双方，或是特定情况下的当事人单方。在理想状态下，特定主体的明确，有助于权利、责任的明晰，有助于法律责任更好地履行。但是在现实层面，比如不动产信托的法律关系中，存在着"委托、受托、受益"的三类主体，而三者之间的关系要比单纯的双向关系复杂，比如三者共同承担，或是两者、单一主体作为申请人，这是当前立法尚未明晰之处。与之对应，登记机构主要是指有法定受理职权，且登记活动具有社会公信力的机构。然而，我国还没有具备不动产信托登记受理权限的机构，如果当事人想要设立不动产信托，向权属登记机构申请登记时，该机构也只能够以不属于其职责范围为由拒绝办理,且缺乏相应的规则;或是采用某些"变通"的行为开展虚假登记,或者以设立抵押权的方式进行"替代登记"等。这种不规范的行为,将会对正常登记工作的规范性造成损害,并且一旦当事人之间产生纠纷,法律上的瑕疵也将会对纠纷化解造成负面影响。

(二) 登记客体的单一化局限

信托的外部法律关系是指信托法律规范以及其他民商事和经济法规确认或调整的,在委托人、受托人和受益人分别与外部利益关联人之间产生的权利义务关系[①]。交易的安全性是现代商法的基本要求之一,但是由于上述主体不明确的问题存在,容易造成交易的不确定性风险,而信托关系的不同设定可能会对信托财产带来不同的影响。同时,外部法律针对这种不确定性仍未能做出较为完备的考量。

五、获得信贷

获得信贷指标衡量参评城市市场主体融资便利度、金融服务质效、金融服务创新、普惠金融服务体系建设的相关情况。当前,在获得信贷工作推进中,主要存在以下几个方面的问题:

(一) 中小微企业融资较困难

推进企业融资建设是推进企业发展与转型的重要支撑,特别是在新冠疫情对经济冲击的情况下,更加重视对于民营企业,特别是中小微企业融资的力度。但是,当前对于市场层面的金融支持成效仍然有限,中小微企业对于融资的可得性仍旧相对不高。不仅如此,由于在金融融资过程中存在的风险与信用评估标准,大企业的融资便利性更强,这就与中小微企业之间又形成了一种不公平的情况,特别是从亟须性角度来看,中小企业规模小、资

---

① 胡旭鹏.信托财产独立性与交易安全之平衡机制研究——以信托外部法律关系为视角[D].华东政法大学,2014.

源少、资金压力大,但融资需求与现实获得之间的矛盾性更为凸显。具体而言,中小微企业融资难主要表现在以下方面:一是融资渠道较窄,特别是部分金融产品,例如证券、债券等对企业融资门槛相对较高,造成了中小微企业只能采用类似银行贷款、个人借贷、企业过桥等方式进行。二是银企对接不顺畅,由于中小微企业自身层次及其员工结构限制,财务人员业务能力相对不高,进而造成财务信息不完备致使金融机构无法做出客观全面的评估,以至于需要更多的金融担保。三是资信等级相对较低,信用评级普遍不高,导致获得信贷过程中受到标准限值。四是融资成本较高,非机构借贷特别是民间借贷的利率加高,造成额外的还款负担,且一旦出现财务问题,很容易造成资不抵债甚至破产的风险。

(二) 金融活力与创新性不足

河南省市、县(区)因发展水平、地理位置、政策制度等多方面因素的影响和制约,金融创新活力提升存在较大阻碍。其中,银行机构的金融主动性不够,深入企业主动提供金融帮扶的意识和动力不足,"坐、等、靠"现象较为普遍;同时,贷款优惠力度、便捷程度不高,服务网点覆盖也存在较大的城乡差异。进而,造成了多数地区金融活力不强,营商环境建设成效也受到了制约。与此同时,金融创新能力普遍不足,特别是针对市、县(区)层面实际特点的金融服务产品创新不充分。一方面,科技金融尚处于起步阶段,天使投资、风险投资、创业投资集聚程度不高,搭建完善的创业投(融)资平台还需进一步探索。另一方面,针对农户的金融产品供给相对不足,除了存贷、汇兑,相关的理财、中间业务较少,金融产品缺乏涉农的多样性创新。此外,资产抵押标准制定过高,且多是以有形资产为主,如房产、土地等,类似于知识产权、经营权等无形资产抵押业务的金融服务产品缺乏。

(三) 风险控制能力相对较弱

风险控制能力较弱,难以实现可持续发展,这是目前市、县金融服务发展中面临的主要问题。随着我国金融领域的蓬勃发展和金融改革的持续推进,金融机构自身壮大为金融营商环境建设起到了极大的推动作用。与之相伴,其他领域的部分中小企业也将"金融服务"视为一个新的"风口",从而进驻到金融服务领域内。然而,由于前期行业经验积累薄弱、专业化人员队伍缺乏、企业自身发展水平的限制,涉及企业难以对行业进驻风险进行预判和评估,在外部环境不可控与抗风险能力不足的相互交织过程中,部分企业因运作不善导致最终的失败和机构的破产,近年来多地出现的投资担保公司破产、部分银行涉及取款难和金融诈骗①,并造成投资者的巨大损失正是上述问题的例证。这种情况的发生,不仅造成了社会成本的上升,同时对当地营商环境建设也造成了极大损害。

六、政府采购

政府采购指标主要衡量采购平台建设程度、流程规范和公共采购市场的难易程度。当前在政府采购营商环境建设中,仍存在一些问题,具体表现在基层政府对于政府采购资金的管理制度不完善、采购信息公开与反馈不足、采购的程序需要进一步优化。

(一)采购资金管理有待完善

政府采购制度是利用财政资金整合社会资源、激发市场活力的重要体现,因此,针对"怎么花、用在哪儿"的资金管理问题成为影响整个采购制度目标实现的重要环节。然而,在政府采购制度的建立健全过程中,仍存在以下问题,制约了采购制度目标的成效实现。一是财政预算制度存在一定的滞后性。一般而言,政府年度预算往往在每年3月份开完两会之后确定并投入使用,这就造成每年存在一个季度的滞后,而年度预算结算则需要在每年12月完成,这种情况不仅影响资金的使用效率,同时也容易产生预算超计划的情况。二是预算审核制度有待完善。当前政府采购预算工作中,存

---

① 新京报. 两部门:河南4家村镇银行股东涉嫌违法犯罪,已被立案调查[EB/OL]. (2022-05-18)[2024-05-20]. https://news.sina.com.cn/o/2022-05-18/doc-imcwipik0564188.shtml.

在重执行、轻审核的情况,相关审核制度不完善,导致审核不及时、内容不完善等现象的存在,比如票据信息未及时提交审计,部分问题发现不及时,造成执行与结果的不相符。同时,对资金使用数据的核算、对相关业务内容的核对相对薄弱,不利于对预算执行情况的整体监管。三是缺乏预算评价制度,政府采购绩效评价相对滞后。对政府购买绩效的评价工作,是持续改进资金投向、投量和投效的有效手段,但是当前个别地方的政府,特别是基层政府层面缺乏针对性的政府采购绩效评价机制,不仅制约了采购效率的提升,也造成对采购方案持续改进、采购资金使用风险评估的不足。

(二)采购信息公开反馈不足

政府采购需要建立适宜的信息披露反馈制度,加强社会各界对政府采购活动的监督。但是,在实践过程中,相关制度虽然已经存在,但依然具有不足之处,还应继续完善,具体表现在以下三点:其一,信息披露不全面。在采购信息披露时,会设置相应的时间,在指定的平台对指定的内容实施披露。而披露内容多为最终的结果,且以财务数据为主,较为粗放。例如,披露某一项物料在某一年的采购金额,政府难以对其细节详细了解,无法及时准确发现问题。其二,信息披露缺乏实效性。政府采购信息在披露时,面对整个社会公众,但社会公众对于政府采购的具体情况了解不足,即使对采购信息有所了解,也难以发现问题,从而导致公众积极性较低,实效性较差。其三,信息反馈跟踪管理制度不完善。政府采购信息披露之后,需要相应的反馈制度作为支撑,但当前反馈制度不完善,很多信息无法得到反馈和有效传递,从而影响公众积极性。

(三)采购程序设置有待优化

政府采购的程序设置存在的问题,主要表现为以下几个方面:一是采购程序相对烦琐,影响采购目标效率。比如政府采购工作的有效开展,需要各部门、各层级审批过程的高度化、及时性协同,但现实层面却存在各环节拖沓、等待时间较长的问题,这就增加了整体审批用时。二是采购程序衔接不畅通，缺乏信息的联动性，各单位之间对于各自存在的采购问题没有相互的交流，比如在需要紧急采购的情况下，采购单位很难与供货部门对接。三是采购程序的次序化流程问题，比如有些部门在对采购计划进行计算、核算后，由于采购计划未能通过审核，造成后续材料填写的徒劳。

七、招标投标

招标投标指标衡量招标流程的规范性、企业进入招投标市场的难易程度、投诉机制的完备性以及推进电子化招标投标、提高采购效率和透明度、创新招标投标监管体制的情况。

（一）电子招投标管理不到位

当前，电子招投标工作存在监管难度大、信用体系不健全、新技术融入不全面等问题。一是电子招投标平台监管难度较大，有别于已有的电子交易和电子服务平台，电子招投标平台建设相对滞后，部分地市平台建设也相对不足，造成在一定范围内，招投标信息共享机制不健全，数据监控难以做到动态把控。二是电子招投标的信用体系建设不完善。《社会信用体系建设规划纲要（2014—2020年）》推出后，监管由行为监管向信用监管转变[①]。但是由于各类项目，比如交通、水利、建筑等领域的信用相对风险，招投标系统又与金融等系统的信用衔接不充分，造成了信息层面的"信用孤岛"。三是新技术在电子招投标中的融入不足，目前的平台更侧重于文件上传、开标、评标的基础性电子化"办公"，类似于区块链、BIM、大数据等新型技术业态的综合运用不足，进而产生平台利用不充分、功能挖掘不深入的问题，也间接造成了平台建设的资源性浪费。

（二）招投标管理体系待优化

当前在招投标管理过程中，存在着过程复杂、管理不健全的问题。具体

---

① 鲁韦韦.政府投资项目招投标后评估研究[D].武汉理工大学,2017.

来说,一是在招投标工作流程上,多数依旧依赖于传统的人工模式,在招、投、开、评标的环节中,未能按照营商环境建设的目标形成适应市场化的流程再造机制。同时,复杂的招投标流程不仅影响整体工作的效率,也增加了人为不当干预的风险。二是招投标工作的标准化建设不足,在推进相关工作高质量建设的过程中,因各参评方的产品规格不一致,也不利于常态化、标准化、程式化的工作开展。三是管理体系不完善,特别是传统管理模式在当下的不适应、不兼容问题突出。比如,在治理视阈下,缺乏专家、公众、协会的多方参与,部门意识、领导意识仍是当前比较突出的倾向。

八、政务服务

政务服务指标主要衡量各地市推进审批服务便民化、开展"互联网+政务服务"、推动政务信息系统整合共享等方面的改革推进情况。当前制约营商环境全面提升的关键因素,在于政务服务建设得不充分、不彻底。其中,依托互联网的信息建设、数据建设的流程再造,成为亟待解决的核心问题。

(一)"互联网+"政务共享不足

"互联网+政务"共享不足,涉及条块分割的管理体制下,省、市、县行政层次和各职能部门之间的分割。换言之,所谓的数据分割也只是条块分割基础上的一类问题表现。在地市层面的数据平台建设中,缺乏顶层的统一指导与框架搭建,一些先行地市平台建设较早,造成与后续平台的不统一、不兼容;同时,部分地市之间的平台也较少从全局层面出发,导致彼此之间的数据平台难以合并。比如,一些市级平台建立数据库之后,区、县级又在此基础上增加新的数据库,造成与市级数据库的不兼容;综治网格化管理系统、市长热线、政务系统之间相互独立,造成问题的协同上反馈与处理不及时。除此之外,在部门之间的分割情况下,各职能系统的自由平台相对独立,导致了原先部门的"信息孤岛"演变为了职能系统之间的"平台孤岛",未能实现统一信息的"一次性采集"和各系统共享,造成社会主体的信息填报重复化。比如,上文提到的"水、电、气"之间就存在这样的问题。同时,在解决数据共享问题的基础上,关于数据开放的程度、边界、分级也有待明晰和细化,比如开放到什么水平、哪些可以开放、哪些不能开放,尚未有明确的标准。上述种种问题,最终导致各个政务平台之间不能联通和有效运行。

(二) 小微企业数据覆盖不充分

小微企业是贯彻"大众创业、万众创新"的重要主体,也是灵活就业新业态下政府推进市场培育的重要载体,更是衡量营商环境建设水平的"风向标"。然而,由于小微企业具有灵活性强、变动性大、业务广等特点,造成数据动态采集和常态管理的难度提升。因此,当前在政务服务工作中,小微企业往往成为数据平台难以覆盖的盲区和短板。与此同时,由于小微企业财力、人力的限制,在具体业务申报和办理中,需要政府人员亲自进行办理,而政府部门由于自身工作精力限制也难以短期内实现完全的"上门服务"。因此,在业务办理中,小微企业往往需要花费较高的时间成本和人力成本,而这些成本也占据自身运营的重要部分。因此,数据平台的覆盖程度不足、小微企业自身需求的突出,产生了政务服务与企业发展之间的矛盾,亟须改进。

九、市场监管

市场监管指标衡量参评城市根据法律法规和职责落实监管责任、规范市场行为、维护市场秩序、优化资源配置的综合效能。

(一) 政府监管法律制度不完善

政府监管职责的不清晰是影响监管职能履行的重要因素。其中,主要包括法律制度不完善、市场监管定位不清和制度设计部门化等问题。具体来说,一是政府监管的法律制度不完善,在优化政府职能过程中"立改废释"有待进一步深化,比如部分领域法律刚性过度、部分领域法律修正的及时性不强、配套性法律补充不及时、部分领域之间的法律衔接性不足、部分法律规范解释模糊和操作性不足。二是市场监管定位不清,现行法律中对监管机构的职能、措施界定不明确,而政府监管机构的设立大多依据机构职责、内设机构和人员编制的"三定方案"①,而与社会实际需要的匹配性不强。三是部门规范替代立法功能,导致了在整体层面的法律制度碎片化问题,最终形成了监管工作推进的"部门化"倾向②。

(二)政府监管职责边界不清晰

由于上述监管法律制度的不完善,导致了政府监管责任边界的不清晰。一是"双随机"覆盖不全面,存在将"随机抽查"代指"全面监管"的错误倾向,专项性、重点性和常规性监管存在漏洞。二是在"证照分离"的改革推进中,随机监管缺乏协同性。比如在"证照分离"的监管工作要求中,主要按照"谁审批、谁监管,谁主管、谁监管"原则进行,但是由于企业类型和行业类型差异,造成许可、主管和准入部门之间的监管"缝隙",又加之各部门之间企业名录的数据共享不畅,难以满足"双随机、一公开"的工作要求。三是多维度监管层次衔接性不强,比如随机监管、信用监管和联合监管缺乏有效对接,跨层次、跨部门协同监管无法深入。

(三)政府监管联动推进难度大

政府监管标准的不明确、职责的不清晰,又进一步阻碍了政府在市场监管工作中的联动推进。一是在"放管服"整体改革中的节奏不一致,当前多地"放"的加速,造成了"管、服"工作的相对滞后,其中既是当前改革力度和重心任务所致,也是由于"放"的显性特征能对相关工作考核带来直接的效益;相对而言,"管、服"作为常态化管理性工作,相关成绩具有非显著性特征,难以进行直观感受和评价。然而,"放管服"作为整体优化的系统性工

---

①② 王俊豪,胡飞,冉洁.中国特色政府监管立法导向与法律制度体系[J].浙江社会科学,2021(01):13-22+12+155.

作,三者之间具有相辅相成的作用,"管、服"的滞后则又会对"放"的深入推进产生制约。二是跨部门、跨区域、跨领域协同监管难度加大。随着我国社会主义市场经济发展的不断深入、市场监管体制机制改革的不断深化、经济结构调整升级的不断推进,市场监管所涉及的领域、内容和问题具有高度的复杂性、交织性和综合性,这就决定了市场监管方式需要做出上下联动、协同推进的机制构建。但是,在政府市场监管工作开展过程中仍是以传统部门化方式进行,对相关问题处理的配套性、协同性存在不足,统筹化的改革合力尚未充分形成,综合执法的相关机制尚不健全,这就造成了相关市场问题的反馈、处理不及时,影响了营商环境建设的总体成效。

十、企业权益保护

企业权益保护指标是河南省法治化营商环境评价的特色指标,主要涉及企业是否可以依法依规保障自身权益。当前,河南省营商环境优化过程中相关问题突出体现在中小企业权益保护层面。

（一）中小企业的权益风险较高

中小企业的维权成本较高,主要涉及合同账款收取困难、保证金退还不及时的问题。由于中小企业自身体量、规模和影响力的限制,造成其在整个市场运作中处于相对劣势的地位。当前,中小企业在与国企、政府签订合同后,即使拖欠账款比重较大、收款周期长,但出于失去订单的顾虑不敢对资金予以过度追讨。拖欠账款的现象不仅增加了企业资金周转的难度,还影响到企业经营的正常进行,甚至会导致中小企业破产。同时,在政府项目推进中,不时出现因规划调整、班子换届、政策变动致使合同履行、项目开展受到影响,或是资金无法正常偿付,致使企业应得利益无法实现。在此情况下,政府往往无需承担违约责任,进而所有成本均由企业主体所承担。

(二) 中小企业保证金退还困难

在工程建设领域中,参建企业主体需要提供相应的保证金,以保障项目的稳定推进。当前,一方面,招投标门槛较高、保证金数额也相对较大,对中小企业的进驻产生了先决的阻碍。另一方面,保证金退还困难的现象普遍存在,期限届满的持续拖欠也构成了对中小企业资金的占用问题。对于保证金的退还,有部分企业诉诸法律程序进行维权,但过高的诉讼成本又额外增加了企业运行不必要的成本负担。当合同甲方为政府时,中小企业原本的地位劣势,又导致诉求方式、渠道不足,自身权益保障水平进一步降低。

(三) 中小企业维权渠道不畅通

一般而言,针对上述维权成本和成本转嫁问题,中小企业存在两种合法的维权渠道,即行政维权和司法维权。在行政维权层面,主要依赖政府自身的服务意识。然而,虽然近年来政府服务意识已有明显提升,但个别部门服务理念薄弱,部分业务人员工作能力不足,对中小企业维权的重要性认知不足、处理不及时、不彻底现象也时有发生。因此,司法成为中小企业权益保护的最后一道防线,但是对于中小企业而言,司法维权的诉求成本过高、程序较为烦琐、专业化要求较高,导致维权渠道不畅、可靠性不足。此外,加之司法不公的现象存在、司法自身的公正性保障不足,熟人案、金钱案、"吃了原告吃被告"等现象,又进一步降低了司法的公信力,抑制了中小企业司法维权的意愿。

十一、信用环境建设

信用环境是维系错综复杂的市场交换关系和正常有序的市场秩序的必要条件,也是形成良好营商环境的基础条件。当前,在河南省推进信用营商环境建设的过程中,主要存在信用服务发展不足、信息搜集处理需要加强、信用管理机制不完善等问题。

(一) 信用服务整体发展不充分

整体而言,社会信用服务领域的发展仍处于起步阶段,各地对于社会信用的建设也相对不足。在此情况下,信用服务领域存在着整体发展不足、服务优化性不强的问题。一是当前信用服务产品形式单一,多以信用报告、咨询等形式出现,相关产品功能也仅浮于"信用信息"的查询,对于信息的挖掘性相对较浅。二是市场需求空间和社会认可水平相对较低,存在信用偏见、服务推广难、社会信用评级需求满足难的问题。三是企业征信体系建设有待进一步加强,个别企业存在上报数据不真实、不完整、不积极的情况,造成相关信用数据客观性、可信度不高的问题。

(二) 社会信用管理机制待完善

信息归集与共享效果有待提升。一方面,社会信用信息搜集的覆盖面不完整,搜集信息和内容不丰富。另一方面,社会信用领域同样存在着各办公平台之间的共享性困境,个人信息的"透明化""一体化"问题需要进一步规范。另一方面,社会信用管理机制有待完善,信用领域的奖惩机制相对缺乏。当前的社会信用工作中,更多注重对于失信的"惩罚"手段使用,缺乏对信用常年较好的"奖励"机制。其中,奖励的方式、标准、渠道、内容等缺乏明确要求,基层政府自主权限水平有限,难以进行相应的机制设立。此外,管理机制的创新不强,缺乏新型监管方式的应用。比如在传统社会信用机制的运行中,逐步融入"事前—事中—事后"的序列化、动态化监管,比如事前承诺、事中公开、事后反馈与更新等;同时,注重依托信用分级,对监管对象予以细分,进而提升信用监督管理的精准性、高效性。

下 篇
迈向未来的河南省营商环境

第六章　优化营商环境的中国探索

良好的营商环境是衡量一个国家或地区经济发展软实力、保障经济高质量发展、提高经济社会综合竞争力的重要方面。调查营商环境状况、开展营商环境评价已经成为把握营商环境状况、推动营商环境优化和完善的重要抓手。世界银行于2002年已经启动营商环境评价项目,2003年起开始据多项指标对世界诸多经济体进行营商环境评价,并发布营商环境报告,截止到2019年评价范围已覆盖全球190个经济体,营商环境评估报告成为各参与经济体优化其营商环境的着眼点,促成各参评经济体优化营商环境的改革举措4000多项。

在近20年的营商环境评价过程中,中国以世界银行的评价体系为参照,结合本国经济社会发展的实际,借鉴先进国家或地区的成熟经验,于2019年10月颁布《优化营商环境条例》,对我国优化营商环境的宗旨、路径和指标体系进行了顶层设计,使得营商环境优化的思路越来越清晰、指标体系越来越完善、优化营商环境的成果越来越丰富,我国营商环境得到持续优化。2019年10月世界银行发布的《全球营商环境报告2020》,我国营商环境排名较2018年进步15名,跃居全球第31位,连续两年被评选为全球营商环境改善幅度最大的十大经济体。

营商环境的优化没有最好,只有更好。河南省作为中国经济基础较为薄弱的人口大省,营商环境的基础相对于东部发达地区较弱,营商环境优化需要克服的困难更多、任务更艰巨。河南省在省委、省政府的领导下,高度重视营商环境建设问题,秉持"差距越大、空间越大、作为越大"的优化信念,迎难而上,敢于啃硬骨头、做大文章,于2018年在全国率先启动了河南省营商环境评价。河南省遵循"以评促改、以评促优、以评促建"的原则,引入独立的第三方评估机构,连续四年在全域范围内进行营商环境评价,并及时向社会发布评估结果。从第三方评估的结果来看,河南省营商环境取得了稳步提升,全省营商活跃度稳步增强,各部门作为的积极主动性和地方创新的积极性越来越高,河南省的营商环境呈现出跨越式的新面貌。

第一节 中国优化营商环境的顶层设计

优化营商环境是党中央、国务院面对世界发展大变革大调整的新形势,我国处于实现"两个一百年"奋斗目标和中华民族伟大复兴中国梦的关键期,实现我国经济、社会高质量发展的新要求做出的重大决策部署。营商环境包括政务环境、法治环境、公共服务、金融服务、人力资源、创新环境、市场环境七个维度,是企业整个生命周期所处的外部环境的综合体。[1] 营商环境是衡量一个国家或地区经济发展软实力和可持续性的根本依据,市场化、法治化、公平化、便利化、国际化、透明化是优秀营商环境的基本特征和优化目标。为避免营商环境优化的"制度碎片化""行为短期化""举措非法化",各个国家和地区的优化营商环境工作都必须在坚持营商环境优化的目标和宗旨的顶层设计下进行。具体来说,优化营商环境制度和文件的顶层设计应从以下几个方面入手:

---

[1] 李志军.2020·中国城市营商环境评价[M].北京:中国发展出版社,2021.03:5.

一、构建和完善适合我国国情、地情的营商环境评价指标体系

（一）营商环境优化指标体系的顶层设计

营商环境评价指标体系是引导和调节营商环境优化行为,使其不偏离营商环境优化目标的控制器。世界银行在2001年组建营商环境状况评估小组的时候就已经开始着手建立营商环境评价的指标体系,并于2003年发布了基于生命周期理论、重点指向中小企业的《营商环境评估报告》和指标体系,该评价体系主要包括创业、选址、融资、容错处理和日常运营5套指标,为各国和各地区的营商环境优化提供了方向指引。此后,世界银行通过对世界100多个经济体连续十几年的营商环境评估工作,对不同国家和地区经济体的营商环境进行横向对比,不断探索和完善评价指标体系,评价指标体系的标准和范围逐步周全,指标体系已经从最初的5项一级指标、20项二级指标逐步完善到目前的11项一级指标①,43项二级指标,指标体系设计的周全性和国际化程度越来越高。

世界银行的营商环境指标体系设计在不断优化,为全球提供了一套可量化的参照体系,其对于世界各经济体营商环境优化的影响不言而喻。但是由于各国家和地区的经济发展水平、基础设施和自然资源条件、社会文化和价值观念存在较大差异,该指标体系也并不适用于各个国家和地区的营商环境评价,其指标评价体系和指标测算的范围、方法等也不断受到来自诸多经济体的质疑。李颖秋(2020)认为,世界银行指标体系的设计只关注与营商者经济利益与便利度直接相关的环境指标分析,不关注营商地的社会利益,这显然背离了中国实现可持续发展、经济社会综合效益的价值目标②。中国营商

---

① 11项一级指标为:开办企业、办理施工许可、获得电力、产权登记、获得信贷、保护少数投资者、纳税、跨境贸易、合同执行、破产办理、劳动力市场监管,其中劳动力市场监管指标因涉及争议还未引入评价系统。

② 李颖秋.中国营商环境评估的进路策略与价值选择——以法国应对世行《营商环境报告》为例[J].华东师范大学学报(哲学社会科学版),2020(1):187.

环境优化指标体系的设计应该借鉴法国的经验,既对标世界银行标准,又不全盘接受世界银行标准,指标体系设计要彰显注重社会效益、坚持可持续发展的价值观。因此,中国营商环境评价指标体系的顶层设计要做到两个"并重":一是"营商者经济利益"与"营商地社会和谐、生态环境和可持续发展的社会利益"并重;二是"对标世界银行、提高排名"与"符合中国国情与价值观的自主研发"并重。

由于营商环境的概念在中国兴起并引起关注的时间还不太长,而且中国各地区经济发展水平、基础设施建设、资源与环境禀赋等方面存在较大的差异,学术界大多立足不同视角、针对特定区域、构建不同维度探究营商环境评价指标体系。例如,杨涛(2015)等学者从政务环境、市场发展环境和科技创新环境三个维度构成的一级指标对鲁、苏、浙、皖四个省份的营商环境进行了对比评价;魏淑艳、孙峰(2017)从经济因素、政府环境、社会状况、自然条件、基础设施五个方面对东北地区的营商环境软、硬条件进行了评估;张国勇和娄成武(2018)认为营商环境评估应从政务服务环境、社会基础环境、和市场监管环境三个维度的指标进行;潘勇(2019)则以"放管服"改革为引领,形成了涵盖简政放权、放管结合、优化服务的营商环境评价指标体系;丁鼎等(2020)构建了包括政务环境、市场环境、金融环境、公共环境、创新环境和人力资源 6 个一级指标的评价体系,对包括直辖市、计划单列市和省会城市的 36 个城市的营商环境进行了评估;张三保等(2020)以市场、政务、法律、人文为一级指标,评估了中国 31 个省份的营商环境状况;李志军等(2019)围绕政府效率、公共服务、市场环境、金融服务、人力资源、创新环境 6 个维度对中国 4 个直辖市、5 个计划单列市、27 个省会城市和 254 个地级市的营商环境进行了评估。相比于世界银行单一的评价体系而言,中国学界从不同着眼点出发构造出不同的评价体系对不同区域的营商环境进行评估,虽然突出了各省份和地区的特点,但缺乏顶层设计的"碎片化"的评价体系难以促使各地区有效弥补营商环境的短板,对营商环境的市场化、法治化、国际化建设造成了障碍。

世界银行营商环境评价体系侧重点的局限性,各地区经济、自然禀赋的差异性以及学界对不同地区营商环境评价指标体系的"碎片化""非制度化"呼唤一套结合中国特色国情、凝聚具有各地区"公约数"性质的关键评估要素、能有效弥补地区差异和短板、既立足现在又面向未来、既立足本土又面向世界的、具有可操作性和可量化的营商环境指标评价体系。营商环境公共产品的属性决定了中国的营商环境指标体系必须由高层政府进行顶层设计,体现出评价体系的高度、远度和阔度,较低层级的政府可以在顶层设计指引下设计本地区的执行方案和微观实践。

2018年,在国务院部署下,国家发展和改革委员会在学习借鉴世界银行等国际营商环境评价体系的基础上,以政府的"放管服"改革为抓手,以市场化、便利化、国际化为导向构建出了一套具有中国特色的营商环境评价体系,并在中国的东、中、西部和东北地区进行评价实践,在实践中不断调适修改,逐步提高评价体系的科学性、合理性和可操作性,特别是评价体系中营商环境法治化的指标含量大幅提高,使得营商环境指标体系顶层设计取得了质的飞跃。到目前为止,中国已经形成了以企业为中心,覆盖企业市场准入、投资建设、融资信贷、生产经营、退出市场五个生命周期链条,包括开办企业、获得建筑许可、获得用电、获得用水用气、获得信贷、劳动力市场监管、政府采购、招投标、登记财产、保护中小投资者、知识产权保护与运用、纳税、跨境贸易、执行合同、办理破产15个一级指标的评价体系,评估市场主体的满意度和获得感,推动政府服务流程再造。另外,以城市的社会效益为中心,从城市高质量发展的视角,设置了市场监管、政务服务、包容普惠创新3个一级指标,提升地方政府的监管效能和政务服务水平,营造公平、可视的营商环境,推动城市的高质量发展。

(二)指标分数测算方法的顶层设计

世界银行指标测算采取的是"前沿距离分数"排序方法,指标的排名由其分数与前沿分数的距离确定,针对某一指标,表现最佳的经济体成为"前沿",赋值100,表现最差的经济体赋值为0,余下经济体的赋值在[0,100]范围内进行百分化,得出与"前沿"的距离分数。李志军带领的课题组在《2020中国城市营商环境评价》中借鉴了世界银行的"前沿距离分数"的指标测算方法，采用无量纲的效用值法对单一指标进行测算。该方法规定效用值的值域为[0,100]，该指标下评价区域内最优的效用值为100，最差值的效用值为0，i指标j区域的正向指标效用值的计算公式为：

$$y_{ij}=\frac{x_{ij}-x_{i\min}}{x_{i\max}-x_{i\min}}\times 100$$

逆向指标效用值计算公式为：

$$y_{ij}=\frac{x_{i\max}-x_{ij}}{x_{i\max}-x_{i\min}}\times 100①$$

计算出无量纲化的各分指标效用指数之后，再利用变异系数计算出各指标的权重系数，最后分层逐级加权得到上层级指标和最终的营商环境综合指数。

我国学界对营商环境的定义有广义狭义之分，狭义的营商环境一般是指法治环境、政务环境、市场环境、创新环境、金融与公共服务等在内的影响营商便利度和交易成本的制度性软环境；广义的营商环境不但包括上述的软环境，还包括基础设施、自然禀赋、经济水平等物质性硬环境。营商环境评价指标的测算一般来说是针对软环境指标来进行的，但实质上硬环境的指标值往往在很大程度上影响着软环境指标的得分状况。一个城市或地区如果拥有得天独厚的基础设施、自然条件、人才优势等硬件条件，其他硬件环境差的地区，即使"竭尽全力"也很难在营商环境评估中实现"逆袭"。营商环境评价结果发布是一种"静悄悄的权利"，不问必要性、可行性和合理性，简单地通过测算软环境指标分值进行打分、排名，由于自然禀赋等硬件环境较差导致营商环境评价分数较低的地区就会被贴上"营商环境不友好"的标签，被投资企业所排斥，对这些地区来说是不公平的，这会造成经济发展的恶性循环。例如，北京、上海集聚了全国知名高校，是全国精英的汇聚地，人才指标分数高出西部地区一大截；山西、内蒙古等煤炭大省和重工业大省污染严重，与气候

---

① x_{ij} 表示 i 指标 j 区域的指标获取值，y_{ij} 表示 i 指标 j 区域的最大值，$x_{i\min}$ 表示 i 指标 j 区域的最小值。

宜人、以轻工业为主的沿海城市与地区相比,对企业的吸引力自然不可同日而语。世界银行"前沿距离分数"测算方法和诸多研究团队的"效用值"测算方法都因为不考虑地区实际硬件情况,简单粗暴的唯分数测评而受到质疑。因此,营商环境评价的某些指标除了以绝对值、加权和占比等方式呈现外,还应根据实际情况设计更合理的算法,指标的测算方法设计必须根据地区间客观存在的基础条件不平衡进行适当的加权,尽可能消解先天禀赋条件不同对营商环境评价得分的影响。

另外,对于同一指标,不同研究者除了采用的测算方法不同之外,测算的口径范围也存在很大的差别,数据来源的真实性与可靠性也存在差别,导致测评结果的可靠性和权威性大幅降低。例如,在对河南省不同县域的营商环境指标测算调研中发现,不同县域对同一指标的数据来源和测算范围存在较大的差异,导致了较大的分数差异,很多做得好的县域却没有做得差的县域得分高,一些县域前后两年同一指标值的得分能够从后十名移到前十名,这显然在一年内是很难做到的,究其原因是指标测算范围发生了较大变化引起的,这也引导了诸多县域的精力不是放在如何以评促改优化环境上,而是把心思花在如何通过数据测算的技术性投机取得较好的分数上,违背了营商环境评估以评促建、以评促优的初衷。因此,借鉴法国营商环境评价的做法,既要对高频型、"公约数型"的指标测算的范围、口径、方法进行顶层设计,又要在指标体系设计完成后,直接援引计算机固化的国家统计局、行政机构统计单位、职能部门等权威机构发布的月度、季度、半年度或年度统计数据来获取指标测算所需的数据,缩小指标测算的成本和误差,提高测算结果的公信力,同时还能倒逼相关机构更为准确、及时、公开、透明地发布相关数据。

二、营商环境制度建设的顶层设计

对于企业主体来说,好的营商环境如同阳光、水和空气,都不能缺少。政府提供的优质的服务是阳光,让企业感觉到温暖,营商制度是水和空气,既保障企业的生存、运营和发展,又防止企业被污染和破坏。受传统计划经济管理思维影响,我国营商环境建设的法治化水平还不高,政府仍然习惯于采用发布行政命令等行政手段、拍脑袋决策、运动式治理或出台红头文件等方式搞营商环境建设,对治理中制度重要性认识不到位,制度化的治理机制和方式尚未形成。加入WTO之后,我国迅速卷入经济全球化发展中,对外贸易迅猛发展,但我国的营商环境与国际接轨的速度明显滞后于经济全球化的速度,必须推动规则、规制标准制度的建设,加强与国际通行规则的对接,营商环境建设要从单纯推出粗放型、浅表性的优惠政策转向以行政体制、经济体制和社会体制改革为核心的优化策略,实现"要素红利""政策红利"向"创新红利"和"制度红利"的转变。

"法者,治之端也",制度建设是优化营商环境的主要路径,法治建设是制度建设的高级形态。从"营造法治化营商环境"到"营造稳定公平透明、可预期的营商环境"再到"法治是最好的营商环境",营商环境的优化必然依赖于让所有的市场主体都广泛、畅通地参与决定私人物品和社会物品配置的制度机制,愈来愈强化了制度设计对于营商环境优化的重要性。营商环境作为制度集合体的特殊的公共产品,就这一基本属性而言,政府必然是制度集合体设计和建设的首要和主要责任主体,对营商环境建设和优化的制度进行顶层设计是中央到地方政府义不容辞的责任。政府的"放管服"改革正是通过一系列的体制机制创新,明确政府的职能边界,通过放权释放市场和社会发展的活力,以制度变革提升政府的审批效率、监管能力和服务水平,促进营商环境的整体优化。营商环境制度的顶层设计主要是解决三个问题:一是通过制度设计重新规定政府的职责和重构政府对企业主体行使权力的边界以及实现政务服务审批流程的简化,其关键词是简政放权;二是要打造公平公正的商业竞争环境,通过制度设计使各类企业主体,特别是中小企业、私营企业在使用生产要素、招投标、政府采购、政策支持等市场活动中享有公平的机会和权利,严厉处罚违法、违规企业,实施守信联合激励和失信联合惩戒,其关键词是公平、公开、透明;三是要平等保护各类市场主体的产权和合法权益,加强对各种所有制经济组织和自然人财产权的保护,其关键词是安全、稳定、可预期。

通过对营商环境中存在的痛点、难点、堵点问题的研究发现,这些问题集中表现为营商活动的制度性交易成本太高,具体来说就是办事程序烦琐、牵涉部门较多、程序串联性较强,一关卡壳,关关停滞,时间耗不起,费用付不起,用企业主的话说就是"需要跪拜的庙门儿太多,一个没拜好事儿就白瞎",使许多企业望而生畏、望而生叹,甚至望而却步。这些痛点、难点、堵点多是制度性的,单靠技术性调整和绿色通道之类的政策性照顾无法从根本上解决问题,而且容易产生不公平,只有从制度变革入手,通过重塑商事制度改造政务流程,才能彻底破解痛点堵点。例如,企业开办事项中存在的"准入不准营"堵点问题,不同地区推出证照分离、三证合一、多证合一等系列改革,暂时解决了一些程序性问题,但相关许可证还是要办,程序还得走,并没有从实质上解决"办证多"的问题,所以最终还是在通过全面梳理研判行政许可事项,清理冗余准入许可和歧视性准入条款基础上,构建直接取消许可、审批改为备案、告知承诺制等制度再造审批流程,达到从根本上"减证"的目的。

营商环境优化制度化的顶层设计可以从以下两方面入手:

其一,对政府的职责范围和权力边界制度化。

营商环境中存在的问题从根源上来说,是政府这只"看得见的手"在履行政府责任时存在的越位、缺位、错位,束缚了市场这只"看不见的手"规范行动和迸发活力。因此,必须以制度为"笼",为"政府之手"行使权力制定规则和边界,为市场主体提供稳定、可信任、可预期的市场环境。市场是最有效率的资源配置方法,市场主体能够以最合适的方式利用知识和才能创造财富,并互相交易[1]。根据《中华人民共和国行政许可法》的规定,凡市场主体能够自主决定,市场竞争机制能够有效调节,行业组织或者中介机构能够自律管理,或行政机关采用事后监督等其他方式能够解决的,均无须设定行政许可[2]。换言之,市场主体知道得更清楚、更加擅长的那些事,无须国家越俎代庖,政府要做的应是那些市场主体即使有所了解但仅依赖自身力量无法实现的那

---

[1] 阿兰·艾伯斯坦.哈耶克传[M].秋风译,北京:中国社会科学出版社,2003:231.
[2] 见《中华人民共和国行政许可法》第十二条、十三条。

些事①。通过"权力清单""责任清单"和"负面清单"的"清单式管理"是规制政府职权边界,实现政府对营商环境管理"适度有效""放管自如""亲清两全"的重要制度设计。放权不等于放任,简政不等于懒政,只是通过关联事项"串联打包办"、高频事项"智能提速办",所有事项"去冗简便办",推动政务服务标准化、智能化、便利化。简政放权后企业被松绑,制度性交易成本大幅度降低,但是保障市场秩序的良好运行必须通过修改现有法律法规对再造后的审批流程制度化,设计好审管衔接和事中事后监管体制,通过完善信用体系和信用信息共享机制确保承诺的可信和履行,并在全区域统一实施。

其二,加强对市场主体平等保护的制度设计。

市场主体获得法律的平等保护是维护市场秩序、稳定市场主体预期和信心、促进公平竞争的基础。良好的营商环境不仅要对市场主体的人身和财产做出平等保护的制度设计,而且必须严格地贯彻实施法律,使之转化为现实的社会秩序,只有这样才能使市场主体具有安全感和规则意识,办事不需要再托关系、走后门,剥夺了政府滥用权力和司法腐败的空间,降低了市场主体的交易成本。毋庸置疑,平等的、法治化的营商环境不是政府以一己之力就达成的,它是一个系统性的工程,需要立法、行政、司法部门乃至社会组织的合力才能实现。

经过全国从中央到地方的营商环境建设,目前已经初步形成了以《优化营商环境条例》为核心,不同部门法的相关规定为补充,地方优化营商环境的专门性立法为枝干的营商环境优化制度体系。但是在制度的顶层设计方面,东中西部地区还存在着较大的差别。总的来说,中央的制度建设和规划处于顶层,东部地区紧跟中央的步伐,中西部地区制度的顶层设计落后于中央。许中缘、范沁宁(2021)根据营商环境建设制度文本的权威性位阶把中东西部的制度建设差距概括为东部地区为全面优先型,中部地区为基础稳健型,西

---

① 弗里德里希·李斯特.政治经济学的国民体系[M].陈万煦译,北京:商务印书馆,1961:169-170.

部地区为滞后追赶型①。东中西部地区制度建设的阶段特征比较如表6-1所示：

表6-1 中国东、中、西部地区营商环境建设法治化水平比较

地区	阶段类型	阶段特点	提升对策
东部地区	全面优先型	主动紧跟中央步伐，出台政策文本数量较多，位阶较高，涉及主题全面详尽，地方性法规占比较大，依法行政兼顾立法、执法与司法各个环节	各部门联合发布政策性文件，由独立治理向协同治理转变
中部地区	基础稳健型	政策文本相对于东部地区较少，文本以地方规范性文件为主，重点在于明晰政府各部门办事清单，开始重视制度建设，但重视程度还不高，制度建设处于基础性阶段	由政策性治理向法治化治理转变，提高营商环境治理文本的位阶，注重多部门联合发文
西部地区	滞后追赶型	地方政策文本发布较少，多为转发中央政策文件，地方发文多为工作文件，且多为部门单独发文，法治化建设意识淡薄，以行政监管为主要手段，忽略了司法治理的重要性	由行政手段管制型治理向法治化治理转变，加强地方立法

营商环境治理的政策文本位阶与权威性越高，则营商环境的法治化程度就越高，其稳定性和透明度就越高，越易受到民众的关注与遵循，执行力就越强，越容易贯彻落实。对地方治理来说，地方性法规的效力层级最高，各地区特别是中、西部地区可以从优化营商环境条例的制定与实施入手，提高治理文本的位阶，以地方性法规对当地营商环境法治化建设的基本路径、原则和内容进行顶层设计。

---

① 许中缘，范沁宁.法治化营商环境的区域特征、差距缘由与优化对策[J].武汉大学学报(哲学社会科学版)，2021(12):149.

三、做到标杆引领和地方实践创新并重

由于地理、历史、政策等原因,我国各个地区的营商环境客观条件存在较大差异。对于营商环境硬件上的客观差异,短时期内较难通过制度创新进行改变,但是软环境的差异却可以通过制度的变革和创新来缩小,我国纵横向地区间的营商环境评价制度的重要目的就是发现、梳理、总结各地优化营商环境的好经验、好做法、好案例,提炼形成更多可供复制推广借鉴的改革举措,发挥标杆的引领、示范作用,形成竞相推动优化营商环境制度改革的良好局面,整体优化我国的营商环境①。从实践逻辑上分析,中央政府不可能对不同区域、不同层级的各地政府的营商环境建设进行顶层设计,但是中央政府有责任对改革实践的标杆地区的先进经验进行总结和梳理,形成框架性、普适性的制度设计推广到地方去,既可以引领地方的改革实践,又为地方政府留有较大的政策自主探索空间,这为营商环境建设的地方政府能动性发挥提供了可能。因此,地方政府的实践创新是中央政府顶层设计的"水之源""木之本",中央政府的顶层设计又发挥标杆的作用,指导和引领地方的改革实践。郭燕芬等(2019)把其概括为顶层设计到地方政策落地的自上而下的实践逻辑、从地方政府改革试点到中央政府总结推广自下而上的实践逻辑以及地区间对标标杆地区的横向实践逻辑②。

标杆或者来自于经济较为发达的先进梯队的经验,或者来自于横向同一级别梯队的创新。营商环境是一项"静悄悄的权力",营商环境评价结果不仅影响经济发展,而且对政府机关的政治影响也很强,导致营商环境评价具有很强的竞争性,特别是在同一层级不同地方政府之间竞争性更强,因此,地方政府会利用现在便捷的信息传递环境积极地想各种方法获取竞争对手的改革和创新成果,也会积极地向高层次的较为先进的地方政府"取

---

① 国家发展和改革委员会. 中国营商环境报告 2020[M]. 北京:中国地图出版社,2020:4.
② 郭燕芬,柏维春. 营商环境建设中的政府责任:历史逻辑、理论逻辑与实践逻辑[J]. 重庆社会科学,2019(2):6.

经"。相对于地方政府而言,中央政府作为最高层级的政府与各层级政府之间没有竞争关系,是较为纯粹的进行制度顶层设计和服务全国的政府,为获得中央政府的肯定,区别于对竞争对手的"保密",地方政府会积极地把改革创新的成果"呈献"给中央政府,因此中央政府可以非常便捷地获取各个地区的创新成果,筛选出通用的可复制的成果形成制度标杆向全国推广,这样各地方政府就可以迅速快捷地直接按照制度标杆优化本地的营商环境或者在制度标杆的指引下对本地区营商环境的优化进行顶层设计。

由于全国各个地区间的经济、社会发展不平衡,差异性较大,因此,仅仅效仿标杆地区的制度创新并不能解决本地区营商环境建设的所有问题,地方政府扎根于自己管辖区内,更加了解区域内营商环境面临的客观条件和急需解决的问题,所以中央政府要给地方政府留有创新的空间,使地方政府能够发挥自己的主观能动性,因地制宜地落地顶层政策或进行地方制度创新。因此,地方政府创新凝聚后升华成中央政府的制度标杆,中央政府的制度标杆又形成普惠制的雨露滋润到各个地区。这一过程揭示了营商环境优化各级政府责任顶层设计到基层落地、改革试点到总结推广和对标先进的三个实践逻辑,也印证了营商环境优化必须坚持标杆引领和地方实践创新并重的路径。2020年1月1日正式施行的《优化营商环境条例》作为目前我国营商环境优化的最重要的顶层设计,正是标杆引领和地方实践创新并重的结晶。

第二节 国内外营商环境优化的实践及经验借鉴

当今世界正面临百年未有之大变局。从国际看,一方面经济全球化、贸易自由化、科技创新化势不可挡;一方面国际格局深刻变化,贸易投资保护主义重新抬头并持续上升,新冠疫情重创全球经济,俄乌冲突不断升级。大变革大调整下的国际新形势更加错综复杂,各国的经济发展都面临着严峻的考验,营商环境竞争随着各国经济贸易空间的竞争变得更加激烈。从国内来看,一方面,实现中华民族伟大复兴和全面建设社会主义现代化国家的"两个一百年"奋斗目标进入关键期;另一方面,国内发展长期积累的深层次矛盾和问题开始凸显,疫情冲击使经济发展面临前所未有的挑战,不友好国家的经济围堵,我国开始构建以国内大循环为主体、国内国际双循环相互促进的经济发展格局。国内外的经济形势使得我国通过营商环境优化稳住经济基本盘、开拓发展新路径、推动经济社会高质量发展的要求更加迫切。国内外营商环境优化的积极实践为河南省营商环境的优化积累了丰富的可供借鉴的经验,助推河南省的营商环境持续快速优化。

一、营商环境优化的国际实践及经验借鉴

营商环境评价的目的是以评促改、以评促优,开展营商环境评价已经成为世界各个经济体准确把握营商环境状况、推动营商环境不断完善的重要抓手。20世纪70年代,以世界经济论坛和世界银行等为代表的国际组织、世界组织已经开始创立营商环境调查和评价方法,对全球相关经济体的营商环境进行评价并发布评估报告和排名,为各国政府的商事制度改革和各类市场主体的投资决策提供参考。世界经济论坛从1979年起,每年都发布《全球竞争力报告》为全球的政府改革和商业决策者投资决策提供参考,并不断完善其评价指标体系,提高其评价的权威性和信服力。世界银行2002年起启动营商环境评价项目,从2003年起每年对参评经济体的营商环境便利度进行评价和排名并发布《全球营商环境报告》,截止到2019年其参评经济体已经达到190个,《全球营商环境报告》的发布已促成各参评经济体近4000项改革措施。在世界银行的引导下,各国政府也对标世界银行和世界经济论坛的评价指标体系,在本国内展开了营商环境评价活动。世界经济组织和各国营商环境评价及优化的实践与经验,为我国各地方的营商环境评价及优化提供了丰富的可供借鉴的经验。

(一)世界银行营商环境评价的实践及经验借鉴

自 2003 年开始,世界银行连续发布年度《全球营商环境报告》,以国家为单位对全球 190 多个经济体的营商环境进行量化评价,并根据"前沿距离分数"方法,依据被测经济体与最优经济体之间的差距进行排名。世界银行的评估报告已经成为全球最有影响力的国家绩效评价指标之一,在全球政治、经济、法律、外交等领域形成了巨大的影响力,带动了世界各国对营商环境的重视并以其指标体系为标本开展国内营商环境评价活动,从某种意义上来说,世界银行的《全球营商环境报告》已经成为许多国家政策改革的依据,评估报告发挥了政策工具甚至是政治工具的功能。世界银行的《全球营商环境报告》也是对中国的国家治理改革和法治化建设产生重大影响的国际项目之一。我们可以从指标体系构成、参评主体范围、数据来源、评价方法四个方面概括世界银行营商环境评价的实践特征。

首先,从评价指标体系构成上来说,经过近 20 年的评价实践,世界银行营商环境评价的指标已经从最初的 5 项一级指标、20 项二级指标完善到目前的 11 项一级指标、43 项二级指标。11 项一级指标为开办企业、办理施工许可、获得电力、产权登记、获得信贷、保护少数投资者、纳税、跨境贸易、合同执行、破产办理、劳动力市场监管,其中劳动力市场监管指标因到底是多好还是少好涉及争议,所以目前还未引入评价系统。世界银行的营商环境评价只关注与营商者利益直接相关的环境指标,并将其分解到极度微观,通过测算某项营商活动所具体需要的时间、步骤、文件材料等进行赋值、排序。世界银行营商环境评价指标体系建设的理论依据来源于西方经济学的理论,主要是以马克思·韦伯、道格拉斯·斯诺为代表的新制度主义学派所秉持的"形式理性"的法律制度之于市场、经济发展有重要作用理论。韦伯认为,具有"形式理性"特征的现代西方法律制度体系塑造了"可计算性"(calculability)游戏规则,帮助市场主体大幅降低投资、交易等市场行为的不确定性①。以诺斯为代表的新制度主义经济学家们则主张,市场长期繁荣的奥秘在于切实尊重产权并保护合同②。这些思想学说被一些学者概括为公式:"良性法律+ 良性执法 = 良好的经济绩效"③。以这些思想为理论基础,世界银行营商环境评价体系及模型测度的核心是反映保障私营企业建立、运营和发展壮大的制度环境和法制环境,着重评价这些经济体的"营商程序便利性"与"法律对产权的保护力度"。世界银行对营商环境法治化水平的重视是最值得各个经济体借鉴的方面。

世界银行的《全球营商环境报告》为全球提供了一套具体可量化的营商环境评估体系,成为各经济体建立适合自己国家的营商环境评价指标的重要参照体系。由于全球各经济体之间的经济发展水平和政治、文化价值观差异较大,我们在看到世界银行评估报告重大价值的同时,不能不考量经济体自身所推崇的价值体系和社会安全与利益,迎合世界银行的评估体系进行"一刀切"的改革。因此,中国营商环境优化的研究者和决策者必须对世界银行的评估指标体系的理论、方法和机制进行反思,探索营商环境建设与评估的中国道路,以免遭遇世界银行指标的"水土不服",使评价实践出现扭曲和异化。世界银行评价指标体系只关注营商环境的便利化程度和财产保护力度,并且进行极其微观的测算,唯分数来决定排名,那些与营商环境直接相关的投资评估宏观指标要素,如国家或城市的安全环境、市场经济体量、市场潜力和成长性、要素获取能力、宏观经济稳定性等却被忽略了。这种过"窄"的评价尺度与经济体的实际经验存在差距。例如,北京和上海作为中国最先进的城市,其营商环境在2018年的排名(第78位)竟然低于非洲的卢旺达(第41位)和南美的哥伦比亚(第59位),这显然是与实际情况极不相符的,这也是世界银行的评价结果遭到越来越多质疑的原因。中

---

① David M. Trubek, "Max Weber on Law and the Rise of Capitalism", Wisconsin Law Review, no. 3, 1972, pp. 720-753.
② Douglass C. North. Institutions, Institutional Change and Economic Performance [M]. Cambridge: Cambridge University Press, 1990.
③ 柯提斯·J. 米尔霍普,卡塔琳娜·皮斯托. 法律与资本主义:全球公司危机揭示的法律制度与经济发展的关系[M]. 罗培新译,北京:北京大学出版社,2010 年,第 20-24 页.

国的诸多营商环境研究团队在进行指标体系设计的时候,开始关注和吸取世界银行的经验教训,如粤港澳大湾区研究院在继承世界银行营商环境指数的基础上,在对大湾区城市群进行营商环境评估时,一定程度上弥补世界银行指标体系的短板,构建了包括软环境、生态环境、市场环境、商务成本环境、社会服务环境、基础设施环境等的指标体系,测算了大湾区 9 个城市 2019、2020 年的营商环境指数。该评估结果综合性和可靠性更强,遗憾的是仍然没有把城市安全环境指标构建在内。法国营商环境评价的"吸引力报告"指标体系设计则更关注良好的工资福利与工作条件、和谐的劳资关系、生态保护好的社会环境对外资和国内投资者的吸引力。

第二,从参评主体范围上来看,目前参与世界银行营商环境经济体的数量已经达到 190 余个,覆盖不同区域、不同发达程度的经济体的范围越来越大。这也体现了世界银行营商环境报告的影响力和权威性。世界银行在每个经济体选择若干个代表性城市进行田野调查,以此来评价整个经济体的营商环境状况。一般来说,世界银行选择的代表城市都是该经济体内的发达城市。

世界银行参评主体选择发达城市进行评价,对于地域面积较小、内部各城市发展较为均衡的经济体来说,评价结果基本能够代表本经济体的营商环境水平,但是对于地域面积较大、各城市发展水平差异较大的经济体来说,如中国、俄罗斯,对发达城市的营商环境评价结果不能代表整个经济体的营商环境状况。

反思世界银行评价主体选择存在的问题,中国的营商环境评价可以建立全国通用的营商环境评价指标体系,但中国的南方与北部、东中西部地区之间,经济发展基础、基础设施条件、区位优势、人才优势等差异较大,这些差异是在短时期内甚至是永远无法消除的。在省份之间进行营商环境评比不可避免地会产生马太效应,使不发达地区和省份产生对营商环境建设的悲观和放任情绪,违背营商环境评价的初衷。一般来说,同一省级地区内部的差异不大,客观基础硬环境差别不大,软环境却可以通过建设的努力程度不同拉开档次。因此,中国的营商环境评价最好在 34 个省级单位(23 个省、5个自治区、4个直辖市、2个特别行政区)区域内进行,甚至区域内的城市和县域分开进行,这样既不会形成强者更强、弱者更弱的局面,又可以形成相互竞争、积极向标杆学习的态势,提升整个省份的营商环境水平,达到以评促建、以评促优的营商环境评价目的。当然,也可以先把级别相近的省会城市、经济特区、沿海开放城市作为试点,开展营商环境评估,最终铺开到各个省级行政区域内的营商环境评价。

第三,从数据来源上看,世界银行指标测算的数据来源于既有专业能力又有公信力的世界银行研究团队到各个参评经济体亲自进行的田野调查。采用问卷调查的方法进行调查。世界银行进行田野调查的调查问卷设计层级复杂、指标琐碎、信息零散、赋值工作量很大,但是却获取了第一手原始资料,数据的信服力比较大。世界银行的田野调查最值得借鉴的地方在于以企业为中心,以企业的满意度调查为重点,调查对象中企业主体和工作人员占比较大,更加注重企业的满意度调查,体现了以"保护企业财产安全和提升企业营商便利度"的营商环境优化理念。但是,由于世界银行田野调查所获取信息的分散性、调查问卷层级指标的琐碎性以及指标测算的微观性,得出的数据不一定就是客观真实的,其说服力也可能因此而降低。所以法国国内的营商环境评价就摒弃了世界银行繁重复杂的田野调查数据获取方法,选择一条成本更低、公信力更强、误差更小的捷径,直接援引权威部门、单位统计部门或专业机构发布的统计数据或报表获得所需数据,这种做法同时倒逼有关机构发布相关统计数据时更为准确、公开、及时、透明,可谓一举两得。①

最后,从分析测算方法上来看,世界银行报告采用"前沿距离分数"的分析方法对各个经济体的营商环境水平进行排名。这种方法也被我国多个研究团队所采用,例如李志军(2019)团队对中国4个直辖市、5个计划单列市、27个省会城市和253个地级市进行营商环境评价采取的效用值法就是借鉴的"前沿距离分数"分析原理。"前沿距离分数"分析方法的优点是能

---

① 李颖秩.中国营商环境评估的进路策略与价值选择——以法国应对世行《营商环境报告》为例[J].华东师范大学学报(哲学社会科学版),2020(1):194.

够一目了然地看出某个具体指标下前沿标杆优秀到什么程度,后进者与前沿有多大的差距,差距的原因在哪里,便于迅速对标研究改革方案对指标进行优化,还可以明确看出哪些指标拖了综合成绩的后腿。而且,世界银行报告会对来年一级指标或加权后的整体营商环境前沿距离分数比上年变动幅度超过2%的经济体进行肯定(或否定)性评价,这对后进经济体的鼓励作用和先进经济体的警示作用很大。例如,2019年世界银行发布的《全球营商环境报告2020》,中国营商环境排名跃居第31位,比上年提升了15名,连续两年进入世界银行全球营商环境改善幅度最大的10个经济体名单,受到了世界银行的充分肯定;单项指标方面,办理建筑许可从第88位跃居至第33位,进步特别显著,纳税指标尽管排名在提升,但名次一直很靠后,拖了整体评价的后腿。

世界银行的"前沿距离分数"分析方法对营商环境的评价根据打分、进行排名的数字化呈现方式具有简明、直观的特点,可以很快对某一经济体的营商环境状况或某一类别指标的状况形成整体认识。但是,这一简单、粗暴的"唯分数论"方法只讲数据好看,不问必要性、可行性、合理性与合规性,有可能引来恶性竞争,为营商环境的优化埋下隐患。在审批流程和政府规制方面,世界银行的测算依据"少就是好"的原则,流程越少、规制越少,分数越高,但实际上并不一定是"越少越有效",某些必要的流程或规制"为少而少",不但不能优化营商环境,甚至可能对营商环境造成灾难。例如,2020年以来肆虐全球的新冠疫情对每个国家的经济生产与发展都形成了严峻的挑战,这些时期,中国限制人口流动和企业生产的规制通过保护企业员工的生命安全和产品安全保护了营商环境。国家治理体系是一个复杂的系统,政府有时候不得不采取更多的规制手段,牺牲一定程度的营商便利,以换取更优的整体治理效果。再如,在优化市场环境的"放管服"改革中,浙江省提出的"最多跑一次"和"综合查一次"制度创新,被诸多省市所效仿。"少跑""少查"固然对企业提供了很大的便利,但是"最多跑一次"改革并非完全合理,"综合查一次"可能会因对企业的放纵使企业滋生违法行为,实践中"最多跑一次"在"跑"之前额外设定了许多要求,反而增加了企业的营商成本,对于"少就是好"要辩证地看待①。

总之,世界银行的营商环境评价实践印证了"法治是最好的营商环境",认真研究和学习世界银行的营商环境评价体系和实践,吸取和借鉴其合理做法,对中国营商环境的市场化、法治化、国际化、便利化建设有重要的价值和意义。中国应该结合自己的国情,批判地借鉴世界银行的评价体系,构建一套有中国特色的营商环境评价体系和改革行动指南。

(二)发达国家营商环境优化实践及经验借鉴

世界银行2019年和2020年发布的《全球营商环境报告》前十名的国家基本都是发达经济体,新西兰、新加坡、丹麦、韩国等发达经济体都位于全球营商环境的前10名。排名前十的经济体营商环境优化的最重要的共同经验就是规范的制度建设和良好的政商环境,这些发达经济体在简化审批流程、完善税收制度、采用信息化服务、打造"亲""清"政商环境等方面为中国的营商环境优化提供了值得借鉴的经验②。

1. 丹麦:精简手续和流程的典范

简化审批流程是所有排名靠前的发达经济体营商环境的根本特征,丹麦简化审批流程的做法堪称世界典范。丹麦政府以"简化规则商业论坛"为抓手,大幅度降低了丹麦审批程序和监管体系的复杂性。丹麦不是盲目地在程序数量上做减法,而是在对审批事项办理手续进行梳理、整合的前提下,借助信息科技手段,进行减环、缩时、降(免)费,充分简政放权。例如丹麦在单证合规上的流程只有4项,而中国超过了10项,办理施工许可丹麦设置了7项流程,而中国却达到23项,差距不是一星半点。

2. 新加坡:跨境贸易服务的典范

根据世界银行发布的《全球营商环境报告》,新加坡最近10多年来一直被评为"全球营商环境最佳"的经济体之一,2019、2020年的世界银行报告

---

① 程金华.世界银行营商环境评估之反思与"中国化"道路[J].探索与争鸣,2021(8):109.
② 杨继瑞,周莉.优化营商环境:国际经验借鉴与中国路径抉择[J].新视野,2019(1):40.

排名,新加坡分列全球第三、第二位,基本上位居前三甲的位置。作为一个以对外贸易为主的港口国家,新加坡是国际航运的中心,营商环境建设的国际化程度很高,主要体现在跨境贸易方面。自贸港政策和先进的信息化系统是推动新加坡经济持续高速发展和营商环境优良的重要原因,优良的营商环境巩固了新加坡在国际贸易中心的地位①。新加坡的跨境贸易值得借鉴的创新体现在两个方面:一是先进的、信息化的通关程序和监管系统,二是先进的进出港信息化服务系统。Trade Net 贸易网络电子信息系统是近年新加坡监管系统的创新,借助于该系统,通关程序大幅简化,报关人只需要通过该系统整合货物流动的文件流程,就可以在 15 分内完成清关程序,境内和入关的货物实行"一线彻底放开",可以在自贸港内随意流动。Trade Net 系统实现了贸易各部门之间数据的共享,实现了监管部门与港口间的信息无缝对接,监管部门可以对进出口货物实时监管。Port Net 系统是新加坡的信息化港口服务系统,全天候为客户提供舱位预定和船只进出港服务,集装箱通过大门只需 25 秒,为进出口贸易提供了极大的便利性。我国作为全球第二大经济体,跨境贸易业务量巨大,已成为我国经济发展的重要支撑,实现跨境贸易报关、通关程序的简单化,通过优质全面的贸易服务实现进出口贸易的便利化是跨境贸易营商环境优化的关键,新加坡数字化、便利化的跨境贸易营商环境给我们提供了重要的经验借鉴。

3. 韩国:纳税服务的典范

中国的纳税指标近两年分数虽然有所提升,但在世界银行评价中位居百名之外,一直是一个短板。而同为亚洲国家且与我们毗邻的韩国,近几年的营商环境评价成绩一直稳定在前五名,韩国成绩突出的最大贡献点和亮点在于其完善的税收制度。韩国营商环境建设坚持被全社会广泛认可的"以纳税人为中心"的理念,特别注重纳税人权益的保护,形成了对模范纳税人进行表彰、奖励和税收优惠的政策,增强了纳税人诚实纳税的使命感、自豪感和获得感;同时,韩国实行纳税人负面清单管理制度,将一定时期内

---

① 杨继瑞,周莉.优化营商环境:国际经验借鉴与中国路径抉择[J].新视野,2019(1):43.

没有新增就业机会和投资的企业视为"僵尸"企业,取消其享受税收优惠的资格。得力于较为先进的科技水平和智能化水平,在办税服务上从电子发票到纳税预申报和申报,韩国几年前就已经开始推行并已完全实现"互联网+"支撑下的智能化办税服务,几乎达到了企业纳税"零跑腿"。纳税服务是营商环境评价中的一个非常重要且又与其他指标息息相关的指标。一国或一经济体的税收是由该国(或地区)的具体国情决定的,相对于韩国,中国的国土面积较大,人口较多,地区发展不平衡,税种、税收优惠情况比较复杂,但是通过智能化征税、管税,简化办税程序,切实保护纳税人权益,优化纳税服务,韩国的经验是值得借鉴的。最近几年,我国已经加快加强了电子化纳税申报和缴纳系统的建设和应用,但是对标世界先进国家的标准,还有很大的优化空间。

4. 新西兰:打造"亲、清"政商环境的典范

世界银行发布的《全球营商环境报告2020》排名,新西兰位列第一,这充分说明新西兰的营商环境几乎不存在任何短板,值得各个国家学习和借鉴。新西兰营商环境软环境的最大特点就是打造"亲、清"的政商环境。新西兰营商环境"清""平"且"透",具体体现在三个方面:一是政府对企业的权力清单非常明确、权力界限非常清晰,并且形成制度严格执行,营商环境呈现出高度的法治化特点;二是市场导向的资源配置机制非常有效,凡是市场自己能够做好的全部归权于市场,呈现出高度的市场化特点;三是无论国内还是国外公司,享有无差别的税收和贷款待遇,营商环境公平、透明。政策呈现出高度的市场化和法治化特点。新西兰的政商关系"清"而不"冷",处处体现出"亲"的特征。例如,新西兰政府非常鼓励外来投资,除严格控制区域外,没有其他禁止外资的领域,而且平均关税全世界最低;新西兰政府特别重视对投资主体财产安全的保护,资金自由流动不受阻碍,特别注重保障稳定安全的投融资环境;新西兰不但重视营商"软环境"的优化,也特别重视营商"硬环境"的建设,为投资者提供了夯实的通信、交通、能源等便利化环境条件。

新西兰作为发达国家之一,也是世界上政府廉洁指数比较高的国家,营商的"软环境"与"硬环境"均为世界一流。固然,"硬环境"与经济体的资源禀赋和经济发展实力密切相关,不是每个国家只争朝夕就可以迎头赶上的,但是软环境的建设却是"追求就有收获,努力就会改善"。除了"亲、清"的政商环境之外,新西兰营商环境优化的很多做法都值得中国对标借鉴。

5. 法国:营商环境建设"对标世界银行"与"立足本土"相结合的典范

法国是世界第六大经济体,也是欧洲的旗舰国家,是标准的发达国家,社会保障和福利水平都较高,但是世界银行发布的营商环境报告中,法国的排名并不靠前,基本位于30名左右,2020年的报告更是排在了中国之后。究其原因,很大程度上在于世界银行所依据的营商环境评价体系与法国本土的价值观并不完全相符,甚至遭到了比较大的质疑。其实,不只是法国对世界银行的评价体系存在质疑,越来越多的国家开始质疑世界银行的评价标准,开始根据自己的国情和价值观念着手研发本土的营商环境评价体系,其中,法国走在了世界的前列。

法国一方面积极对标世界银行报告,努力提升全球营商环境的排名,一方面又对世界银行报告的形式和内容提出了多方面的质疑。从形式上来看,法国认为,世界银行的排名建立在对指标过于分散的分析、征求调查意见和主观判断上,数据来源容易失真,导致分数结果偏离一国的真实情况;从内容上来看,世界银行报告低估了法国的竞争力与商业环境,没有考虑法国市场上的劳动者水平和持续稳定的各项服务,更为重要的是世界银行的指标体系不符合法国的主流价值,如创新、环保、平等等[1]。在坚持"对标世界银行与立足本土相结合"的原则下,法国研发了《法国吸引力报告》作为国内营商环境评价的依据,其指标体系构建与世界银行的指标体系有较大不同。(见表6-2)

---

[1] 李颖秩.中国营商环境评估的进路策略与价值选择——以法国应对世行《营商环境报告》为例[J].华东师范大学学报(哲学社会科学版),2020(1):190-191.

表 6-2 《全球营商环境报告》与《法国吸引力报告》一级指标体系比较①

	《全球营商环境报告》	《法国吸引力报告》		
1	开办企业	外国直接投资	1	结果指数
2	办理施工许可	国际化与经济开放	2	
3	获得电力	战略活动	3	结果指数
4	产权登记	国际人才竞争	4	
5	获得信贷	市场规模与活力	5	
6	保护少数投资者	教育与人力资本	6	
7	纳税	科研与创新	7	
8	跨境贸易	基础建设	8	吸引力标准
9	合同执行	行政与规制环境	9	
10	破产办理	金融环境	10	
11	劳动力市场监管	成本与税收	11	
		生活质量	12	
		绿色增长	13	
		外资与国内就业增加	14	补充标准

《法国吸引力报告》中与世界银行报告中一致采用的指标,如"行政与规制环境"项下包含的"执行合同便利度""开设企业便利度""登记财产便利度",这些指标直接采用了"世界银行报告"的数据。在指标测算上,法国并不赞同像世界银行那样微观到步骤、时间、文件材料,而是选取了符合法国价值观的相对宏观的二级指标,并且数据的获取不是依据世界银行所采取的田野调查法,而是依据权威机构、主管部门或统计部门发布的数据,比较省力、可靠,但这建立在法国统计数据发布的公开、真实、固化的基础上。在指标选择上,区别于世界银行单纯以追求企业投资经营者的利益最大化和营商便利化为导向,《法国吸引力报告》特别关注社会利益,强调社会的和谐和可持续发展,认为科技的创新、高质量的生活、和谐的劳资关系、绿色

---

① 《全球营商环境报告》指标体系为世界银行 2018 年发布的结果,其中第 11 个指标劳动力市场监管因有争议,没有纳入测算;《法国吸引力报告》的指标体系为 2017 年发布的结果。

环保的生态环境才是最大的吸引力和可持续发展的保障,因此评价体系设计了科研与创新、生活质量和绿色增长等指标。中国亟待建立一套符合自身价值取向的营商环境评估体系。从《法国吸引力报告》应对世界银行《全球营商环境报告》的经验来看,中国也应该既"对标世界银行、提升排名"增强营商环境的国际吸引力,又综合考量中国推崇的价值理念与营商地的社会效益,建立一套"迎合国际公认标准""符合中国特色国情""彰显社会利益价值"的营商环境。

(三)亚洲发展中国家营商环境优化实践及经验借鉴

如果说中国的营商环境与世界银行排名靠前的发达国家是因为经济、政治、社会发展水平差异较大从而降低了可比性的话,横跨欧亚大陆的俄罗斯和印度与中国的基础条件差距较小,与中国的营商环境相比具有较大的可比性,这种比较最容易产生认识上的共鸣和实践上的相互借鉴。

1. 俄罗斯:国家高度重视与制度性腐败并存

以普京为代表的俄罗斯领导集体对营商环境建设及其在世界银行报告中的排名高度重视,2012 年普京发布"五月命令",立下营商环境 2015 年升至 50 位、2018 年升至 20 位的目标,并在每年的政府工作报告中把"大力改善营商环境"作为工作要点。普京优化营商环境的决心绝不是停留在"口号上",他制订了一系列"细"且"实"的政策措施推动营商环境制度改革,如完善监管制度、减少冗余规制、保护个体经营者、简化营商程序等具体政策措施。为保障政策真正落地实施,俄罗斯联邦政府把营商环境改革情况纳入地方政府的绩效考核,并亲任督导委员会主席,旨在通过"高压"措施保障政策有效执行。俄罗斯在国家层面上制定营商环境优化的"行动路线图"和"实施标准",这些"路线图"和"实施标准"都是在联邦政府支持下由企业家团体为主导制定的,体现了更多的市场精神和更少的官僚气息。俄罗斯针对地方政府优化标准的实施状况建立了"三级评估标准",由国家评级机构进行评级,推出和奖励优秀标杆,鼓励地方营商环境优化的积极性和制度创新。在俄罗斯国家层面的高度重视和高压措施下,俄罗斯营商环境名次虽然没有达到20位的理想效果,但上升幅度却位列全球前十,尤其是"获得电力"和"登记财产"这两项表现最好,都位于全球第12名,这是俄罗斯在营商环境方面在国家领导的高度重视下持续改革、日益完善的结果①。

俄罗斯营商环境持续优化的阻力来源于其面临的不利的国际环境和根深蒂固的国内问题。国际层面,乌克兰危机爆发后,以美国为首的西方国家对俄罗斯实施的经济制裁以及非常规的货币政策,使俄罗斯经济增速持续下滑和持续低迷,国际融资几乎走向绝路,特别是目前正在进行的"俄乌冲突",俄罗斯陷入了被欧美国家制裁的包围圈,大量外资撤离,外围环境更是"四面楚歌",几乎陷入绝境,投资信心和安全预期大幅降低,俄罗斯的营商环境建设遭到重创。国内层面,俄罗斯人口负增长导致劳动力数量不足,结构失衡;营商环境治理以运动式的行政命令为主,法律、规章效率低下,行政、司法履权随意,营商环境的整体制度建设和立足长远的法治化建设缺失;企业税负偏高,营商环境对中小企业不友好,中小企业税负达到美国的4倍;对营商环境建设破坏最大的因素当属俄罗斯根深蒂固、积重难返的腐败文化和官僚传统。

苏联剧变转型期,大规模的企业"私有化"变革使得俄罗斯的腐败达到登峰造极的地步,"官商勾结""以权谋私"的腐败文化虽被民众深恶痛绝,却被拥有腐败机会的人采用,行贿已经成为企业主体或公民行事的习惯。俄罗斯行政与司法部门联系紧密,使得执行与监督职能合二为一,形成行政与司法的权力闭环,使得贪腐更加肆无忌惮,造成俄罗斯的营商环境无公平、透明、安全可言。"透明国际"发布的全球清廉指数报告中,俄罗斯多年来一直处于低位。俄罗斯若不能站在国家整体的战略高度上,坚决惩治腐败问题,营商环境优化就举步维艰。虽然在普京总统上台以来,俄罗斯联邦政府先后采取了一系列强力措施惩治腐败官员,但是,由于俄罗斯的腐败文化根深蒂固,总体来说收效甚微。普京曾提出"净化营商环境是基础性和系

---

① 宋林霖,黄亚卓.俄罗斯营商环境优化:影响因素与效果评价[J].中国行政管理,2020(5):146.

统性的任务,不是经济政策层面的问题,必须改变整个俄罗斯国家执行机构和司法机构,拆分侦察、检察和司法机构的联系,必须改变国家管理企业经营活动的整个意识形态"①。显然,普京总统清晰地认识到营商环境优化不是在单个指标上下功夫,也不是运动式治理,毕其功于一役是建立营商环境的制度化体系。

俄罗斯联邦政府高度重视世界银行《全球营商环境报告》,积极主动对标世界先进的行政管理理念和方法,虽然没有达到其预期的目标,却彰显了其革弊立新、立信于民、重整国家的决心。俄罗斯与中国是重要的战略伙伴关系,二者有诸多相似之处,俄罗斯探寻营商环境优化的经验和教训,对中国的营商环境优化具有重要的参考价值和借鉴意义。中国应坚持高强度的反腐败斗争与坚定的党风廉政建设,划清政府权力边界,保护好投资者财产,加强营商环境的制度建设,减少运动式治理,确保各项制度的顺利执行和营商环境的持续优化。

2. *印度:府际关系与机构设置的掣肘制约"放管服"改革效果*

印度政府与诸多国家一样,比较重视营商环境的建设,尽管2019年发布的世界银行营商环境报告印度排名63位,明显落后于中国(31位),但是,近几年印度营商环境进步的速度却非常快,2017年以来,平均每年进步位次达到了22名。印度与中国一样以"放管服"改革为根本抓手,以明晰政府权力界限、转变政府职能为突破口,从政务环境、市场环境、法治环境建设三个维度进行改革,优化营商环境,激发市场活力,发展本国经济。对标世界银行标准,印度的营商环境优化改革也取得了不错的效果,从2014年世界银行排名的134位提升到2020年的63位。

在世界银行的专家团队的支持和帮助下,由印度工业政策和促进部牵头,印度从2015年开始制定每年的"营商改革行动计划",并对各邦完成情况进行排名。2016年印度发布了跨越企业生命周期10个领域的340条"营商行动改革计划",其中监管方面的改革计划就达58条。2017~2018年

---

① 程亦军. 俄罗斯经济现代化进程与前景[M]. 北京:中国社会科学出版社,2017.5.

度又发布了372条改革计划，涉及更多的领域，2019年度的改革计划仍然非常关注监管改革，在原来的基础上又增加了80条监管改革计划。印度营商环境最亮眼的指标就是办理施工许可，在开办企业、执行合同指标上表现较差，其他指标略低于中国，相差不是太大。印度在"放管服"改革过程中有三个方面的做法非常值得肯定：一是倡导"顾客导向"政务服务理念，及时解决企业和民众的问题和投诉；二是建立部门之间的合作协商机制，注重通过协同治理提高行政效率；三是进行企业"准入宽进"改革，强化信用监管；撤销"国家计划委员会"，成立"全国改革印度协会"以便实现营商环境的市场化。

虽然莫迪政府上台后对营商环境改革的力度和决心颇大，但是印度的营商环境水平排名仍然比较靠后，行政审批制度、市场监管方式、政务服务效能的改革无法实现预期效果，究其原因主要在于以下几个方面。首先，印度是联邦和邦的双轨制政府，印度民族主义政治体制包含着一对难以调和的矛盾：一方面强调各地方邦的高度自治，形成照顾各方的分散型利益结构，以调和社会民族、宗教等矛盾；另一方面又强调联邦政府的权威，以僵硬的行政命令和机制控制各邦①。此矛盾下掣肘的府际关系导致联邦与邦之间政令不畅通，各邦之间各自为政，协调困难，对营商环境改革的直接影响就是改革政策的碎片化、行政审批流程的复杂化、简政放权的低效化。其次，政府的政治体制顶层设计倾向于发达资本主义国家的改革模式，而经济制度则模仿苏联计划经济体制，政治体制与经济体制严重错位，既阻碍了经济的发展，也凸显了行政体制的问题，并使二者之间的互动受阻。政治、经济体制的错位使以转变政府职能、建设服务型政府为目的的政府机构改革难以推动，政府许可遍布各领域，政府放权成为一种奢侈，"行贿"成为获得许可的必要途径，政府职能与权限边界不清晰，制度性腐败非常严重，营商环境的市场化水平和政务服务水平较低。最后，优化营商环境的基本政策经常改变，缺乏稳定性，法治化水平较低，影响了投资者的信心和预期。另

---

① 宋林霖,张培敏.以放管服改革推进营商环境优化的路径选择——印度的经验、教训与启示[J].学术界,2020(5):39.

外,印度落后的基础设施建设也是制约营商环境优化的重要因素。

基于印度"放管服"改革的经验和教训,中国持续优化营商环境应着力处理好三个关系:学习型制度科学有效嵌入自发性制度体系,建设顺畅的府际关系和科学的机构设置,实现政治体制和经济体制的融合相激发力;变为某企业主体选择性地"开绿灯、发红利"为所有市场主体"普适型"的制度供给;转变"运动式治理"的观念,保持基本政策的稳定性,稳定市场信心。

二、营商环境优化的国内实践及经验总结

营商环境是企业生存发展的土壤,是经济高质量发展的保障。准确把握营商环境是释放市场活力、激发创新创业动能、健全政府管理体系、推进国家治理体系和治理能力现代化的重要内容[①]。对标国际一流,积极打造稳定、公平、透明、可预期的营商环境,是新时代习近平总书记提出的重大命题,党和政府对营商环境评价和优化工作高度重视,并积极在全国范围投入实践。尽管十多年来中国参与了世界银行的全球营商环境评价,世界银行的评价结果对我国的营商环境优化具有重要的参考价值,但是世界银行对中国营商环境评价选择的样本城市为北京和上海,这两个城市是中国营商环境最好的城市,中国的地区发展不平衡,各地区差距比较大,很显然北京市和上海市的营商环境状况不能代表中国的整体水平。因此,中国必须根据自己的国情,借鉴世界银行标准,构建中国特色的指标评价体系并在全国范围内展开评价,才能提升地方政府优化营商环境的积极性,提高中国整体的营商环境水平,推动中国经济的高质量发展。

中国营商环境的评价实践大致可划分为三个阶段进行:第一阶段为检验并完善指标体系的试评价阶段,主要评价实践为2018年对中国东、中、西部22个城市的营商环境评价;第二个阶段为中国营商环境评价引领和督促城市改革创新阶段,主要评价实践为2019年开展的对全国31个省级单位

---

① 国家发展和改革委员会.中国营商环境报告2020[M].北京:中国地图出版社,2020:19.

的41个城市的评价和为促进东北全面振兴所进行的对包括黑、吉、辽、蒙的东北地区21个城市的营商环境评价;第三个阶段是2020年1月1日营商环境优化的国家顶层设计《优化营商环境条例》实施后,营商环境优化引起各级政府的充分重视并成为政府职能转变和"放管服"改革的重要内容,各省级单位在区域内部竞相展开的地区评价实践。三个阶段根据地区实践,总结全国经验形成顶层设计,然后再指导各个地区实践的过程推动了中国的营商环境评价体系和评价机制逐步走向成熟和完善,以评促建、以评促改、以评促优的成果越来越多,助推中国营商环境一步步走向"市场化、法治化、国家化、便利化"。

(一)完善指标体系和评价机制的试评价阶段

2018年,在国务院的部署下,由国家发展和改革委员会负责,成立推进政府职能转变和"放管服"改革协调小组,下设优化营商环境组,本着国际可比、对标世界银行、中国特色的原则,借鉴世界银行和其他国家的评价经验,开始启动中国的营商环境评价工作。中国营商环境评价的总体目标导向为:以"放管服"改革为抓手,建设市场主体和社会公众都满意的营商环境。2018年上半年,国家发展和改革委员会会同有关部门和地区,初步构建了一套既国际可比又体现中国特色的指标体系。指标体系的设置涵盖了企业全生命周期中与激发企业活力、提高城市投资吸引力和推动高质量发展的要素,并以此指标体系为依据,在东、中、西部和东北地区选择了包括直辖市(4个)、计划单列市(3个)、副省级省会城市(6个)、省会城市(3个)、地(县)级市(6个)在内的22个城市试水营商环境评价。本次营商环境评价是第一次由国家主导的营商环境评价,是对中国营商环境评价体系一次全面的检验和完善。此次试评价分两批进行,第一批包括北京、上海、深圳、厦门、武汉、沈阳、成都、杭州、兰州、葫芦岛、衢州、延安12个城市。第一批评价结束之后,根据第一批试评价城市的开展情况和参评方的意见和建议,评价小组适时对评价体系进行了调整和完善,剔除了各城市做的差异不大、不具有竞争性的指标和与中国的国情不相适合的指标,进一步增加了促进

"放管服"改革落实和能够体现经济、社会高质量发展的指标。之后,依据调整完善后的指标体系,在天津、重庆、青岛、广州、南京、合肥、贵阳、襄阳、三亚、义乌10个城市展开了第二批评价。北京市以"9+N"模式为主要改革措施,在衡量企业全生命周期、反映城市投资吸引力两个维度的评分都名列榜首,城市高质量发展水平也位于前列,总排名位列22个城市首位。

两个批次的评价是对中国营商环境评价指标体系和评价工作机制的最好测试,营商环境评价指标体系的适用性、有效性得到大幅提升,营商环境评价的工作机制得到了完善。为总结本次营商环境评价的经验和不足,2018年8月底,国家发展和改革委员会组织推进政府职能转变和"放管服"改革协调小组、优化营商环境小组的负责人、全国31个省级单位优化营商环境的负责人召开了全国营商环境优化现场会和营商环境工作推进会,为下阶段更大规模范围内的营商环境评价奠定了基础。

(二)以全国评价引领和督促城市改革创新阶段

2019年5月,经国务院的批准,国家发展和改革委员会启动了2019年度全国营商环境评价工作,这次评价参评城市的选择覆盖了全国31个省级单位的41个城市①。2019年的营商环境评价工作包括3个阶段:第一阶段是成立培训班,邀请人民法院、税务总局等多个专业部门人员对指标评价体系进行指标体系解读答疑;第二阶段是组织各参评城市营商环境评价政府部门负责团队在京集中填报问卷,线上平台收集整理企业填报问卷;第三阶段是第三方评价团队对各个参评城市提交的问卷进行整理、审核、评价,整个评价工作11月份结束。在此次评价工作中,国家发展和改革委员会以深化"放管服"改革为重要抓手,以建设"市场化、法治化、国际化"的营商环境为目标,以企业主体和民众的满意度和获得感为导向,深入了解企业和民众办事和创业过程中的痛点、难点、堵点问题,发挥营商环境评价以评促建、以评促改、以评促优的引导和督促作用,推动地方政务流程再造和制度改革,

---

① 41个城市包括4个直辖市、5个计划单列市、10个副省级省会城市、17个省会城市和5个县(地)级市。

促进参评城市营商环境优化的改革创新。此次营商环境评价指标体系一共包括18个一级指标①,对标每个指标的国际、国内先进水平,聚焦市场主体反映的突出问题,开展了卓有成效的实践探索,每个指标方面都涌现出了诸多典型经验做法,凸显出一批标杆城市,对其他城市的改革具有重要的学习和引领作用,有力地推动了全国各地区各部门营商环境优化工作的展开、落实和深入。

为了转变东北地区各级政府的职能和观念,深化东北地区的"放管服"改革,创造安企、拴心、留人的条件,促进中国东北地区老工业基地的全面振兴,2019年8月~10月,国家发展和改革委员会对东北地区的四个省份(黑、吉、辽、蒙)的21个城市开展了营商环境评价。本次评价在推行全国指标体系的基础上,深入分析东北地区营商环境的现状和问题的特殊性,因地制宜,因城施策,主要从企业办事的流程、时限和成本三个方面,挑选12个指标构成评价体系,推动东北地区的简政放权改革,为东北地区的全面振兴创造了支撑。

(三)各省份区域内部评价竞相展开阶段

国家发展和改革委员会主导的中国城市营商环境评价工作,一方面系统地总结了参评城市营商环境优化的经验和做法,特别是为解决企业主体诉求最多的痛点、难点、堵点问题,破除体制性障碍、机制性梗阻的改革举措和政策创新,为全国层面优化营商环境的顶层设计提供了支撑;一方面引起了各地方政府对营商环境优化的高度重视,成为诸多城市政府工作的"一号工程"。2019年10月8日,国务院颁布《优化营商环境条例》,成为全国层面优化营商环境的制度指引,在《优化营商环境条例》的框架指导下,各省份地区纷纷出台了区域内的优化营商环境的政策法规文件,以省份为单位

---

① 18个一级指标分别为:1.开办企业,2.劳动力市场监管,3.办理建筑许可,4.政府采购,5.招标投标,6.获得电力,7.获得用水用气,8.登记财产,9.获得信贷,10.保护中小投资者,11.知识产权创造、保护和运用,12.跨境贸易,13.纳税,14.执行合同,15.办理破产,16.市场监管,17.政务服务,18.包容普惠创新。

的区域内营商环境评价活动如火如荼地竞相展开。纵览各省份区域内的营商环境评价，其指标体系的设计及建设优化工作都是以切实转变政府的职能和意识入手，以"放管服"改革为抓手，充分复制或借鉴标杆城市的经验做法来进行。

首先，从"放"的层面来说，"简政放权"是中国优化营商环境的根本和基础，是政府职能发生根本性转变的体现，也是实现营商环境"市场化""便利化"的保障。优化营商环境的首要任务及切入点就是减审批、少材料、降成本、宽准入，持续向市场主体简政放权。中国各地区通过简政放权优化营商环境的实践经验主要体现在以下几点：一是实施《市场准入负面清单制度》，在保持稳定性和连续性的前提下，负面清单条目能减则减，持续放宽市场准入；二是大幅精简重复审，取消不触碰红线的、事前转为事中事后监管的审批，彻底取消"以批代管"；三是实行"一证通办""证照分离"等"减证便民"改革，推广容缺办理，重点推进以告知承诺为基础的审批制度。例如，北京市试行的"风险分级分类审批"制度，对高风险事项"严格审批"、一般风险事项"告知承诺"、低风险事项"简化审批"、无风险事项"非禁免批"审批制度改革的做法被诸多城市学习借鉴。

其次，从"管"的层面来说，面对市场新产业、新业态、新技术、新模式的挑战，打造公平、透明、竞争有序的营商环境，传统的监管模式已经力不从心，必须改革传统的监管模式，开创"政府定标准、企业作承诺、过程全透明、失信严惩戒"的包容审慎的信用型监管模式。监管模式的改革是实现营商环境"公平化""法治化"的根本保障。中国各地区政府监管模式改革实践的主要经验体现在以下几个方面：一是在监管方式上实现"双随机、一公开"制度的全覆盖、常态化；二是在监管技术手段上规范和压缩行政执法的自由裁量权，加快推进"互联网+监管"；三是在监管制度建设上推进以信用为基础的监管制度改革，依据信用信息对监管对象实施差异化的监管措施。例如，杭州市以芝麻信用、市民卡公司"钱江分"、杭州公共信用信息平台三大载体，全力打造出"信易住""信易租""信易行""信易游"四个品牌，成为全国首批"社会信用体系建设示范城市"①。

最后,从"服"的层面来说,建设"服务型政府"是转变政府职能和"放管服"改革的落脚点,是提高营商便利度、增加企业和群众满意度和获得感的重要保障。中国营商环境优化的实践以全面推进办事指南、服务流程、平台建设、监督评价四个方面的制度化建设为基础,对政务服务的各方面、全流程进行标准化管理,保障各层级政府首先做好"规定动作",同时鼓励各地结合实际,主动作为、自我加压、针对堵点、探索创新,推出高阶版的"自选动作",大幅提高了政务服务的效能。政务服务是中国营商环境评价的一项非常重要的指标,中国提高政务服务效能的营商环境优化实践的经验主要体现在以下几个方面:一是改造和优化政务服务流程,建设以标准化为基础的政务服务制度;二是依托互联网平台打造数字化政府,推动基础数据资源共享,实现全国政务服务"一张网"和地方政务服务"一站式",最大可能地提供"24小时不打烊"的线上服务;三是降低企业用地、融资成本和税费负担,打通政策落地的"最后一公里",解决"堵点""痛点"问题。建设"亲、清"的政商关系,提供高效的政务服务,中国营商环境的优化实践案例积累了丰富的可供借鉴的经验。例如,杭州市的"亲清在线"平台和已延伸至基本公共服务领域的"最多跑一次"改革,深圳市拓展到开办企业、人才引进等多个领域的"智慧秒批"服务,北京市推出的低压电力"零上门、零审批、零投资"三零服务等。

总之,以"放管服"改革为抓手的营商环境评价和改革实践为解决营商环境中由于制度性障碍和机制性梗阻产生的痛点、难点、堵点问题提供了创新性的经验和做法,积极发挥了标杆引领城市的示范带头作用,带动了全国范围内的对标先进持续优化营商环境的改革实践,使政府的职能和管理理念发生了较大转变,有效地激发了市场活力,提高了政府服务的质量和效率,增强了企业和群众的公平感、满意感和获得感,使中国的营商环境越来越朝着"市场化、法治化、国际化、便利化"的方向发展。中国既要效仿和借鉴标

---

① 国家发展和改革委员会.中国营商环境报告2020[M].北京:中国地图出版社,2020:75.

杆经济体的经验,又要吸取失败者的教训,更要立足本土体现中国特色,使更多的中国营商环境优化制度创新不仅成为国内实践的参照,还要成为世界各国学习的新基准,通过提升中国营商环境的影响力提升中国的吸引力。

第三节 不断优化中的河南省营商环境新面貌

营商环境是企业生存的土壤,良好的营商环境是激发市场主体活力和城市高质量发展的重要条件和根本保障。习近平总书记和李克强总理在多个重要会议、多种重要场合强调,要对标国际国内先进水平,因地制宜,积极打造市场化、法治化、国际化、便利化的一流的营商环境。近几年来,营商环境优化已成为从中央到地方各级政府的重要工作和重大任务,引起了各级政府的重视。河南省作为中国的中部大省,位于连贯中国东西南北的枢纽位置,承载着近亿人口,下辖 17 个地级市,GDP 排名全国第五。但是,河南省在全国 2020 年营商环境评价中的排名表现并不理想,勉强位于中等水平,这与河南省经济的规模和水平是不相称的,河南省通过营商环境优化实现城市和经济高质量发展的需要更加迫切。河南省委、省政府深刻领悟营商环境优化的重要意义,高度重视营商环境建设工作,本着"学先进、找差距、补短板、谋创新"的工作思路,深耕营商环境建设与优化,推动河南省的营商环境不断走向市场化、法治化、国际化、便利化,力争把河南打造成吸引中外投资者的一方沃土,使其营商环境面貌越来越优。

一、河南省营商环境优化工作经验总结

河南省委、省政府响应党中央、国务院对营商环境优化工作的部署和要求,面对河南省经济、社会高质量发展的迫切要求,河南省委、省政府高度重视营商环境优化工作,把其作为河南省的重大、基础性工作进行科学的部署和稳健的推动。河南省营商环境优化的工作是依据"学习—实践—创新—

实验—推广"的闭环路线来进行的,具体各个环节的工作总结如下：

(一)领导高度重视、认真学习、科学部署营商环境优化工作

河南省虽然属于全国人口和经济大省,但是营商环境在全国的排名并不算高,属于营商软硬条件都比较落后的省份。自从国家 2018 年部署加强营商环境建设工作以后,河南省委、省政府立刻响应中央的号召,把营商环境作为一项重大系统性战略工程来抓,特别强调要把营商环境优化作为一项民生工程、环境工程、发展工程、作风工程来抓,由河南省发展和改革委员会牵头负责,迅速开始部署河南省的营商环境建设与优化工作。首先,在河南省发展和改革委员会的带领下,河南首先组团考察了北京、上海、杭州等先进省份的营商环境建设工作,既认识到了与先进省份的差距,也学习到了先进省份的可供河南省复制的经验。有竞争才有压力和动力,以评促建、以评促改、以评促优成为河南省开展营商环境优化的重要手段。在借鉴世界银行评价指标体系和营商环境评价开展比较早的北京、上海、陕西、湖北等省市经验的基础上,河南省委、省政府认清差距、提高站位,2018 年 8 月份印发实施了《河南省优化营商环境三年行动方案(2018—2020 年)》对河南省的营商环境优化工作进行了科学的部署,构建了"1+15+N"①的政策体系,展开了河南省的营商环境评价工作,以评价落实营商环境优化机制的建立,以评价引导营商环境优化的方向,河南省的营商环境建设与优化工作"迅速入轨",高效运行起来。

(二)营商环境评价工作扎实稳健、反馈机制迅速高效

营商环境评价是提升区域营商环境整体水平的重要竞争性战略手段。《河南省优化营商环境三年行动方案(2018—2020 年)》(简称《行动方案》)是河南省第一个全面优化营商环境的指导文件,也是河南省营商环境评价工作的根本政策依据。《行动方案》提出了营商环境优化"三个把"和"两个

---

① "1"指一个行动方案,即《河南省优化营商环境三年行动方案(2018—2020 年)》;"15"指聚焦 15 项核心指标制定 15 个专项工作方案;"N"指聚焦 N 个优化营商环境的重点领域分别施策。

行动"的总体要求,即把"放管服"改革作为重要抓手,把企业办事"便利度"作为衡量标准,把企业对环境的"满意度"作为改革取向;实施营商环境指标"对标优化行动"和营商环境"重点领域提升行动"。《行动方案》还明确了"一年构建体系、两年全面提升、三年争创一流"的分年度目标任务,从建立推进机制、加强督导考核、强化评价引导、推广先进经验、做好宣传解读五个方面明确了落实方案的措施。2018—2020 年河南省营商环境优化与评价三年行动总结的亮点主要体现在以下几个方面:

一是指标体系不断优化与完善,其针对重要问题及痛点、堵点、难点问题的评价引领作用越来越突出。三年评估行动中,借鉴世界银行指标体系的同时,针对河南省的实际短板和主要问题,河南省营商环境评价指标体系在不断地调整和优化之中。特别是在 2020 年的全域分类评价中,针对省辖市、县(市)、市辖区、国家级功能区不同的权限情况,设计了 4 套不同的指标体系,使评价更加客观公正。

二是河南省的营商环境优化行动特别注重全域推进、整体协调发展。营商环境治理是社会治理的重要组成部分,它不只是为了实现城市经济高质量发展,而是实现整个社会经济的高质量协调发展。因此,在积累前两年评估经验的基础上,2020 年河南省组织协调 40 多家省直单位,科学研究设计 4 套不同的指标体系,克服各种困难,历时五个月,对河南省全域所有省辖市、县(市)、市辖区、国家级功能区分类别展开了营商环境评价行动,是全国为数不多的在全域进行营商环境评估的省份之一。全域评价引起了县级政府对营商环境优化工作的高度重视,促进了县域营商环境建设工作的开展,县域营商环境明显得到优化,为河南省整体营商环境水平的提升打下了基础。

三是营商环境评价指标的数据采集从省直部门系统直接调取的比例越来越高。2020 年度河南省营商环境评级数据省直部门直采比例达到 40%,其余 60% 数据由填报员线上填报。企业满意度数据全部采取随机抽样的问卷调查形式,多数随机抽样数据来自小微企业。数据采集方式的优化不但可以减轻基层迎评工作的负担,还方便实现自动数据比对、逻辑关系智慧诊断、佐证材料对比、大数据交叉对比等对数据的真实性进行核验,使得采集的数据更加客观真实。

四是营商环境优化领导小组特别重视评价结果的反馈与总结工作。每年营商环境评估结束后,评价结果和评价报告都会向社会公布,并形成针对每一个参评单位的"专家会诊"和"整改建议"反馈给参评单位,作为参评单位下一步整改的指南和攻略。例如,2020年的营商环境评价形成了"4+215"的评价报告,包括市级、县级评价报告、典型案例汇编、问题清单等4项总报告,以及各指标、各参评单位共215项专项报告,并发布《2021年河南省营商环境评价整改提升工作方案》《2021年优化营商环境政策升级工作方案》,这些方案成为整改提升营商环境评价行动、提高河南省营商环境便利度、推动河南省营商环境早日进入国家一流水平的"指挥棒"。

五是越来越重视满意度调查的重要性,其占总评成绩的权重逐年升高。企业主体的满意度和获得感是衡量一个地区营商环境吸引力的重要目标,因此,2019年的河南省营商环境评估开始引入企业满意度随机调查。为了引导政府切实地关心企业的成长和发展,诚心实意地为企业服务,帮企业纾困,满意度调查在总评价中占据的权重系数越来越高,而且抽调企业更多聚焦于受政策歧视的中小微企业,既体现了营商环境优化以"企业为中心"的理念,又引导政府政策对不同规模企业的公平和正义。2020年总评中企业满意度权数的占比已经提高到30%,在未来的评价活动中,企业满意度的权重会越来越高。

河南省的营商环境三年评价行动,按照"实践—反馈—实践"的行动逻辑,对标一流,突出量化考核;坚持问题导向,重点突破痛点难点堵点问题;注重反馈总结,逐步搭建营商环境的制度框架体系,营商环境优化创新不断涌现,河南省营商环境状况发生了质的改变。(见表6-3)

表 6-3 河南省 2018—2020 年营商环境优化与评价行动比较

	2018 年	2019 年	2020 年
评价范围	17 个省辖市+济源示范区	17 个省辖市+济源示范区	17 个省辖市+济源示范区+104 个县（市）+54 个市辖区+18 个功能区
一级指标个数	18 项	20 项	省辖市：21 项 县（市）：12 项 市辖区：7 项 功能区：5 项
评价平均分	69.26	78.85	省辖市：83.24 县（市）：80.01 市辖区：81.09 功能区：78.7
企业满意度评分	——	84.09	省辖市：87.49 县级区域：84.11
数据采集方式	企业调研座谈、企业问卷调查、大数据分析	企业调研座谈、企业问卷调查、大数据分析、市场主体随机调查	省直部门系统调取（40%）、地方填报问调查问卷、市场主体随机调查
河南省国评状况	中等偏下	中等	中等偏上
评价机构	第三方独立评估（中国科学院地理科学与资源研究所）	第三方独立评估（中国科学院地理科学与资源研究所为主的四家单位）	第三方独立评估（北京零点公司为主的三家单位）

资料来源：河南省营商环境网

（三）先进地区经验复制和品牌创新并重

复制具有"共性"的可达的先进地区经验和进行地方性改革创新是营

商环境建设的两条重要途径。河南省的营商环境建设不但复制和借鉴了省外各地区的现成经验，节约了建设时间和资金成本，而且还特别注重本地实践创新，并把本地的创新举措汇编成册，供各参评单位借鉴。三年评估行动，河南省汇集各参评单位的四种类型100多条创新型改革举措，形成了《2020河南省优化营商环境典型案例汇编》，在全省范围内学习推广。

四种类型的创新举措分别如下：一是优化线上办理。2020年河南省建成了覆盖省、市、县、乡、村五级的政务服务网，承接3697项服务事项的"豫事办"和"一码通行"电子证照全部高效运行。二是推动集成办理。以郑州市的"一件事一次办"和洛阳市的"多证集成、一证通行"改革为典型，通过流程再造，大幅压缩办事时间、材料数量、跑腿次数，降低了办事难度。三是提供全流程服务。以"一联三帮"为代表的援企稳岗"护航行动"和鹤壁市供气服务"三全零"模式为企业提供全流程、全周期、全方位的"三全一站式"服务。四是监管全覆盖。"双随机、一公开""互联网+监管""信用监管"等多种模式综合使用，实现监管的常态化和全覆盖。其中开封市开始实践根据企业不同信用风险采取不同的监管模式进行分类监管。

2022年6月18日，河南省人民政府印发了《河南省优化营商环境创新示范实施方案》，该方案列出了先进地区对标国际前沿的可复制推广的16个方面64项改革创新事项以及可先行开展的9个方面共57项改革创新事项。该方案又开启了一个河南省营商环境优化的"三年行动"，其目标是争取三年内把河南省打造成中西部领先，审批最少、流程最优、体制最顺、机制最活、效率最高、服务最好的营商环境品牌省。

综合来看，河南省几年来的营商环境评价与优化工作取得了显著的成效，河南省的营商环境水平在全国位次稳步提升，由中等偏下上升到中等偏上水平。郑州市是营商环境优化全国进步最大的城市之一，2020年全国城市营商环境评价中，郑州市排名第15。基于国评指标体系和评分标准测算，2020年度河南营商环境指标得分为80.90分，高于全国平均分，一级指标中有13项处于中上游水平。从对河南省营商环境指标分类分析得出，不动产登记、水电气获得、开办企业、政府采购、招投标、跨境贸易、执行合同等涉及部门单一、协调事项较少的指标,表现相对较好;企业权益保护、信用环境、政务服务、办理建筑许可、市场监管、办理破产等需要多部门联合、协同推进的复合型指标,表现较为一般;包容普惠创新、知识产权保护、保护中小投资者、获得信贷等基础较为薄弱、需要长期积累向好的指标,表现差强人意。我们必须加大"放管服"改革的力度,加强部门协同和联动,加大对基础设施投入力度来克服营商环境优化的重点和难点问题。

河南省营商环境建设取得的显著成绩有目共睹,然而,我们同样要坦然承认河南省的营商环境建设还存在诸多亟须改进的问题,如县域营商环境建设薄弱、营商环境法治化水平不高、多数指标与全国前沿水平差距仍较大、市场主体满意度和获得感仍待提升等。河南省的营商环境优化工作仍任重而道远,河南省需要认清差距,提高站位,以营商环境评价为战略手段,强化指标的引领作用,建立机制,狠抓落实,锤炼制度,全面营造效率更高、活力更足、服务更好的稳定、公平、透明、可预期的营商环境。

二、河南省营商环境新面貌

营商环境逐步成为全球资源配置和高端产业布局的决定性因素,是衡量一个地区或城市投资吸引力的最重要指标,是推动经济高质量发展的保障。近年来,河南省委、省政府把营商环境作为事关全省发展的大事来抓,对营商环境建设做出了重大决策部署,着力降低制度性交易成本,大力推动投资项目审批、商事办理简单化、便利化,全方位建设"互联网+政务服务"等专项改革,全省营商环境优化效果明显,呈现出充满活力、蒸蒸日上的新面貌。

(一)各地市与前沿差距缩小,全省整体名次升高

河南省的营商环境评价与世界银行的评价方法相衔接,采用国际通用的前沿距离法测算参评城市各项指标的前沿距离得分和营商环境综合排名,并且立足河南实际营商环境优化新理念不断完善指标体系、数据采集方

法。河南省的营商环境评价全部交由第三方进行独立评价,从三年的结果来看,河南省营商环境呈现出三个"稳步特征"。

一是全省各地市营商环境的得分与前沿差距缩小,呈稳步上升态势,各地市营商环境明显改善。经过 2018~2020 三个年度的连续评价,河南省省辖市总体得分由 2018 年的 69.26 分提升为 2020 年的 83.24 分,总体提升 13.98 分。与 2019 年相比,2020 年度各地市的得分均有提升,其中有 9 个地市的增速高于全省 5.6% 的平均水平,最高增速超过了 10%,郑州市是增幅最大的城市。河南省营商环境评价的 21 项一级指标中,15 项指标均有改善,平均增速为 6.23%,增速超过 10% 的指标有 3 项。2020 年,获得电力、获得用气、政府采购、开办企业、不动产登记和获得用水共计 6 项指标接近国内前沿水平。

二是河南省营商活跃度整体稳步增强,营商环境评价在全国的位次稳步提升。河南省营商环境建设竞争激烈,不进则退、慢进亦退,形成了良性赛跑的局面,营商活跃度稳步增强,营商环境评价对营商环境优化的倒逼、督促、引导作用充分彰显。除了郑州、洛阳、鹤壁在三年评估中保持前 3 位的格局不变,中后位次的城市排名顺序变化非常明显,排在后几位的城市经过强力整改后排名快速提升,稍微松懈一点的城市排名就会下降。经过三年优化行动,河南省营商环境水平在全国的排名由中等偏下上升到中等偏上水平,连上了两个层级。基于国评指标体系和评分标准测算,河南省 2020 年度河南营商环境指标得分为 80.90 分,超过全国平均水平 2.9 分,其中一级指标中有 13 项处于中上游水平。

三是企业满意度和获得感稳步提升。河南省营商环境评价越来越重视"以企业为中心",满意度得分在总评中占的权重逐年递增,充分体现了服务型政府的服务理念。针对每年营商环境评价中发现的堵点痛点和难点问题以及企业的诉求,以河南省发展和改革委员会为主的河南省营商环境评价领导小组都会梳理形成问题和诉求清单,并下达到各地各部门进行整改提升。例如,2020 年共收集并解决 120 个问题和 176 条企业诉求。这些难痛堵点问题的解决大大提高了企业的满意度和获得感,2020 年河南省企业满意度得分比 2019 年整体提升 3.4 分,近 95% 的地市企业满意度实现提升。

(二)减审批、宽准入持续推进,新型监管模式成效初现

河南省在营商环境优化行动中,坚持推进市场化改革,不断完善市场准入负面清单制度,持续放宽市场准入;本着放权让利的原则,围绕减审批、降成本、宽准入三个基本点,行政审批事项能放的皆放、能减的全减、能取消的全取消,加大审批制度改革的力度,持续推进减审批、宽准入改革。

河南省积极打造"一窗办理""一表申请""一网共享""一站公示""一照应用"的"五个一"市场准入模式,并不断拓展企业开办的"一网通办"业务范围,应用"一网通办"平台把企业开办社保登记的后续环节一并办理,推进电子营业执照、电子发票、电子签章同步发放及应用,极大地提高了准入的便利度。为了落实宽准入政策的实施,河南省建立了市场准入效能评估制度,对违反市场准入清单制度的情况进行监测、归集、通报,及时发现并督促破除各种形式的市场准入不公平、不合理的限制和隐形壁垒,清理取消招投标和政府采购领域对外地企业设置的隐形门槛和壁垒,努力营造公平透明可预期的营商环境。河南省对于市场出现的新业态,在对风险进行充分评估和依法依规的前提下,放宽市场准入的审批。例如,在保障食品安全的前提下,河南省允许对食品自动制售设备等新业态发放食品经营许可。河南省以开发区等功能区为重点,全面推进企业投资项目"承诺制+标准地"联动改革,与"多规合一"等创新举措相叠加,实施备案类一般性企业投资项目开工前审批时间压缩至 40 个工作日以内,实现"全承诺,拿地即可开工"极简审批模式,并下放部分工程资质行政审批权限。

市场的宽准入改革对传统的市场监管模式提出了挑战。河南省改变重审批轻监管的传统方式,坚持便利准入与强化监管相结合的原则,推动各部门转变监管理念,围绕健全制度化监管规则和改革监管模式,不断创新监管模式和方法,基本构建起以信用监管为基础,以"双随机、一公开"和"互联网+监管"为基本方式和手段,以包容审慎监管为补充的新型监管制度体

系。例如,河南省在食品、药品、疫苗、环保等涉及公共安全和人民生命健康安全的领域,依法制定实施惩罚性赔偿和内部举报人制度的监管模式;在消防安全、食品药品、环境保护等重点领域建立事前事中事后全链条、全流程监管体系,并探索制定行业信用监管标准化工作规范,提高监管效能;河南省探索对医疗、教育、工程建设重点行业从业人员的行为记入个人信用记录并共享至全国信用信息共享平台,对严重不良行为人依法实行行业禁入等惩戒措施;在税务监管领域建立"信用+风险"监管体系,简化无风险和低风险企业的办税流程,预警或阻断高风险企业的办税,依托大数据进一步提高风险管理效能;河南省探索形成对市场主体办理注册登记、资质审核、行政许可、日常运营、市场退出全生命周期的监管链条,有序开放、共享公共管理和服务机构产生的部分公共数据,由"坐等企业上门"改为通过信息平台及时主动认领企业信息,据此对市场主体行为进行判断和规范,对市场主体进行分级分类"信用+智慧"监管,并做到全程可查询、可追溯。驻马店市在营商环境建设中,积极创新、认真落实事中事后监管等相关政策措施,成效显著,社会反映较好,获得国务院2020年督查激励和奖励支持。

(三)减环、压时、减证、降费多管齐下,营商便利度和满意度明显提高

提高企业办事的便利度和对营商环境的满意度是营商环境优化的最为重要的目标和任务。河南省聚焦减少审批环节、压缩办理时限、减少证明材料,深入推进政务服务"一网、一门、一次"改革,企业办事的便利度大幅提升,争取到2025年河南省企业便利度进入全国前十的行列。河南省严格执行涉企收费清单制度,清理整治乱收费和第三方截留减税降费红利行为,清理规范金融服务收费,减少中小微企业的融资成本,市场主体的满意度和获得感明显提高。

河南省提高营商便利度的诸多改革创新都得到了国家相关部门的认可并向其他地区推广。例如,鹤壁市建立的服务管家、首席金融官、警务专员、法律服务专员、营商环境监督员统筹服务非公有制企业的"五位一体"服务机制,为非公有制企业保驾护航,被国务院第七次大督查作为典型经验进行

表彰;河南省市场监管局针对企业创办过程中证照数量过多、"准入不准营"等问题,对所涉事项全面排查,对事项性质、事项主管部门、法律依据经过深入研究对比,能合尽合,以"减证"推动"简政",在全国率先推出"三十五证合一"改革,并在全省范围内实施,大大缩短了企业从筹备到进入市场的时间,降低了企业开办的制度性交易成本,提升了市场主体办事的便利度和满意度,被《中国营商环境报告2020》收录,获得了省内外的肯定和认可;洛阳市为了破解企业"办照容易办证难""准入不准营"问题,针对申请材料、审批流程、事中事后监管等环节,集成整合涉企经营许可事项,推行"多证集成、一照通行"改革,推动实现"最多跑一次";商丘市实施"主流程"和并行推进流程联合的"双流程"审批模式,推进工程建设项目审批制度改革,建立了"1+25"政策体系,制定了"一窗受理、集成服务"实施细则,为并联审批平台提供了支撑,破解了项目审批手续办理条件互设、相互阻绊的堵点,办事效率提高一倍,推动了"办事慢、办事烦"问题的解决;开封、许昌两市优化营商环境的改革举措分别在国务院"放管服"电视电话会议和"全国促进民间投资经验交流会"上作为典型向全国推广;河南省自然资源厅持续推进不动产登记改革,实现全省"一窗受理、并联办理"全覆盖,不动产登记信息平台数据接入质量位列全国前列;河南省住房和城乡建设实施水、电、气、暖报装服务全流程优化,建设项目用地红线外的水、电、气、暖接入工程行政审批实行同步申请、并联办理,推行告知承诺制,最大限度地减少审批材料和审批时间,提高接入效率。推进省级开发区规划环评与项目环评联动,避免重复评价;河南省对工程建设未经验收不得投入使用的项目,综合运用承诺制等方式进行联合验收,提高验收效率,减少企业等待时间,加快项目投产使用。

(四)市场主体权益保护逐步加强,营商环境法治化水平逐步提高

法治是最好的营商环境,法律的基本目标之一是提供稳定性和连续性,

法治在优化营商环境方面具有固根本、稳预期、利长远的作用①。科学总结营商环境优化行动中的实践经验,把行之有效、人民群众满意、市场主体支持的改革措施用法规制度固化下来,才能保持其稳定性,从而稳定市场主体的预期。河南省委、省政府积极响应党中央、国务院建设法治化营商环境的号召,积极探索通过加强营商环境的制度建设,激发市场主体的活力,释放市场的巨大潜力,从法律、制度的层面为河南经济高质量发展提供强有力的支撑。

2018年8月,河南省出台了《河南省优化营商环境三年行动方案(2018—2020年)》和《河南省电子证照管理暂行办法》等系列重要文件,通过营商环境评价督促各单位依据评价指标对标治理河南省营商环境在重点领域中出现的问题,推进营商环境制度建设,营造公平、公正的法治化营商环境。2020年11月,河南省第十三届人民代表大会第21次会议审议通过了《河南省优化营商环境条例》,并于2021年1月1日起施行,该条例为河南省优化营商环境制度建设提供了支持,加速了河南省建设法治化的营商环境的进程。为了清除营商环境的"路障""门槛""隐形门""旋转门"等,激发创新创业活力,保障各类市场主体公平参与竞争,大力发展信用经济,解决中小微企业融资难问题,2022年2月16日,河南省人民政府发布《河南省"十四五"营商环境和社会信用体系发展规划》重磅文件,并提出了到2025年河南省营商环境便利度和政务服务效能走在全国前列的优化目标。2022年6月17日,河南省人民政府印发了《河南省优化营商环境创新示范实施方案》,列举了可先行开展的9个方面57项改革创新事项和复制推广先进地区的6个方面64项改革创新事项,该方案的目标是经过三年创新示范,打造审批最少、流程最优、体制最顺、机制最活、效率最高、服务最好的"六最"营商环境,实现创新示范区的营商环境竞争力跃居国内前列的目标,并将行之有效的方案向全省范围推广。

除了出台各种制度文件提高营商环境的法治化水平之外,河南省还通

---

① 郭富清.营商环境市场化法治化的中国思路[J].学术论坛,2021(1):10.

过完善司法保障职能依法打击涉企侵权犯罪、依法公正审理判决政企纠纷案件,保护市场主体的合法权益,营造公正司法的安全的营商环境。企业权益保护是衡量营商环境法治化水平的一个重要指标,也是市场主体树立投资信心、实现投资安全的保障。河南省2020年度的营商环境评估增设了企业权益保护指标,将依法行政、平安建设、公众安全感、政府诚信、清欠工作等纳入评价的二级指标。河南省法院系统充分发挥民商事审判的职能,出台了一系列文件加强营商环境的司法保障,例如,河南省高院出台的《优化营商法治环境服务中原更加出彩的指导意见》和牵头制定的《河南省加强知识产权审判领域改革创新若干问题的实施意见》,河南省高级人民法院会同省检察院联合出台的《关于充分发挥司法职能服务保障民营企业高质量发展的30条意见》等。为了健全营商环境法治化保障机制、营造公正司法的营商环境,政法系统不断完善涉企法律服务体系,提高涉企法律服务水平,创新多元化的纠纷解决机制;政法系统依据公正审判、少捕慎押的原则实施公正裁判,压缩审判期限,强化保障企业运营措施,帮助企业脱困或退出市场等。2020年,河南法院携手地方政府,积极开展营商环境建设工作,精准服务"六稳""六保"。例如,河南省高级人民法院携手鹤壁市政府和省交通厅有效解决了"鹤辉高速"烂尾工程。2020年河南省审结一审涉企案件415022件,平均审理天数压缩至53天,比全国平均天数少15.9天;2020年河南省法院帮助29家市场前景较好的企业脱困重生,帮助702家无经营或生存能力的企业完成破产清算稳妥退出市场,盘活资金57.8亿元;2020年,河南省法院运用法治方式裁定准予非诉执行案件15533件,经调解撤诉案件4070件,化解大量行政争议或纠纷,实现行政诉讼案件10年来首次下降,下降比例达8.6%。

根据三年营商环境评价结果,河南各项法治化营商环境评价指标取得了明显进步,但整体上看依然是营商环境的弱项短板,下一步还需要持续加大法治化营商环境建设力度,为企业在河南投资兴业保驾护航。

总体来看,当前河南省的营商环境优化提升工作呈现出了千帆竞发、百舸争流、跨步前进的发展态势。河南省优化营商环境的典型经验、创新举措、突出亮点精彩纷呈。为了发挥典型案例的标杆引领作用,助推各地交流互鉴,河南省每月都会通过《营商环境看河南》栏目遴选推出"河南省月度优化营商环境十大典型创新案例"。例如,2022年4月该栏目推出南阳市在国内率先实现国有产权交易,实现一体化平台应用全覆盖,洛阳市在全省率先推行的"承诺即可准营",新乡市在全省率先推出的包容审慎监管"四张清单"制度,安阳市"交房即交证"工作进入"无缝对接"常态化轨道,淇县创新服务方式,推行环评文件打捆审批等营商环境典型案例,督促各地各部门相互学习,积极作为、探索创新,有力推动全省营商环境优化提升,努力创造市场化、法治化、国际化、便利化营商环境,打造河南省营商环境新面貌。

第七章　面向未来的河南省营商环境优化之路

营商环境没有最好,只有更好,营商环境优化之路任重而道远,需要不断地探索和创新,特别是面对新形势下日趋复杂的国内外政治、经济形势,新冠疫情导致全球经济下行压力,各国普遍面临发展动力不足及发展空间受限的严峻问题,投资竞争愈发激烈与经济逆全球化相伴而生,使营商环境建设与优化工作面临严峻的紧迫性和挑战性。各省份和地区必须根据新形势下营商环境优化的理念和要求,打造适合国际、国内新形势的营商环境优化之路。

第一节　新形势下优化营商环境的理念和要求

市场化、法治化、国际化、便利化的营商环境是中国对外开放、经济发展、实现治理体系和治理能力现代化的根本要求。新形势下,中国经济发展的模式和经济增长的方式都发生了转变。中国各地区经济发展的模式已经从依靠基础设施条件和优惠政策等"硬实力"吸引投资转向更多依靠营商环境"软实力"招商引资的新模式。中国经济增长的方式也已经由量的高速增长阶段转入高质量发展的新阶段,中国经济增长"正经历质量变革、效率变革、动力变革,传统的劳动力、土地等生产要素的比较优势正在逐渐减弱,制度供给成为重要的核心竞争力"①。优良的营商环境是提高市场吸引力、创造力和竞争力,实现经济高质量、高效率、公平、可持续、安全发展的保障。2020年是中国全面建成小康社会和完成"十三五"规划的收官之年,2020年也是不同寻常的一年,新冠疫情突如其来,肆虐全球,给我国经济的发展带来了前所未有的冲击和困难。尽管全国人民勠力同心共同阻击、防控疫情,阻止疫情的大面积暴发,复工复产逐渐好转,但是疫情仍呈现不间断、多点散发的态势,在上海、西安、长春等城市再次爆发,各地就业压力十分突出,中小企业面临不同程度的生存、发展困境。再加上近年来国外经济、政治风险挑战明显增多,为规避国际风险,中国开始构建以国内大循环为主体,国内国际双循环相互促进的新发展格局。疫情下经济发展的新形势要求必须通过营商环境优化破除体制机制积弊,把好的经验和做法通过法治方式固化,才能稳定市场预期,提升市场信心,不断激发企业主的内生动力和创新活力。新形势下的营商环境优化工作必须遵循以下理念。

一、法治化是营商环境建设和优化的重中之重

营商环境优化的实质是以"放管服"改革为核心的政府职能深刻转变和政府职责体系的优化。营商环境评价作为营商环境优化最重要的战略手段,其目标导向是以评促改、以评促建、以评促优,其最终目标是为各类市场主体投资兴业营造公平透明、稳定便利的可预期的良好环境。然而,遗憾的是,对于营商环境的国际评价和国内评价实践,很多决策者和执行者都以提升本国或本经济体的排名为改革目标,倾向于采取投机性的或者"头疼医头,脚疼医脚"的改革策略,甚至是绞尽脑汁玩弄指标游戏来提高排名,而不是聚焦于问题的本质,找到排名不够理想的真实原因,从制度建设层面根本解决问题,最终造成了营商环境的"虚胖",并没有达到真正的优化,不能从

---

① 李拯.优化营商环境助力高质量发展[N].人民日报,2020年12月14日第05版.

根本上解决营商环境的痛点、难点和堵点问题。

在国务院发展和改革委员会主导,各省份、地区发展和改革委员会参与的国内营商环境优化与评价工作中,诸多参评主体都针对营商环境的指标体系进行了深入细致的分析,但他们大量的工作聚焦在如何通过"低端"的技术性操作、政策指引等提升本地的评价得分和排名,这些"低端"的改革往往是投机性的权宜之计,或者是"只见树木、不见森林"式的片面行为,无法保障改革行为的连续性和稳定性,难以实现营商环境的真正优化。例如,在地方的评比活动中发现,诸多参评地区指标牵头单位领导不去研究指标的导向是形成什么样的营商环境制度法规等"高端"的法治化方式来规范、制约公权力行为,而是过分关注采取什么样的投机性办法或权宜之计甚至不惜材料造假来提高本年度本指标的得分;参评经济体领导不关注营商环境是否绝对向好,只关注评价范围内相对排名是否提升。这种唯分数与排名论的投机性做法严重背离了营商环境评价的目标,损害了营商环境优化的成效,无法实现企业权益保护、合同执行等制度优化,难以形成公平透明、稳定可预期的营商环境。即使是世界银行的营商环境评估,指标设置也基本上是关注营商环境的便利度,而不去关注便利度不高背后的制度性原因,抑制了从根本上解决问题的制度性改革。

法治是衡量一个地区营商环境质量的基本标准,是各项要素的最大公约数,也是评价营商环境的最佳呈现介质①。法治是最好的营商环境,"法治化"是营商环境"高端化"的标志,也是优良营商环境的根本保障。营商环境优化要坚持法治化理念,运用法治思维和法治方式,强化制度建设和制度执行,把营商环境优化工作中解决体制化障碍、机制性梗阻、实现政策性创新等行之有效、人民满意、市场主体认可的改革实践用法规制度固化下来,用法治来规范政府和市场的边界,治愈营商环境的"痛点",疏通营商环境的"堵点",化解营商环境的"难点",努力为市场主体营造公平透明、稳定可预期的投资兴业营商环境。目前,以国家《优化营商环境条例》为基础,

---

① 许中缘,范沁宁.法治化营商环境的区域特征、差距缘由与优化对策[J].武汉大学学报(哲学社会科学版),2021(12):154.

地方和部门法规为补充的"1+N"营商环境政策体系正在不断地扩充和完善,为优化营商环境工作提供了有力的法治保障和制度支撑。营商环境优化要求政府切实转变观念和职能,供给服务于市场主体的高品质的法治公共产品,营造适宜市场主体生存和发展的法治化的营商环境,其重中之重就是提高政府依法行政的效力,解决政务服务整体效能不高,办事难、慢、繁的问题[1]。但是,目前中国各地区营商环境的法治化水平差异较大,呈现出东部地区全面领先、中部地区稳健发展、西部地区较为滞后,东北地区制度单一的不平衡发展面貌。中国需借鉴先进国家或地区的经验,结合中国的国情,加速营商环境的法治化建设。

二、"企业满意度"是衡量营商环境优劣的最终标准

政府和市场是营商环境建设的两个主体,二者共同营造区域的营商环境[2]。政府是营商环境建设与优化的主导者,但营商环境到底好不好,归根结底取决于市场主体的体验满意度和获得感,"企业满意度"是衡量营商环境优劣的最终标准。营商环境满意度即民营企业家对于政务环境、市场环境、政策环境及法治环境的实际感知与其期望相比较之下心理状态的客观度量。评价营商环境的企业满意度,从规范质量上来说,应看能否让企业主体感知到专业性、公平性、透明性、公益性;从环境功能上来看,应看能否让企业切实体验到有形性、可靠性、及时性、便利性、技术性;从对政府公信力的认同上来看,则在于政府是否依法行政、民主行政、诚信行政以及行政人员形象等方面。

受国家体制惯性的影响,一直以来,政府在营商环境关系中都处于较为强势的地位,政府倾向于以自己的发展偏好为市场配置资源和服务,并对市场进行强势监管和干预,抑制了市场的效率和作用发挥,往往造成市场需求

---

[1] 郭富清.营商环境市场化法治化的中国思路[J].学术论坛,2021(1):8.
[2] 倪外.有为政府、有效市场与营商环境优化研究——以上海为例[J].上海经济研究,2019(10):62.

的错配、扭曲或不公平,限制了某些种类企业发展的空间和自由。目前我国的营商环境优化工作是典型的政府主导推动型,营商环境优化主要反映了政府的政策偏好、执行意愿和执行能力,市场出于被动地接受政府的"政策""服务"甚至"恩惠"。但是政府这种"一厢情愿"甚至是"闭门造车"式的"积极有为"并不一定是市场真正所需要的,很多时候是政府费尽了心思企业却不认可、不买账、不满意,既实现不了市场效益,又浪费了公共资源。因此,尽管营商环境建设不能离开政府的主导,但改善营商环境,首先要倾听企业的声音,关注企业的需求,深入了解并切实帮助企业解决生产经营中的"难点、痛点、堵点"问题,有效帮助企业解决实际困难和获得实惠,使企业真正具备营商环境意识,提升和优化企业的获得感和满意度,才能实现企业在本地区的扎根、生长。

以提升"企业满意度"为最终目标的理念要求政府主导的营商环境建设与优化工作必须从"政府内部考核导向"转变为"企业满意度评估导向",逐渐加大"企业满意度"在营商环境评价中的权重系数。营商环境的评价不仅仅基于政府的"放管服"改革是否改了,而要看改革之后的程序是否走得通、走得顺,企业有没有体验到实惠。例如改注册资本实缴制为认缴制,要看是否真正降低了资金门槛和创业成本,提升了企业的时间效率和资金效率;企业年检改为年度评估,要看看是否节省了企业时间和费用成本,增强了企业责任感和信誉感;将市场巡查改为"双随机、一公开"抽查,是否真正实现了全域内"双随机",市场监管的公平、公开、公正性和规范性是否落实;商事活动数字化改革是否真正实现了少交材料、少跑路等,这些都要纳入第三方机构"企业满意度"暗访调查的问卷之中。第三方机构的职业操守是保证评估结果公信力的重要因素,在营商环境评价调研中发现,存在第三方机构直接或者通过影子公司间接与参评单位违规"签约"服务,操纵营商环境指标评价与满意度调查评价成绩的现象,影响了参评单位营商环境建设工作的积极性,降低了评估成绩的公信力,在评估区域内产生了较为恶劣的影响。建议政府积极监督第三方评估机构的工作并认真对待参评单位的投诉,每年更换第三方评估机构,大幅度降低贿评的概率。

以"企业满意"为根本目标、以"人民为中心"的发展理念需要政府树立现代化的政府营商环境评估治理理念,对营商环境的评估指标不能忽视经济发展的质量和政府的服务水平,单纯追求短期效应,只考虑市场主体增加了多少、投资额增加了多少、投诉量降低了多少等量化因素,而要以市场主体、社会公众的民生改善与获得感为根本目标,构建营商环境优化的长效机制。

三、多元主体协同治理是营商环境治理的模式选择

国家治理体系包括政府、市场和社会三个子系统。现代公共管理理论认为,无论政府、市场还是社会,任何单一治理机制都不可能包揽全部公共事务,也无法有效应对各种可能风险,构建多主体、多向度的合作互动关系是现代社会治理的必然要求[1]。营商环境是一种"主体多元、要素异质、功能复杂交叉的特殊公共产品供给,是一项系统化的复杂工程,需要多元主体的协同治理"[2]。政府是营商环境公共品供给的最为重要的责任主体,在营商环境建设中起主导作用,市场主体是营商环境最直接的体验者和评判者,社会主体是营商环境的重要利益相关群体,营商环境的建设需要政府与市场、社会等多主体构建有效的合作机制才能完成。因此,营商环境治理要想取得长期稳定的效果,必然要摒弃政府包揽一切的传统治理模式,秉持政府、市场和社会协同治理的理念。目前,中国的营商环境优化与建设工作中,大多数仍以政府为单一推进主体,明显表现出政府的合作治理理念不强,对市场主体和社会主体参与营商环境建设的引导不足,营商环境建设的"共建共享"的多元合作治理机制尚未形成[3]。

合作治理机制既体现为国家、市场与社会空间领域的合作,也体现为政

---

[1] 戚小倩.合作治理面临三重挑战[N].学习时报,2015年3月16日第004版.
[2] 郭燕芬.营商环境协同治理的结构要素、运行机理与实现机制研究[J].当代经济管理,2019(12):13-20.
[3] 娄成武,张国勇.治理视阈下的营商环境:内在逻辑与构建思路[J].辽宁大学学报(哲学社会科学版),2018(3):59-64.

府、市场和非政府组织间的合作,还可体现为公私机构间合作以及强制性与自愿性的权威间合作。由于我国单一化和集权制的政治体制因素,在营商环境建设中,政府无疑充当着"领导者"的角色,但政府在履行营商环境公共品提供责任时,其理念必须从规制管理转变为协商治理,在和其他主体平等协商的前提下,政府需通过与市场主体、社会主体凝聚共识,建立互信、理清边界,构建协作治理机制,提升营商环境建设的协同治理能力。具体表现为纵向上发挥中央政府顶层设计的作用,实现中央政府与地方政府"条条"层面的协同治理;横向上推进政府内部各部门之间、政府与市场主体之间、社会主体之间以及区域政府之间的"块块"层面的协同治理,共建优质的营商环境。例如,营商环境优化的市场监管指标牵涉到政府的将近30个部门的协作治理,企业权益保护指标涉及政府数十个部门和多个社会组织的参与。

营商环境协作治理的实践也可借鉴郭燕芬(2019)提出的三种运作模式进行,其基于营商环境"评价→发现问题→改革决策→改革实施→评价反馈"循环治理流程和协同治理的基本特性,将营商环境协同治理分为评价协同、改革决策协同和改革执行协同三种运作模式[①]。

营商环境评价协同治理是营商环境建设的起点,行动者主体主要包括各级政府、企业、社会组织等,过程中既有政府内上下级的组织内协同,也有政府与企业、社会组织的跨组织协同。中央政府负责顶层设计战略部署与政策框架,地方政府根据政策框架落实评价工作,市场主体真实表达营商"痛点、堵点、难点"、利益诉求、获得感与满意度,科研院所、社会组织、第三方评估与咨询机构依托其专业性、独立性和权威性进行评价技术操作。此治理过程以发现问题为导向,检验政府"放管服"改革的成效、营商环境便利度状况、营商环境的透明、公平与公正状况。

营商环境改革决策协同治理主要是治理主体对营商环境存在问题进行协同寻根溯源、探讨和查找问题的关键点以及政府与市场主体之间、政府与

---

① 郭燕芬.营商环境协同治理的结构要素、运行机理与实现机制研究[J].当代经济管理,2019(12):13-20.

智库、评估机构、社会组织之间的沟通互动,目的是获得各主体对问题解决的参考意见,为解决营商环境的痛点、难点、堵点问题的改革决策提供科学的理论支撑和严谨论证。

营商环境改革执行协同是营商环境评价与改革决策协同的成果体现,也是营商环境建设与优化工作中最为活跃的协同关系。横向上体现为同级政府组织各部门之间的协同以及行政部门与立法、司法部门之间的"块块"协同;纵向上体现为中央政府与地方政府的整体协同、中央政府职能部门与地方政府职能部门的"条条"协同;交叉方向上体现为政府与社会组织、政府与市场主体、社会主体与市场主体以及政府、市场、社会三者之间的跨组织协同。

营商环境优化的协作治理,可以避免各级政府及政府各部门之间的法规和文件"扯皮打架"问题,有利于防范受短期政绩和地方政府间竞争的驱动导致营商环境建设走向"专断化""碎片化""地区割裂"等趋势,有利于实现营商环境法治化、国际化、便利化的目标。但是,正如马克思、恩格斯所言:"人们奋斗所争取的一切,都同他们的利益有关。"①治理是需要付出成本的,治理过程中付出的成本能否得到相应的回报是决定治理主体努力的程度和积极性,进一步决定治理成效的关键因素。因此,营商环境协同治理过程中要解决好各主体之间的权力配置与利益归属问题,明确权力边界和利益归属,使治理主体对协同合作具有清晰的期望值,推进治理主体积极参与营商环境协同治理,实现营商环境协同治理的持续和良性运作。

第二节　面向未来的河南省营商环境优化路径

在河南省委、省政府的积极推进下,河南省的营商环境建设与优化工作取得了较为突出的成效,整体营商环境获得明显改善,整体水平提升至全国

---

① 马克思,恩格斯. 马克思恩格斯全集:第1卷[M]. 北京:人民出版社,1956:82.

中上游,但是,距离河南省委、省政府建设国家一流的营商环境的目标还有很大的差距,河南省营商环境建设与优化工作任重而道远。为更高标准、更高水平、更深层次推动全省营商环境建设工作,全力推进营商环境改革,加快政策集成创新,2022年4月,河南省优化营商环境工作领导小组印发了《河南省营商环境优化提升行动方案(2022版)》。该方案全面落实习近平总书记视察河南重要讲话精神,坚持高质量发展根本要求,以市场主体需求为导向,聚焦政务环境、市场环境、法治环境、宜居宜业环境,对标国内国际一流水平,加大改革力度、优化政策举措,切实提升企业和群众满意度,激发市场活力和社会创造力,努力打造市场化、法治化、国际化一流营商环境,为实现"两个确保"、实施"十大战略"提供强有力支撑[1]。优化行动方案包括"1"个总体方案、"18"项专项政策提升方案,着力推动重点领域、关键环节实现突破,争取到2022年底,全省营商环境评价各项指标在2021年基础上提升5%以上。

针对河南省营商环境建设与优化方面存在的重点、难点问题,结合2022年优化营商环境行动方案的目标和规划,河南省未来营商环境的优化之路重点概括为下几个方面。

一、转变优化意识:变被动应对评估为积极主动建设

从2019年营商环境建设与优化工作在全省各层次地区展开以来,部署和应对营商环境评价成为各参评地区政府工作的重中之重。因为营商环境建设是一项复杂的系统工程,几乎政府的各个部门都要参与其中,工作量巨大,协调难度强大,而且,一些地区营商环境评价排名的升降直接决定领导干部职位的升降,因此,每当迎评工作来临,各指标牵头部门就如临大战,不分黑夜白昼加班准备评估材料,这种平时不建设、临阵突击迎检的行为,使得各部门工作人员身心俱疲,提起营商环境评价就充满恐惧。

---

[1] 河南省优化营商环境工作领导小组.河南省营商环境优化提升行动方案(2022版),豫营商〔2022〕1号.

营商环境评价的目的是以评促建、以评促改、以评促优,通过竞争性评价促使各级政府不断地优化本区域的营商环境,实现本区域经济社会的高质量发展,各级政府应该把优化营商环境作为一项长期战略,把功夫下在平时,认认真真、切切实实地通过营商环境优化提高本地区的投资吸引力和促进高质量发展,而不是以权宜之计,甚至为取得高分不惜材料造假来应对营商环境评价。课题组在对河南省县域及市辖区营商环境评价工作的调研中发现,多数县区领导和指标牵头单位并没有意识到建立营商环境优化的长效机制及对县区经济发展的深远意义,而是把营商环境评价作为一项任务被动应对;各指标牵头单位仅以提高自己负责的指标排名为目标,采取实用的"头疼医头、脚疼医脚"的"止疼片"式策略,甚至玩弄指标游戏,临时"创造"材料应对评估,而不是真正面对问题并试图解决背后的制度性问题;因为各指标牵头单位只关心自己负责的指标得分能否"交差",对牵涉到自己部门的其他指标的改革策略不愿意协同,造成部门之间工作的协调难度非常大。这种被动式、突击型应对营商环境评价的结果就是使营商环境建设走向"专断化""碎片化""地区割裂",参评单位年年疲于应对,营商环境年年无实质性提升,完全违背了营商环境评价的初衷。

因此,规划河南省营商环境优化的路径,首先要端正思想路线。参评单位政府要站在本区域经济社会可持续、高质量发展的政治高度,转变对待营商环境评价与优化工作的观念意识,变突击性、投机性的被动应对评估为积极主动、认真扎实、常态化地建设和优化本地区的营商环境。

二、跟进法治建设:以稳定性制度替代临时性政策

法治化是稳定市场主体预期、实现市场公平透明的根本保障,也是成熟优良的营商环境的重要标志。中国传统的行政审批方式和监管方式自由裁量权空间较大,政策的临时性或随意性也较大,不具备良好的制度化运行机制。目前,河南省法治化营商环境建设还处于基础性阶段,对法治化营商环境建设的重视度和施政力度仍显不足,所发布的制度性文件文本位阶不高,

多以地方规范性文件为主,地方性法规和地方政府规章数量较少,与东部地区营商环境法治化建设的水平还有较大的差距。河南省的营商环境治理应加强立法,实现由政策治理向法律制度治理的转变。

法治化营商环境建设路径应以"自由、平等"的市场制度和规范为价值基础,以"可预期的权利保障""公平的竞争与监管环境"为逻辑起点,以立法、执法、司法三个维度为评价路径,形成系统化、规范化的整体协同治理样态,营造法治化的营商环境。河南省的营商环境法治建设仍存在"立法、司法与行政的互动中以行政为主,在行政各部门的互动中,以单独发文、单独治理为主"的特点,立法、行政和司法较少以联合发文的形式进行协同治理,监管领域仍以行政治理为主,忽略了司法监管的重要性。

因此,法治化的营商环境建设是一个系统工程,不能只依靠政府一家的单独行政权运作完成,需由立法、行政、司法乃至社会组织共同担责、形成合力,对法治化的营商环境进行整体规划,把营商环境优化成熟的可推广的经验做法、政务流程再造后的结果、新的监管方式、企业权益保护等形成制度稳定下来,使市场主体对自己的商事行为有稳定的预期,对营商环境的公平透明充满信任,才能取得营商环境法治化的良好效果。

维护法治化的营商环境,首先要求政府部门要依法行政,变行政命令为运用法律手段维护市场秩序,使各类市场主体公平竞争。其次,科技创新成为当今最能激活市场活力,促进经济发展,推动双循环新发展格局的市场要素,只有完善的法律对知识产权形成保护,才能激励市场主体的创新活动,因此,营商环境法治化建设中,对科技创新的法治环境建设显得尤为重要。

三、加强技术赋能:以数字化政府建设倒逼政府治理流程再造

《中华人民共和国国民经济和社会发展第十四个五年规划和2035年远景目标纲要》明确提出,要将数字技术应用于政府管理服务,提高数字政府建设水平,推动政府理念、机构、职能、治理流程再造和模式优化。数字政府建设已成为我国国家治理体系和治理能力现代化的重要内容,也是未来经

济社会发展的重要战略。政府的数字化转型绝不只是实现政府监管的数字化,其目标是建设政务数据开放共享、部门业务高效协同、社会治理精准有效、公共服务便捷高效、决策支撑科学智能、安全保障可管可控的智慧化服务型政府[①]。政府的数字化转型关键在于打破信息壁垒,实现基础公共信息数据安全有序开放,实现数据信息在不同部门之间自由流通和有效交叉印证。

数字政府建设是实现营商环境优化和治理现代化的核心工具,营商环境提升行政许可、行政征收、行政检查、公共服务、政府信息公开、纠纷解决的便捷性和效率的功能实现严重依赖于政府的数字化治理结构转型[②]。数字化政府建设对营商环境治理能力和水平现代化的作用主要体现在以下几个方面:第一,推动企业登记、所有权、管理权等可参考的高价值的公共数据向社会开放,发挥政府和社会的双效监管作用,有利于保护投资者;第二,政府的数字化转型推动和逼迫政务流程的再造,通过技术手段实现程序的重构、衔接,避免线下办理的多次跑腿奔波和重复提交材料;第三,政府依靠数字技术网络留痕、留档实现对安全生产、环境污染、信用问题等信息的精准收集,提高执法部门的证据收集和举证能力,精准打击企业经营的外部性问题和规避"公共地悲剧",维护优良的营商环境;第四,政府数字化转型大幅度加强了政府部门对市场风险的联防联控、检测监管功能,有利于形成全过程合作监管机制,通过事前事中调控和防止大量扰乱市场、执行合同纠纷、信用风险等破坏营商环境事件的发生。

2021年,浙江省以"最多跑一次"为主要抓手,以互联网、物联网、云计算、大数据、人工智能、区块链等技术的应用和融合为技术依托,在原基础上全面启动营商环境治理的数字化改革。浙江的改革是一场从理念、制度到作风的全方位深层次变革,政府政务领域全面开展流程再造和制度重塑,倒

---

① 孙友晋,高乐.加强数字政府建设,推进国家治理现代化——中国行政管理学会2020年会会议综述[J].中国行政管理,2020(11):147-150.
② 韩春晖.优化营商环境与数字政府建设[J].上海交通大学学报(哲学社会科学版),2021(12):31-33.

逼政府数字化转型,全面推动行政体制机制重大创新,用数字化技术、数字化思维、数字化认知,让数据代替人跑路,通过数字化转型提升了政府的治理能力,构建出高效运行、优质便捷、普惠型的政府服务体系、公平公正的执法监督体系和全域智慧的协同治理体系,在全国形成"审批事项最少、办事效率最优、政务环境最优"的营商环境优化典范。

政府治理的数字化转型是实现营商环境便利化、透明化的必要技术手段和必经之路,河南省正在积极探索和实践营商环境建设的数字化转型,河南省可以借鉴浙江经验,建立完善的省级营商环境数字化监测平台,对全省营商环境指标情况进行实时监测,省级政府要帮助各地市级和县区级政府建立本区域的政务服务数字化平台,实现基础政务信息的开放共享和自由流通,营造全省便捷高效的"数字化"营商环境。

四、深化"放管服"改革:切实提升企业的获得感和满意度

"放管服"改革是营商环境优化的主要抓手。优化营商环境,提升政府的商事治理能力和水平,需要持续深化"放管服"改革,充分激发市场活力,提高市场主体满意度和获得感。真正落实"放管服"改革,需要准确认识市场、政府、社会三者之间的关系,需要政府职能从"管理"到"服务"的深刻转变。"服务型"政府建设要求政府关注实际的企业和市场需求,以企业需求为导向,加强和改善公共服务,降低企业整体成本,有效提高各类企业主体对区域营商环境的认可度和满意度。

目前,河南省的"放管服"改革在简政放权方面取得了长足的进步,但在一些领域仍存在明放暗不放,明简实不简的状况,"命令式"的管理习惯仍然存在,政务服务还存在各种漏洞、瓶颈和不足,企业满意度水平仍然不高,用户体验还需进一步优化。河南省可以采取以下措施深化"放管服"改革,提升营商环境满意度水平。

首先,采取负面清单、责任清单和权力清单等政策工具,扎实做好简政放权。简政不但要在数量上做减法,还要在质量上做加法,对各类证照的办

理手续进行全面梳理,整合重复流程,减少不合理手续,取消不合理收费,精简审批,压缩办理时间,有效压减政府的审批和许可权限,各相关部门及时协同跟进清理各种法律、法规、规章和政策文件之间的制约,最大限度地减少束缚企业发展的体制和机制障碍①。

其次,要加快"互联网+政务服务"平台建设,实现政务管理与服务的数字化转型,为简政放权"减量不减质"和有效落实集中化、集成化的审批制度提供技术支撑,真正实现让企业等市场主体少跑路,让数据多跑路,增强市场主体享受优质政务服务的体验感。

最后,优化营商环境,提高企业的满意度,不仅仅有"放管服"改革,还应该有法治化建设、国际化环境和高效廉洁服务型的政府。营商法治环境是激发市场主体活力的重要方式,规范化和法治化的营商环境治理是广大市场主体的核心诉求。只有外部"亲""清",内部法治化的营商环境,才能既防止权力的任性,保护企业的合法权益,为企业创造公平竞争的市场环境和氛围,营造激励企业家创新创业的社会环境,培育和尊重合法企业的企业文化和价值观,使企业家创业有安全感,创新有推动感,社会价值有认同感。

---

① 杨继瑞,周莉.优化营商环境:国际经验借鉴与中国路径抉择[J].新视野,2019(1):40-47.

结语:营商环境优化要勇闯改革"深水区"

一、现状:河南营商环境整体推进

河南省委、省政府积极响应党中央号召,"坚定不移促改革,全面塑造最优营商环境",不断推动河南省市场化、法治化、国际化一流营商环境建设向纵深发展。河南营商环境各项指标明显优化,市场主体活力有力激发、群众办事便利化程度得到绝对提升。办事不出门,投诉有回应,政府做服务员,行政行为好差评,表面化的问题基本上能够得到很好解决。

第一,形成了高度协同的营商环境组织体系。经过几年的探索,河南省重视政府自身能力建设,推行智慧政府建设,打造智能化政务服务体系,不断提升自身多部门协同治理的能力,不断提升统筹管理能力。各地市通过专班、专人、专事,分层次推进工作,确保优化营商环境建设工作的稳定健康发展。

第二,形成了政社合力的营商环境参与体系。政府、社会、企业、个人共同参与、共同努力,"优化营商环境人人都是参与者"。积极为企业主体提供便利服务和参与渠道,鼓励各类社会主体积极参与营商环境建设,形成良性互动发展的局面。

第三,形成了不断优化的营商环境评价体系。评价指标数量不断增加,评价内容不断深入和细化,企业满意度和获得感不断提升。

但对标国际和国内其他先进省份,对标市场主体新期待,营商环境改革正在进入"深水区",改革的系统性、整体性推进,重大深层次问题的破解等成为我们必须面对的问题。

现在河南营商环境优化面临两个方面的问题:一是要避短,深层次的问题要解决,需要制度调整,需要真正的公开、制衡和监督,最终实现政府系统性变革,提升整体工作水平;二是要扬长,各地要因地制宜,围绕本地产业特点做出自己的政策创新,打造独特的营商环境,真正实现市场繁荣、产业升级。

二、避短:实现最低政策底线提升

未来的营商环境优化工作,实现整体推进是基本功,河南亟待从四个方面重视起来。

(一)重视政府行政服务效能统筹提升

政府服务能力包含认知和资源两个方面,除了思路性、导向性、理解性的认知能力之外,政府的资源能力主要涉及人员、信息、流程、财政资金和资产等多方面。当前营商环境把压力传输到了基层政府,地方政府为了达到最佳服务效果,往往遇到资源有限、角色受限等拦路虎。

一是改革需要从省级层面推进。政策制定权都在中央和省直部门,很多流程再造和数据共享,省直部门未实现对接统一,却要求客户服务端——县区一级政府实现共享效果,这就导致基层政府工作处于被动。

二是县区一级政府受限于自身角色,无法针对实际情况对政策做出及时的调整。这会造成基层政府权责不对等、缺乏制度回应性、多头工作目标契合度不一致等,造成工作资源浪费、工作能力下降,社会主体对营商环境的满意度较低。

三要强化政策执行和效果,避免空中楼阁。"放管服"改革几轮之后,尽管审批事项大幅度减少,但都是相对重叠、烦琐的工作性环节,涉及企业最关注的,对企业来说最重要的、最急切的事项仍有大量保留,社会主体并未从"放管服"、审批事项优化中得到最大收益。

(二)法治环境营造有待完善

法律环境不健全是造成营商环境履行成本较高的重要原因,主要包括法律意识不足,依法行政、依法用权、依规办事没有完全落实到位,执法队伍建设有待加强,市场秩序处于混乱状态。部分县域法律资源相对匮乏,律师服务机构较少,从业数量不足,而这种情况短期内很难得到改善。诚信文化意识融入不深。诚信体系建设是法治环境常态化的具体体现,尽管当前我们已从制度层面大力推进诚信环境建设,但从社会层面讲,诚信氛围和规则意识仍缺乏主动性和自觉性的构建。

(三)人才引进需系统性完善

目前,河南省由于自身区位、定位和经济结构发展等情况,对高端人才的吸引仍然较弱。河南省作为我国人口大省,庞大的人口基础与有限的就业、上升空间之间也呈现较为突出的矛盾,不仅造成部分省内高端、优秀人才的外流,同时劳动密集型劳动力也常年外流,近年来这种情况又呈现出从短期务工外流向常态化户籍转出的变化。在人才引入的政策层面,河南省各地市之间也存在政策的同构性明显,形式主义等情形,这显然忽视了人才是多层次的,人本身就是重要资源这一核心理念。在政策执行上,人才引进工作应涵盖从政策设计、讨论、试行、执行、反馈、优化等一套流程,但部分地市的人才政策过多注重资金、住房的情况,而忽视资金后续使用、问题反馈、多外部保障等问题,工作难以做到系统性提升。普通民众在整个人才引进工作中参与不足、监督不足等现象,造成了人才发展社会环境支持不足问题。

（四）打造好科技创新政策环境

科技投入强度相对不高。一是由于高校、科研院所和科技资源固有基础薄弱，河南省研究与试验发展(R&D)投入强度偏低。2021年，R&D经费投入超过千亿元的省(市)有11个，河南排在第10位，R&D经费投入强度(%)排在17位。二是各地市财政支持力度差距明显，支撑撬动效能不够显著。

要强化政策整合。科技创新驱动是一项涉及各个方面、各个环节的系统性工作，涉及不同主体、职能、部门的协同整合。当前问题主要有三个方面：一是多部门联动性不足，各级政府配套资金、保障政策仍有待进一步完善；二是部门存在碎片化问题，各部门仅依据自身职能进行对应性政策制定，但在整体层面缺乏统一性引导和细则性整合，容易产生职能间的不匹配、部门细化内容存在重叠的情况；三是各级政府之间的政策支持缺乏合理区分，针对性、细化性政策较为欠缺。

在财政支持政策实施层面，仍存在机制不完善、成效转化受限的问题。对此，我们一要强化投入绩效的系统性评估，改变重工作形式不重视结果的状况，真正实现财政支持企业研发投入的引导效果。二要改变评估方式，强化全过程、动态化评估，确保改革政策支出的规范性、安全性、进度性，强化成效、结果评价。

三、扬长：精准护航区域优势发展

各地区域环境、产业特点、资源禀赋不同，我们要扎实做好调查研究，给政策创新更大的宽容度和激励，让发展好的地方更好，构建更科学的评价体系。

规划河南省营商环境优化的路径，首先要改变评估形式。自上而下端正思想路线，可以提前公布评价指标体系，让各级政府有的放矢去改革。这样可以让改革方向更明晰，起到更好的以评促建作用。评价时采用最终的客观数据评价,避免动用大量人力、财力填报,也避免个别地方政府弄虚作假。

各级政府可以站在本区域经济社会可持续、高质量发展的政治高度,转变对待营商环境评价与优化工作的观念意识,改变突击性、投机性的被动应对评估局面,积极主动、认真扎实、常态化地建设和优化本地区的营商环境。如有不良现象发生,要及时给予警示惩罚。

构建多样化评价指标体系。河南省各个地方产业发展状况不同,我们要尊重发展多样性,尊重不同地区的差异性,不能搞"一刀切"。现在河南全省一个指标体系,易出现削足适履的情况,例如许昌市对外贸易长期稳居河南第二,但是营商环境评价排在倒数。这会造成政策创新为了满足评价而偏离方向,特色性创新行动裹足不前。

就指标设计而言,我们要真正结合高质量发展指标建立客观的评价体系,真正让各地的工作围绕中央和省中心工作进行。要重视各地的发展特点,构建与发展特点相宜的指标体系。比如郑州航空港经济综合实验区,应该放在全球范围内,和西雅图、图卢兹、阿姆斯特丹、上海、广州等大城市营商环境做对比分析,提炼改革方向,提升全球竞争力。比如对外贸易方面,郑州、许昌等城市应该和广州、杭州、上海等城市一起比较。要重视不同层级政策效果。部分政策存在适用性低、标准高、门槛高的情况,特别是涉及建筑许可、税费减免等方面,县域、区域企业因规模较小、层次一般,无法达到多数优惠政策的最低标准,这既造成不同企业之间的政策落差,也导致政策本身的资源闲置浪费。

推动本地大学、科研机构结合基础省情进行公益性评价。我们应该构建以河南大学等高校为主体的多样化免费评价系统,结合常年对河南基本省情的掌握,做出更符合客观实际、更强调客观数据采集、更长期观测的指标体系。

参考文献

中文文献

期刊文献

[1] 张国勇,娄成武.基于制度嵌入性的营商环境优化研究——以辽宁省为例[J].东北大学学报(社会科学版),2018,20(03):277-283.

[2] 周瑞芳.改善营商环境 促进企业发展——基于中小企业生存与发展危机的分析[J].中国集体经济,2008(Z2):59-60.

[3] 刘军林.影响产业园区营商环境的能动主体[J].牡丹江大学学报,2010,19(09):100-101+105.

[4] 宋林霖,何成祥.优化营商环境视阈下放管服改革的逻辑与推进路径——基于世界银行营商环境指标体系的分析[J].中国行政管理,2018(04):67-72.

[5] 吴汉洪,张崇圣.营商环境与产业生态:激发市场主体活力的重要着力点[J].学习与探索,2021(03):86-94+180.

[6] 刘英奎,王双.中国外资营商环境建设评价[J].开放导报,2019

(06):7-13.

[7] 陈可翔."互联网+政务服务"改革法治化的价值平衡与规范进路——以营商环境建设为视角[J].学术研究,2022(04):61-65.

[8] 涂永珍,赵长玲.我国民营经济法治化营商环境的优化路径[J].学习论坛,2022(3):131-136.

[9] 沈荣华.优化营商环境的内涵、现状与思考[J].行政管理改革,2020(10):24-31.

[10] 孙萍,陈诗怡.基于主成分分析法的营商政务环境评价研究——以辽宁省14市的调查数据为例[J].东北大学学报(社会科学版),2019,21(01):51-56.

[11] 陈玉罡,李善民.并购中主并公司的可预测性——基于交易成本视角的研究[J].经济研究,2007(04):90-100.

[12] 刘熙瑞.服务型政府——经济全球化背景下中国政府改革的目标选择[J].中国行政管理,2002(07):5-7.

[13] 施雪华."服务型政府"的基本涵义、理论基础和建构条件[J].社会科学,2010(02):3-11+187.

[14] 董文芳.宪政文化与和谐社会构建[J].东岳论丛,2008(06):21-23.

[15] 孙晓光.以法治思维推进商事审判,用法治方式保障经济发展——就学习贯彻党的十八大会议精神专访最高人民法院民二庭庭长宋晓明[J].人民司法,2013(03):71-77.

[16] 张德淼,李朝.中国法治评估进路之选择[J].法商研究,2014(04):3-12.

[17] 侯学宾,姚建宗.中国法治指数设计的思想维度[J].法律科学(西北政法大学学报),2013(05):3-11.

[18] 钱弘道,戈含锋,王朝霞,刘大伟.法治评估及其中国应用[J].中国社会科学,2012(04):140-160.

[19] 张仲涛,周蓉.我国协同治理理论研究现状与展望[J].社会治理,

2016(03):48-53.

[20] 张占斌. "十四五"期间优化营商环境的重要意义与重点任务[J]. 行政管理改革,2020(12):4-10.

[21] 张占斌. 优化营商环境的特殊意义 未来的国际竞争,从一定意义上讲就是营商环境的大比拼[J]. 财经界,2021(01):20-21.

[22] 张师平. 中国新型政党制度优势转化为国家治理效能的路径指向[J]. 攀登,2022,41(02):26-31.

[23] 冀刚,孙明霞. 保护和激发市场主体活力[J]. 机构与行政,2020(08):50-52.

[24] 张仙凤. 打好监督组合拳 为优化营商环境护航[J]. 当代贵州,2021(30):70-71.

[25] 臧姗. 政府经济治理视角下营商环境优化的历程、特点及走向[J]. 中共四川省委党校学报,2022(01):78-89.

[26] 张三保,康璧成,张志学. 中国省份营商环境评价:指标体系与量化分析[J]. 经济管理,2020,42(04):5-19.

[27] 李东霖. 营商环境评价分析与借鉴[J]. 宁波经济(三江论坛),2019(03):42-48.

[28] 娄成武,张国勇. 基于市场主体主观感知的营商环境评估框架构建——兼评世界银行营商环境评估模式[J]. 当代经济管理,2018(06):60-68.

[29] 林赛燕. 对标国际一流营商环境的企业满意度评价研究——以杭州市为例[J]. 浙江大学学报(人文社会科学版),2021,51(04):75-90.

[30] 彭向刚,马冉. 政务营商环境优化及其评价指标体系构建[J]. 学术研究,2018(11):55-61.

[31] 孙萍,陈诗怡. 营商政务环境的要素构成与影响路径——基于669例样本数据的结构方程模型分析[J]. 辽宁大学学报(哲学社会科学版),2020.48(04):59-66.

[32] 冯向辉,李店标. 市县营商法治环境评价指标体系研究——以黑

龙江省为例[J].哈尔滨工业大学学报(社会科学版),2021,23(04):44-51.

[33] 杨涛.营商环境评价指标体系构建研究——基于鲁苏浙粤四省的比较分析[J].商业经济研究,2015(13):28-31.

[34] 张三保,康璧成,张志学.中国省份营商环境评价:指标体系与量化分析[J].经济管理,2020,42(04):5-19.

[35] "中国城市营商环境评价研究"课题组,李志军,张世国等.中国城市营商环境评价的理论逻辑、比较分析及对策建议[J].管理世界,2021,37(05):98-112+8.

[36] 彭迪云,陈波,刘志佳.区域营商环境评价指标体系的构建与应用——以长江经济带为例[J].金融与经济,2019(05):49-55.

[37] 吕雁琴,陈静,邱康权.中国营商环境指标体系的构建与评价研究[J].价格理论与实践,2021(04):99-103.

[38] 李清池.营商环境评价指标构建与运用研究[J].行政管理改革,2018(09):76-81.

[39] 马亮.营商环境优化的成效与经验[J].中国外资,2022(17):46-47.

[40] 杨国安,李国龙.沈阳市打造国际化营商环境探析[J].沈阳干部学刊,2017,8(4):5-9.

[41] 徐永楠,许海兵.打破惯性思维的窠臼[J].前进,2019,(01):51.

[42] 唐平秋,蒋晓飞.论"信息孤岛"对政府组织发展的制约与对策——基于学习型组织理论的视角[J].中国行政管理,2015(5):61-64.

[43] 程金凤.河南省科技创新政策评估的现状、问题与对策研究[J].中国集体经济,2021(28):29-30.

[44] 王俊豪,胡飞,冉洁.中国特色政府监管立法导向与法律制度体系[J].浙江社会科学,2021(01):13-22+12+155.

[45] 李颖秩.中国营商环境评估的进路策略与价值选择——以法国应对世行《营商环境报告》为例[J].华东师范大学学报(哲学社会科学版),2020(1):187-191.

[46] 许中缘,范沁宁.法治化营商环境的区域特征、差距缘由与优化对策[J].武汉大学学报(哲学社会科学版),2021(12):149-156.

[47] 郭燕芬,柏维春.营商环境建设中的政府责任:历史逻辑、理论逻辑与实践逻辑[J].重庆社会科学,2019(2):6.

[48] 程金华.世界银行营商环境评估之反思与"中国化"道路[J].探索与争鸣,2021(8):109.

[49] 杨继瑞,周莉.优化营商环境:国际经验借鉴与中国路径抉择[J].新视野,2019(1):40.

[50] 宋林霖,黄亚卓.俄罗斯营商环境优化:影响因素与效果评价[J].中国行政管理,2020(5):146.

[51] 宋林霖,张培敏.以放管服改革推进营商环境优化的路径选择——印度的经验、教训与启示[J].学术界,2020(5):39.

[52] 郭富清.营商环境市场化法治化的中国思路[J].学术论坛,2021(1):10.

[53] 倪外.有为政府、有效市场与营商环境优化研究——以上海为例[J].上海经济研究,2019(10):62.

[54] 郭燕芬.营商环境协同治理的结构要素、运行机理与实现机制研究[J].当代经济管理,2019(12):13-20.

[55] 娄成武,张国勇.治理视阈下的营商环境:内在逻辑与构建思路[J].辽宁大学学报(哲学社会科学版),2018(3):59-64.

[56] 孙友晋,高乐.加强数字政府建设,推进国家治理现代化——中国行政管理学会2020年会会议综述[J].中国行政管理:2020(11):147-150.

[57] 韩春晖.优化营商环境与数字政府建设[J].上海交通大学学报(哲学社会科学版),2021(12):31-33.

著作文献

[1] 珍妮特.V.登哈特,罗伯特.B.登哈特.新公共服务:服务,而不是

掌舵[M].丁煌译,北京:中国人民大学出版社,2016.

[2] 约翰·洛克.政府论[M].瞿菊农,叶启芳译,北京:商务印书馆,2003.

[3] 柯武刚,史漫飞.制度经济学:社会秩序与公共政策[M].韩朝华译,北京:商务印书馆,2000.

[4] 亚里士多德.政治学[M].吴寿彭译,北京:商务印书馆,1981.

[5] 吕世伦,文正邦.法哲学论[M]西安:西安交通大学出版社,2016.

[6] 俞可平.治理与善治[M].北京:社会科学文献出版社,2000.

[7] 赫尔曼·哈肯.协同学——大自然构成的奥秘[M].上海:上海译文出版社,2005.

[8] 俞可平.论国家治理现代化[M].北京:社会科学文献出版社,2015.

[9] 中华人民共和国国家统计局.中国统计年鉴2021[M].北京:中国统计出版社,2021.

[10] 王小鲁,樊纲,胡李鹏.中国分省份市场化指数报告(2018)[M].北京:社会科学文献出版社,2019.

[11] 李志军.2020·中国城市营商环境评价[M].北京:中国发展出版社,2021.03:5.

[12] 阿兰·艾伯斯坦.哈耶克传[M].秋风译,北京:中国社会科学出版社,2003.

[13] 弗里德里希·李斯特.政治经济学的国民体系[M].陈万煦译,北京:商务印书馆,1961.

[14] 国家发展和改革委员会.中国营商环境报告2020[M].北京:中国地图出版社.

[15] 柯提斯·J.米尔霍普,卡塔琳娜·皮斯托.法律与资本主义:全球公司危机揭示的法律制度与经济发展的关系[M].罗培新译,北京:北京大学出版社,2010.

[16] 程亦军.俄罗斯经济现代化进程与前景[M].北京:中国社会科学

出版社,2017.

学位论文

[1] 赵南. 治理视野下我国 NGO 政策参与问题研究[D]. 山西大学,2010.

[2] 樊艳丽. 协同治理视阈营商环境优化路径研究[D]. 江西理工大学,2021.

[3] 李春艳. 黑龙江省创业环境评价及优化研究[D]. 哈尔滨工程大学,2008.

[4] 肖婷. 基于纳税人评价的税收营商环境优化研究[D]. 湖南大学,2019.

[5] 杨娟. 基于市场主体导向的民营企业营商环境评价研究——以江西省为例[D]. 江西师范大学,2020.

[6] 王汇宇. 基于浙江省民营企业家感知的营商环境满意度影响因素及机理研究[D]. 浙江大学,2021.

[7] 魏红征. 法治化营商环境评价指标体系研究[D]. 华南理工大学,2019.

[8] 刘叶芬. 我国营商环境评价指标体系的构建与测度研究[D]. 辽宁大学,2021.

[9] 马冉. 政务营商环境研究——基于企业需求的视角[D]. 对外经济贸易大学,2019.

[10] 钱音. 中国 31 个地区营商环境评价及影响因素分析——基于充分降维方法[D]. 云南财经大学,2021.

[11] 胡旭鹏. 信托财产独立性与交易安全之平衡机制研究——以信托外部法律关系为视角[D]. 华东政法大学,2014.

[12] 鲁韦韦. 政府投资项目招投标后评估研究[D]. 武汉理工大学,2017.

其他资料

[1] 李万祥.以法治方式营造一流营商环境[N]:经济日报,2020-01-02.

[2] 仁宣."五级代表+三级人大":为营商环境体检把脉[N].苏州日报,2020-6-30.

[3] 赵勤.进一步优化营商环境助力经济高质量发展[N].黑龙江日报,2018-4-10.

[4] 赵红旗.法治之光照耀中原大地[N].治治日报,2022-07-28.

[5] 李拯.优化营商环境助力高质量发展[N].人民日报,2020 年 12 月 14 日第 05 版.

[6] 戚小倩.合作治理面临三重挑战[N].学习时报,2015-03-16(004).

英文文献

[1] R. H. Coase. The Nature of the Firm[J]. Economica, 1937, Vol.4, No.16, Pp.386405.

[2] Williamson, O.E. The Economic Institutions of Capitalism[M]. New York :The Free Press.

[3] North, D. C. Economic Performance Through Time[J]. The American Economic Review, 1994, Vol.84, No.3, pp.359-368.

[4] World Bank Group. Doing Business 2003 [R]. The World Bank, 2002.

[5] World Bank Group. Doing Business 2020 [R]. The World Bank, 2019.

[6] David M. Trubek, "Max Weber on Law and the Rise of Capitalism,"

Wisconsin Law Review, no. 3, 1972, pp. 720-753.

［7］Douglass C. North. Institutions, Institutional Change and Economic Performance［M］. Cabridge：Cambridge University Press, 1990.

一束小花（后记）

梳理一下逝去的十年，向身边的师友献上真诚感谢的一束小花。

在上海求学之时，一流高校严谨的学风和师生深厚的学养让我叹服。但彼时有一个很大的困惑，各类高规格研讨会都在如绣花一般细致地探讨大都市治理，言必称各类西方舶来名词。我土生土长于河南，这些名词一方面让我深感学渣的卑微，另一方面则是困惑，中国那么大，研究这些能够解决大城市之外的诸多问题吗？如果大家都热衷于做精美的模型和数据，聚焦于各类微观问题，那谁来研究中国波澜壮阔的改革发展宏观背景？彼时，用理论来批判现实是时髦的，但是现实又是蓬勃发展的。那时我们的理论研究和如火如荼的现实发展，总是显得泾渭分明。那么，中国发展的理论镜鉴到底应该怎么样？中国发展的"大道""本心"又是什么？

2012年末，耿明斋教授从河南大学经济学院退休，邀请我跟随他把河南大学中原发展研究院作为一个事业做起来。做智库，研究社会现实问题，我长期的困惑找到了切入点。我开始全心投入建设中原发展研究院，这个今天河南智库界的领头羊，当时只是2个人1个空牌子，在河南大学属于"三无机构"。2015年，智库建设各类政策东风扑面而来，求真务实、服务社会开始被学界重视，中原发展研究院也乘势成为河南大学一个独立二级机构。

回顾智库建设十年感慨万分、感激不尽。首先，感谢求学路上的恩师们——史战芳、李建强、许绍康、孟庆琦、李文山等,你们对我春风般的关爱我会铭记终生,这么多年一事无成的我让你们失望了。非常感谢国际经济交流中心副理事长、秘书长张大卫先生,他是一个儒雅的学者型官员,他对河南发展的专注和情怀让我非常敬佩,他给了中原发展研究院定位——研究河南基础省情,这足以让中原发展研究院在河南立于不败之地。非常感谢宗长青先生,他指点我做智库要做影响力。非常感谢喻新安先生,他给了我持续做智库建设的肯定和帮助。非常感谢李庚香先生,他给了我很多机会和表扬,让我在黯淡的研究低谷重拾信心。非常感谢王雪云、刘玉梅、宋淑芳女士,她们让我看到了女性的聪慧睿智和低调实干,教给我学术服务社会的大思路和真方法。要感谢的人很多很多,赵德友、皇甫小雷、孙新雷、孙德中、张明超等学者专家,都给了我榜样的力量和无私的帮助。还有各位优秀到让我自惭形秽的青年翘楚,恕我不一一道谢,相信你们会走向更光明的未来。这么多年,我"头重脚轻根底浅",又狂妄喧嚣,全赖大家涵养深厚对我足够宽容,感谢!

  我是个反应迟钝的糊涂人。多年来满脑子建设智库平台,办论坛、做项目、做宣传、写材料,各类行政性事务忙得不亦乐乎,自己的职称等问题压根没想到去关注。所以多年来两手空空,一无所有,非常惭愧。

  管理是一门混沌的学问,理论之树常青就在于其高度抽象化,现实中政府实践是用一团乱麻织就美锦。我要特别感谢汤阴县的胡伟先生,他是我真正开始学以致用的领路人。2021年,我为文峰区做营商环境发展咨询。他当时是文峰区常务副区长,抓工作很实。他总是谦虚地向我抛出一个个问题,让我不敢不多翻书来应对他的询问。他的很多思路和方法也用"是不是""能不能"问出来,让我颇有"灵光一闪智慧万千"的得意。现在想来,这不就是"循循善诱"吗?他作为一个基层干部,谦虚有礼、勤奋务实,不计个人得失,只求推进工作。多年智库建设中,我接触了很多和他一样的基层官员,有情怀、爱思考、超强的行动力、严格的自我约束是他们的共同特点。他们让我看到中国基层政府的"大道之行",从而坚信中国未来必将光芒万丈。每次调研我都大开眼界,从他们身上学习很多,偷师多年,在此谢过。

书稿付梓之时,悲痛之情不能自已,我失去了挚爱的父亲,谨献此书,缅怀他的一生。他和母亲,一生兢兢业业从事乡村教育,取得了中学高级职称。我回忆他的一生,民办教师、考公办教师、被拖欠工资、工资被扣支援各类项目建设、普九乡村教育得到改善、教师工资得到保障、教学条件日益完善、乡村学生少了……

他奋斗的一生,恰好是改革开放中国乡村发展的写照。我们看到,我们的政府从一个革命的政府发展成今天改革的政府,从人治化走向了法治化,从封闭走向透明开放。"苟日新,日日新,又日新",改革开放是社会发展永恒的主题。营商环境,是新时期政府改革的重要抓手,我希望通过对它的研究,加深对中国发展的观察和思考。

纵观历史,五千年的中华文明,一直都在强调一个"民本思想"。中国共产党领导下的中国政府,改革是主旋律,一切为了人民是永恒主题。此情此景,正所谓钱穆先生所讲"以革命来光大传统,以传统来培养革命",中华民族再兴复盛的光明前景就在前方。

"人能弘道非道弘人",吾人不才,但凭寸心报春晖。

谨以此文,向我的过去告别。感谢父母给我无私的疼爱,感谢孩子给我无声的支持,感谢社会各界师友们对我莫大的帮助和包涵。

2022 年 7 月 28 日于明德园